DU ROLE DE L'INDIVIDU DANS LE DÉTERMINISME SOCIAL

THÈSE

Présentée à la Faculté de lettres de Paris pour le Doctorat de l'Université

PAR

D. DRAGHICESCO

Licencié ès-lettres de l'Université de Bucarest
Ancien élève de la Faculté de lettres de Paris

PARIS

F. R. DE RUDEVAL, Éditeur

4, RUE ANTOINE DUBOIS, 4

1904

DU ROLE
DE L'INDIVIDU
DANS
LE DÉTERMINISME SOCIAL

THÈSE

Présentée à la Faculté de lettres de Paris pour le Doctorat de l'Université

PAR

D. DRAGHICESCO
Licencié ès-lettres de l'Université de Bucarest
Ancien élève de la Faculté de lettres de Paris

PARIS
F. R. DE RUDEVAL, Éditeur
4, RUE ANTOINE DUBOIS, 4

1904

INTRODUCTION

I

C'est un postulat des conceptions dites naturalistes en sociologie et en morale, que la réalité sociale obéit à des lois qui seraient comparables à celles de la nature : on attribue aux phénomènes éthico-sociaux la nécessité mécanique et aux lois sociologiques la rigueur et la rigidité, qui caractérisent proprement les phénomènes naturels. Ainsi comme on n'a pas manqué de l'observer, les économistes ont presque absolument adopté, dans leur science, l'attitude des physiciens dans la leur : ils ont cherché dans le monde économique non les lois d'une évolution, mais les lois d'un ordre fixe et immuable (1). Ils pensent que comme l'enchaînement des phénomènes naturels est indépendant des sentiments et des besoins humains, les combinaisons de phénomènes éthico-sociaux elles-mêmes s'opèrent indépendamment des individus. Ne paraît-il pas que les faits naturels, chimiques et physiques s'accomplissent sans nous et malgré nous ; pourquoi les phénomènes sociaux et moraux ne se comporteraient-ils pas d'une manière analogue, pourquoi leur enchaînement ne nous serait-il pas aussi étranger et extérieur que celui des choses de la nature ?

Toutes les aspirations des hommes, tous leurs vœux, si efficaces qu'ils puissent être, n'aboutissent pas à créer ou à abolir une seule loi physique, ou à empêcher un phénomène astronomique : toutes les volontés ou les bonnes volontés des hommes

(1) Ott, *Traité d'économie sociale*, t. I, Paris 1892, pp. 56, 58.

ne suffiraient pas à abolir ou à suspendre une loi sociale : la nature, physique ou morale, comporte le déterminisme le plus inflexible.

La conséquence de ces thèses est que l'individu, fût-il dans les meilleures conditions est, en principe, incapable de modifier soit la réalité, soit les lois sociales. Son initiative ne peut être que nulle, son autonomie illusoire, sa liberté de l'erreur. A supposer que l'individu jouît de quelque autonomie réelle, que son initiative pût quelque chose dans l'établissement de la société et des lois sociales, la science positive de la morale (1) et de la société (2) deviendrait par cela même impossible. Elle exige que les phénomènes sociaux soient complètement indépendants des aspirations humaines. Selon les fortes expressions de nos auteurs, il faut concevoir les faits sociaux comme des *choses* données en elles-mêmes (3), il faut *désubjectiver* (4) les phénomènes moraux pour les rendre scientifiques, puisqu'on a désubjectivé également les phénomènes de la nature, lorsqu'ils sont devenus l'objet d'une vraie science.

Les sciences sociales auront grand profit à suivre, voire à imiter le développement des sciences naturelles. L'objectivisme est la première condition de la science qui n'admet pas de considérations individuelles. Aussi, à mesure que la Société évolue et que la sociologie devient réellement une science, l'autonomie et l'initiative disparaissent ou du moins tombent dans le domaine de l'illusion.

D'autre part, cette conception positive et naturaliste de la société prétend être la première et la seule qui s'en tienne aux faits, et affronte la réalité telle qu'elle est. La morale positive ne dissi-

(1) LÉVY-BRUHL : *La Morale et la Science des mœurs*, Paris, Alcan, 1903, pp. 255-260.

(2) DURKHEIM : *Les règles de la méthode sociologique*, 1895, Paris, Alcan, pp. 110-152.

(3) DURKHEIM, *op. cit.*, p. 20.

(4) LÉVY-BRUHL, *op. cit.*, pp. 31-32.

mule pas son peu de considération pour des morales spéculatives, philosophiques, théologiques. Ce sont des *métamorales*. La morale positive seule, en face d'elles, peut prétendre au nom de science, puisqu'elle seule prend pour point de départ les faits et pour méthode l'observation fidèle, rigoureuse, des faits. Il en va de même pour toutes les conceptions qui se disent scientifiques, en histoire et en sociologie : elles refusent d'admettre l'initiative individuelle.

Ces constatations sont-elles aussi exactes, et serrent-elles la réalité d'aussi près qu'on le dit ? La conception proposée est-elle au moins d'accord avec les faits ? Il semble que rien ne démente les résultats et les postulats de ces sciences positives, d'une manière plus radicale et plus frappante que la réalité sociale elle-même. Y a-t-il un mouvement social plus défini et d'une portée plus considérable que le mouvement démocratique ? N'est-il pas cependant une manifestation de l'autonomie et de l'initiative individuelles ?

L'individu, dans les sociétés progressives, affirme son rôle décisif en créant des lois qui doivent le régir, tandis que, dans la sociologie, on lui dénie ce rôle. Il met autant d'énergie à revendiquer ce qu'il exige de la société, qu'en apporte à contester l'efficacité de son effort, le dogmatisme de cette sociologie, qui se dit positive et fidèle à la réalité des faits. On va encore, parmi ces observateurs scrupuleux des faits, jusqu'à entreprendre de les méconnaître ou de les contester, au lieu de les constater et de les expliquer (2).

La sociologie positive étudie bien, il est vrai, des faits positifs, surtout les sociétés animales, les hordes, les clans, les tribus primitives, toutes sociétés réelles sans doute, mais stationnaires et inférieures. C'est de là qu'elle tire des conclusions applicables

(1) Durkheim, *op. cit.*, p. VII.
(2) Espinas : *Etre ou ne pas être, ou du postulat de la sociologie*, *Revue philosophique*, 1901 (1), pp. 460, 461, 462.

à notre société avancée, progressive, aussi bien que lui seront appliqués la méthode et les procédés déjà éprouvés.

D'abord, de pareilles généralisations sont-elles valables ? La sociologie objective elle-même nous a prévenu contre ces conclusions. Car « les étapes que parcourt successivement l'humanité ne s'engendrent pas les unes les autres... Il est impossible de comprendre comment l'état ou la civilisation parvenue à un moment donné pourrait être la cause de l'état qui suit. L'état antécédent ne produit pas le conséquent... Aussi, dans ces conditions, toute prévision scientifique est-elle impossible » (1).

M. Durkheim reprend ici la thèse soutenue en Allemagne par Dithley. Mais, tandis que ce dernier donnait comme seule conclusion acceptable pour l'intelligence le rejet de la sociologie, science à titre pompeux — « stolze Titel » — M. Durkheim conclut à la possibilité d'une sociologie objective et naturelle, ayant autant de titre que toute autre science de la nature.

Pour arriver à une autre conclusion que celle de Dithley, la sociologie positive néglige cette réserve. Et cela s'explique très bien, étant donné qu'elle prend son point de départ dans une autre catégorie de faits, réels, ceux-là aussi, mais non pas sociaux : les phénomènes de la nature, objet propre de la biologie et des autres sciences, lesquels n'ont rien à faire avec ce qui, dans notre société, constitue les phénomènes sociaux. Très souvent aussi, le point de départ de la sociologie positive, ce sont, moins précisément encore, les sciences voisines (2), ou même toutes les sciences en général ; et de là on fait des déductions, des applications immédiates à la sociologie. Ainsi apparaît cette méthode, qui veut désubjectiver les faits moraux essentiellement

(1) DURKHEIM, *op. cit.*, pp. 144-145.

(2) M. LÉVY-BRUHL, par exemple, dans son livre remarquable sur la Morale, se tient presque tout le temps au point de vue des autres sciences. Il ne juge la réalité morale que d'après la réalité physique, et le point de départ de ses réflexions sur la morale lui est procuré toujours par l'astronomie ou la physique (voir les premiers chapitres de la *Morale et la Science des mœurs*).

subjectifs, puisque la science physique a désubjectivé les phénomènes physiques qui, eux, nous le savons bien, sont essentiellement non-subjectifs. Les critiques n'ont pas manqué, et il en est qui ont même précédé l'avènement de cette sociologie positive.

Dithley disait « les phénomènes sociaux nous sont intelligibles intérieurement ; nous pourrons, jusqu'à un certain point, les refaire en nous-mêmes, sur la base de notre propre [illegible]ation, de la haine ou de la sympathie, du jeu entier de nos affections... La nature nous est, au contraire, extérieure et étrangère, tandis que la société est notre propre monde ; son jeu, nous le jouons, avec toute la force de notre nature, nous y sommes nous-mêmes avec notre intérieur, nous lui offrons les conditions et les forces dont elle bâtit son système... Moi-même qui vis et me connais de l'intérieur, je suis une partie de la société, semblable aux autres parties (1) ». A l'en croire, il est difficile de comprendre pourquoi on ira chercher à appliquer à la société que nous vivons et connaissons, parce que nous en sommes les agents et qu'elle est faite de nous, des analogies empruntées au monde physique et biologique. « Fonction, but et structure, qui, dans le monde organique, ne sont que des hypothèses », des artifices de méthode, pour faciliter la connaissance, « sont ici des expériences vécues, historiquement démontrables ». Quel détour inutile que de les remplacer par l'idée d'organe qui rend, dans un langage obscur et hypothétique, ce qui est clair et vécu dans la société (2).

Les mêmes critiques ont été reprises et développées récemment, en France, par M. Tarde (3) et par d'autres sociologues. Il y a lieu de se demander, a-t-on dit, si la situation de la science nouvelle est de tout point comparable à celle des sciences physiques (4). La sociologie ne peut imiter la science physique

(1) *Einleitung in die Geisteswissenschaften*, Berlin, 1884, pp. 45, 46, 47, 115.
(2) *Id.* pp. 115-116.
(3) *La réalité sociale*, *Revue philosophique*, 1901 (II), pp. 457, 470.
(4) G. Belot : *Revue philosophique*, 1896 (I), p. 78-79.

sans dégrader les phénomènes sociaux, et rejeter tout ce qu'ils ont de spécifique; par ce procédé, au lieu d'élargir la science, en y introduisant l'essentiel de la société, on mutile l'homme social autonome, libre, subjectif, pour le faire rentrer dans le domaine limité d'une science physique.

De plus, les sociologues positifs n'auraient-ils pas été mal avisés en attribuant aux individus humains, qui composent la société, précisément cet objectivisme dont ne peut se départir l'investigateur scientifique? Le caractère objectif, des sciences naturelles exige que l'investigateur s'efface devant les phénomènes, qu'il observe, lui, et que les faits parlent. Le sociologue, par ses théories, semble effacer au contraire les faits : l'individu humain, son rôle et son autonomie. A proprement parler, la sociologie, qui prétend désubjectiver pour, à son gré, l'objectiver, le monde subjectif, — subjectif essentiellement par nature, — cette science positive tombe précisément dans l'erreur des sciences mêmes qui, primitivement, subjectivaient, animaient les choses de la nature inanimée. Par là, elle se rend incapable de comprendre les faits de la vie sociale, qu'elle naturalise, mais aussi dénature.

On peut attendre de son développement des erreurs ou des résultats négatifs, comme ceux qu'on a reprochés aux sciences de la nature anthropomorphisée et dénaturée. Nous allons voir, dans ce qui suit, qu'en rapprochant la sociologie des sciences de la nature, on ne l'érige pas ainsi en science positive. Etant faites à l'image des sciences naturelles, la sociologie et la morale naturalistes ne pouvaient que dénaturer les faits les plus réels et évidents, comme l'autonomie et l'initiative efficace des individus.

Cette conception contredit les faits; est-elle d'accord au moins avec elle-même? Examinons ce qu'on a appelé le socialisme scientifique.

Selon Karl Marx (comme d'ailleurs selon Spencer et M. Durkheim), l'objet de la science sociale est de trouver une loi générale, qui permette de découvrir, d'après le passé, les faits sociaux de l'avenir. Le rôle de la volonté humaine sera exclusivement de rendre la transition du passé à l'avenir plus rapide et plus facile. On connaît la formule d'après laquelle l'avenir sera tiré et réalisé du passé. L'accumulation des moyens de production entre les mains de quelques propriétaires, tandis que tout le reste de la société est réduit à la misère du salariat et ligué contre ceux-là, ces faits rendront la catastrophe de la transformation sociale imminente. Aucune volonté humaine ne pourrait l'arrêter ; cette transformation est l'œuvre du processus historique, qui opère sans les individus et malgré eux. Voilà la conception matérialiste de l'histoire ; Marx a-t-il été d'accord avec sa théorie et avec lui-même ?

Personne n'a plus vigoureusement contredit en pratique cette conception fataliste de l'histoire, comme on l'a déjà souvent remarqué (1). Lui-même, pour confectionner son processus historique, a aidé l'histoire, et, de lui-même, il a voulu déterminer et, pour ainsi dire, forcer la fatalité historique. Marx s'est montré tribun et agitateur puissant avant d'analyser l'histoire universelle. L'Internationale n'est pas sortie du capital, c'est le capital qui apporta une doctrine scientifique à l'appui du socialisme international (2).

« Les socialistes, ajoute M. Richard, raisonnent comme si les faits sociaux obéissaient à un déterminisme naturel, supérieur à la volonté, et toutefois ils veulent agir comme si la volonté avait sur ces faits un pouvoir illimité » (3) La seule attitude des socialistes révolutionnaires, qui pût être d'accord avec leur science, aurait été de contempler, d'un œil indifférent, l'avènement du régime socialiste au moyen de transformations prévues.

(1) Abramowski : *Les Bases psychologiques de la sociologie. Revue internationale de sociologie*, 1897, pp. 562-585.
(2) Gaston Richard : *Socialisme et Science sociale*, Paris, Alcan, 1re éd., pp. 42-43.
(3) *Ibidem*, p. 191.

L'astronome contemple le ciel, et les phénomènes astronomiques se produisent : il les a prévus et il attend ces phénomènes nécessaires. Le chimiste établit ses formules, mais les lois chimiques sont réalisées dans la nature sans son intervention. Pourquoi les partisans du socialisme scientifique, nécessaire jusqu'au fatalisme, n'ont-ils pas fait de même à l'égard de leur formule historico-sociale ? Pourquoi ont-ils adopté juste l'attitude la plus contradictoire à leur conception nécessitaire : la révolution ?

C'est sans doute parce qu'on s'est fort bien aperçu que, si l'évolution sociale prévue et annoncée apparaissait comme fatale, encore fallait-il, pour que cela se fît, des hommes volontaires et résolus. Ainsi, le capitalisme contenait en soi le germe de sa destruction nécessaire ; il fallait pourtant quelqu'un, qui fût le bras de la fatalité. Quoiqu'il dût s'évanouir de lui-même, en vertu d'une loi historique nécessaire, le capitalisme attendait, pour s'écrouler, l'action du socialiste révolutionnaire exécuteur de la loi.

Ainsi naquit le mouvement socialiste révolutionnaire, nécessitaire et fataliste en théorie, autant que volontaire et actif en pratique. L'activité pratique des révolutionnaires, amis de Marx, dément tout à fait ce que postule le théoricien. Le fatalisme du marxisme ne saurait avoir de mesure, semble-t-il, que l'obligation où sont les révolutionnaires marxistes de faire les plus violents efforts de volonté. Par là paraît justifiée d'avance la conciliation du déterminisme avec la liberté proposée par M. Fouillée, quand il recommande la liberté au point de vue même de la puissance et de l'évolution, car elle est la plus grande des forces (1).

Non seulement la conception positive de la sociologie contredit la réalité sociale, mais encore elle se contredit elle-même.

(1) *L'Idée moderne du droit*, Paris. Hachette. 1883 p. 139.

Et, pour peu qu'elle s'accorde réellement avec l'activité sociale de la démocratie contemporaine, son postulat théorique sera détruit.

Un autre aspect de la même conception naturaliste des sciences sociales est l'individualisme ou le libéralisme, qui se présente pourtant comme étant à l'antipode du marxisme et de la sociologie objective naturaliste ; il n'en est qu'une nuance complémentaire. Herbert Spencer est son théoricien le plus intransigeant. Malgré l'opposition radicale qu'il y a entre la doctrine défendue par Karl Marx et celle de Spencer, toutes les deux aboutissent aussi bien à des résultats fort semblables.

Tout d'abord le libéralisme de Spencer, non moins que le socialisme de Marx, postule des lois rigides de l'évolution sociale. Pour Spencer non plus, l'individu n'a aucun pouvoir sur la réalité sociale à laquelle il appartient. Car « il trace un cercle bien restreint pour l'activité humaine, considère les rapports sociaux comme des lois de la nature, devant lesquelles l'homme peut seulement prendre l'attitude du laisser-faire, avouer sa complète impuissance, se soumettre avec résignation et se taire » (1).

La seule différence notable qu'il y ait là entre Spencer et Marx, consiste en ce que Spencer refuse d'admettre l'initiative du législateur et accorde une toute puissance à l'initiative individuelle privée. En cela il paraît aggraver l'erreur théorique qu'il fait en commun avec Marx. Car, si l'initiative privée peut quelque chose en matière sociale, *a fortiori* l'initiative de l'Etat sera plus effective. Marx l'a bien saisi. Nous allons voir le libéralisme de Spencer, comme le marxisme, en contradiction avec les faits sociaux les plus caractéristiques de notre époque, et en contradiction avec lui-même.

Le postulat connu de l'individualisme que défend Spencer est le laisser-faire, une sorte de fatalisme très analogue, en effet, à

(1) ABRAMOWSKI, art. cité, p. 592.

la conception mécaniste, nécessitaire, de socialisme scientifique. Mais, c'est précisément ce postulat qui est radicalement et systématiquement démenti par ce qui s'accentue le plus dans le mouvement social de notre époque. Car ce laisser-faire et cet individualisme théorique intransigeant s'affirment en parallélisme avec la tendance très marquée des sociétés les plus avancées : de tout réglementer au moyen des lois. De sorte que, comme les théoriciens de l'individualisme se désolent de le constater (1), plus une société est avancée en civilisation, plus aussi elle prend le contrepied du dogme libéral, plus elle est prise de la manie législatrice, qui marque le mouvement social moderne.

Ainsi, c'est dans le pays d'Adam Smith que la liberté de contrat fut, pour la première fois, transgressée par l'intervention de l'Etat dans les rapports entre l'entrepreneur et l'ouvrier. C'est en Angleterre, en effet, que fut limitée, tout d'abord, la journée de travail, ainsi que l'âge à partir duquel les enfants peuvent être employés. Les conditions du contrat de travail entre le capitaliste et l'ouvrier furent réglementées et établies, jusqu'à un certain point, par l'Etat en faveur des classes ouvrières.

Les économistes comme Ingram, David-Sym, Stanley, Jevons, Nicholson, Marschal, etc., approuvent les mesures bienfaisantes du gouvernement. « Le degré de civilisation et de prospérité d'un pays se mesure au nombre des lois sociales réglementant les rapports économiques », écrit Jevons (2). « Il n'y a pas eu moins de 80 Factory's Acts (lois) votés par les Chambres législatives entre 1802-1886, — dans le pays d'Adam Smith et de Stuart Mill, — qui ont réduit les heures et fixé les conditions de travail » (3).

Et, quant à la liberté de la concurrence intérieure, tout le monde sait qu'une sorte de socialisme municipal vient rempla-

(1) Voir Herbert Spencer : *La Justice passim. Essais de politique*, p. 1, 80.
(2) Benoit Malon : *Le Socialisme intégral*, II, p. 83.
(3) *Ibidem*, p. 99.

cer ce laisser-faire qu'on appréciait tant de l'autre côté de la Manche (1). Il n'est pas même jusqu'au libre échange qui ne paraisse se démentir, même en Angleterre, sur le sol classique de cette théorie. Pour l'issue de la lutte qui s'est engagée entre la propagande interventionniste de M. Chamberlain et la vieille théorie régnante, il n'est pas douteux que l'Angleterre subisse la même évolution que les pays du continent.

Dans ces derniers, et notamment en France, en Allemagne, en Russie, etc..., le libre-échange est, depuis déjà longtemps, tombé en discrédit. Et quant au laisser-faire, à l'individualisme, considéré comme conception exclusive de la vie sociale interne, il n'a jamais régné sur le continent qu'en théorie. En Allemagne (2), comme l'a montré M. Charles Andler dans un livre remarquable (3), le socialisme d'Etat, dès son début, a orienté à la fois la théorie et la pratique. Frédéric-le-Grand, Rodbertus, Lassalle, Karl Marx et Bismarck sont des représentants, à différents degrés et de diverses nuances, du même mouvement social étatiste, qui caractérise la constitution sociale intime de l'Allemagne. De même, ce n'est guère la France centralisée et toujours législatrice, que conduiraient les théories individualistes. Quoiqu'elle paraisse avoir moins fait pour la classe ouvrière que l'Angleterre, elle a provoqué encore les critiques d'Herbert Spencer. L'intervention de l'Etat a sa place en France.

Tous ces phénomènes n'ont pas échappé à Herbert Spencer, mais il ne s'est pas contenté de les enregistrer et d'en chercher

(1) Paul Leroy-Beaulieu : *Le Collectivisme*, 4e éd., p. 583. — Sidgwick : *Elements of Politics*. London, 1897, pp. 146-168.

(2) « Il y a à peine quarante ans que l'opinion régnante était contre l'état qui devait ne pas toucher à la vie économique ; mais aujourd'hui il n'y a aucun homme cultivé qui ne reconnaisse à l'état des devoirs importants sur ce terrain. L'école historique a beau parler de lois économiques naturelles, elle ne laisse à ces lois qu'un caractère social dont l'influence est modifiée et doit l'être par les lois de l'Etat. Mais ce qui est à remarquer c'est que les coups les plus décisifs qu'on a portés à l'ancien système d'économie ne sont pas venus de l'école historique, mais des hommes comme Rodbertus, Marx, Schäffle (voir Karl Bücher : *Entstehung der Volkswirtschaft*. Leipzig 1890, p. 3 et 7).

(3) *Les origines du socialisme d'Etat en Allemagne*, Paris, 1897, p. 4.

les raisons. Au contraire, il a entrepris de les désapprouver et de les condamner. Trop de lois ! a-t-il reproché aux sociétés modernes. Lui qui, en même temps, étudiait objectivement la vie et les lois des sociétés primitives et sauvages, de mœurs révoltantes et absurdes et savait les comprendre et les interpréter, il n'a pas réussi à interpréter les tendances des sociétés avancées où nous vivons. Rompu à l'étude des sociétés naturelles, il a complètement méconnu les sociétés civilisées. Ne trouvant pas dans les sociétés réfléchies, la pure spontanéité et l'inconscience complète l'inertie des sociétés naturelles, il conclut à la perversion de nos sociétés et se met en devoir de nous en avertir. Puisque chez les sauvages, et dans les sociétés primitives, les lois se font d'elles-mêmes ; puisque dans ces sociétés l'autorité n'est pas à un parlement, qui renouvelle sans cesse les lois, mais à une coutume admise de tous et toujours, qui s'établit inconsciemment, spontanément, Spencer veut que les sociétés civilisées procèdent de la même manière, et que les hommes prévoyants et réfléchis se conduisent comme les hommes irréfléchis, presque biologiquement.

L'individualisme libéral en contradiction ainsi avec les faits, se contredit aussi lui-même. En effet, puisque cette conception sociale considère la société et les phénomènes sociaux comme des produits naturels du laisser-faire, de quel droit, sans se contredire, peut-elle désapprouver et condamner tels faits et approuver tels autres ? Est-ce que cette manie de légiférer, cet engouement étatiste, phénomène social des plus prospères, n'est pas un phénomène de la nature sociale ? Cette théorie doit bien l'admettre puisque, selon elle, tout ce qui est ne peut être que par la nature. Et, si le phénomène n'est pas niable, pourquoi ne pas le laisser faire ? pourquoi le combattre ? Car, si on le désapprouve et le combat, c'en est fait du laisser-faire. Laissez faire la tendance étatiste et législatrice des sociétés, la doctrine du libéralisme se détruit !

Le dogme du laisser-faire en Angleterre, actuellement ne se maintient que grâce aux efforts des libéraux contre la propagande interventionniste de M. Chamberlain. Tout le monde sait aussi quels efforts et quelle propagande il a fallu pour le consacrer. Cobden, Brigt, Milner, Gibson et l'histoire économique de l'Angleterre vers 1846, en témoignent. Là, aussi bien que dans le socialisme scientifique et la sociologie objective, la nécessité est illusoire, le fatalisme est de la théorie en contradiction avec les faits. Aucun fait, si manifeste que paraisse aux théoriciens la nécessité mécanique, ne se réalise qu'au moyen d'efforts humains, toujours conscients, prévus, prémédités, surtout dans les sociétés civilisées progressives. Comme les transformations historiques que la science socialiste estime nécessaires et fatales, exigent l'effort des agents révolutionnaires, le laisser-faire pareillement réclame pour se réaliser et se maintenir, des efforts humains conscients et méthodiques. Dans les deux cas, également, la nécessité objective, qui paraît rendre inutiles les efforts individuels, emprunte toute sa réalité aux efforts mêmes qui la supportent, et pour ainsi dire la réalisent.

Pour bien dégager le sens de cette antinomie et voir comment on pourrait corriger les conceptions naturalistes de la sociologie, il faut examiner cette autre antinomie qui n'est qu'un aspect de la première : le rapport de l'individu avec la société en général ou avec la société organisée en Etat.

L'individu et la société tendent de plus en plus à devenir les termes d'une double antinomie scientifique et pratique. La sociologie et les doctrines sociales, dont la pratique politique s'inspire, opposent l'un à l'autre ces deux termes ; et, comme ils ne peuvent comporter entre eux plus de deux rapports, elles ont adopté l'un ou l'autre au hasard.

L'antinomie se pose a peu près ainsi :

L'individu conscient, — la personne morale réfléchie, — ne se conçoit pas en dehors de la société, et comme antérieur à elle (Durkheim). D'après cette thèse, la société précédant l'individu, l'enveloppe de son inextricable réseau et il n'en sort pas. Elle le forme et le transforme, lui imprime son caractère et son intelligence, le produit elle-même. Les rapports qui lient l'individu à la société sont ainsi des rapports de cause à effet, dans lesquels l'individu est l'effet, à peu près passif, sans liberté, sans initiative, sans autonomie. La conséquence pratique la plus immédiate est la confusion de l'individu dans la société. La cause seule est active ; elle doit régir son effet. La seule attitude rationnelle de l'individu, envers la société et le gouvernement, ne peut être qu'une docilité, une soumission comparable à celle des enfants envers leurs parents (1). La société est elle-même considérée comme une fin supérieure aux fins individuelles, qui doivent lui céder sans nulle résistance. « L'état a sa fin en lui-même, il est à lui-même son propre idéal : telle est la doctrine étatiste... L'institution politique ne répond pas à un besoin individuel et le citoyen qui demande à quoi sert l'Etat est un naïf ; c'est lui, le citoyen, qui sert à l'Etat » M. Lapie résume bien ainsi (2) l'essentiel de la thèse.

Elle aboutit à la doctrine socialiste et au socialisme scientifique, aussi bien qu'à une sociologie positive proprement dite. C'est toujours l'exclusion de l'individu rejeté par la sociologie nécessitaire.

La thèse contraire entreprend de démontrer que la société est inconcevable avant l'existence de l'individu ; la somme ne peut pas exister avant les parties, en dehors d'elles. La société se forme seulement parce que l'individu a, enraciné dans sa nature biologique, l'instinct de la sociabilité : elle n'est que le fruit extériorisé de cet instinct. La nature et la réalité de la société sont prédéterminées dans la constitution biologique de l'individu. La société sera seulement ce que les individus seront eux-mêmes.

(1) Voir *L'idée de l'Etat*, par H. Michel, Paris, Hachette, 1898, 3e édit., p. 4, 10.
(2) *La Justice par l'Etat*, Paris, Alcan, 1899, p. 12.

(Spencer). C'est l'individu qui crée la société (De Greef) (1) qui la modifie et la modèle à son image, à elle seule elle ne saurait se transformer, car tout changement exige l'intervention de l'individu ; c'est lui la cause active ; la société est l'effet passif. La cause régit l'effet, c'est donc la société qui doit céder devant l'individu; les fins individuelles dominent les fins sociales.

La conséquence pratique, immédiate, est l'individualisme pur, la liberté réelle, la souveraineté de l'individu. « L'Etat serait donc inutile, — les anarchistes, les individualistes les plus farouches, seraient aussi les plus conséquents (2) ». Reste l'objection insurmontable de Huxley contre l'individualisme de Spencer, auquel il reprochait le « nihilisme administratif. »

On n'a pas manqué de remarquer déjà que l'opposition établie entre les deux thèses est loin d'être radicale. Elle semble seulement théorique. Le plus simple pour la résoudre serait, peut-être, de confronter les conclusions de ces thèses extrêmes avec ce dont nous faisons l'expérience tous les jours, sans tenir les yeux fixés sur les sociétés africaines ou australiennes, comme ont fait des sociologues distingués. Les théories établies sur l'étude des Esquimaux n'éclairciront pas ces questions.

Que dit l'expérience de tous les jours? c'est d'une part qu'aucun fait social, important ou non, ne s'accomplit autrement que par les efforts d'un individu, qui en conçoit la possibilité et en poursuit la réalisation. D'autre part, on constate tous les jours que des individus proposent tels ou tels buts à leur activité sociale et qu'ils n'aboutissent pas.

Qu'il échoue ou qu'il réussisse, c'est toujours l'individu qui est l'agent. Cette expérience ne confirme-t-elle pas la thèse individualiste que rien ne se fait en société sinon par l'intervention de l'individu. Mais cela ne contredit pas la thèse contraire : que

(1) *Introduction à la Sociologie*, Vol. I, 1886, pp. 63, 20.
(2) Lapie, *op. cit.*, p. 36.

l'action individuelle est prédéterminée par la société. Le grand nombre des échecs individuels détruit l'intransigeance de la thèse individualiste. A son tour, la thèse nécessitaire est fausse, si elle elle entend dire que la spontanéité, l'initiative individuelle n'est pour rien dans les transformations sociales. A la première confrontation avec la réalité de l'expérience sociale, on aperçoit, dans chaque évènement social, deux éléments nécessaires: 1° un état social donné qui est la condition qui facilite et qui seconde l'intention et les efforts de l'individu; 2° l'effort de l'individu, dont le rôle est de faciliter et de seconder le mouvement nécessaire de la société, d'évoluer d'un état quelconque, plus ou moins partiel, à un autre état nouveau ou partiellement nouveau.

Pour peu qu'on examine, sans parti pris, la réalité sociale où nous vivons, on découvre des faits qui sont de nature à confirmer, d'une façon péremptoire, cette double constatation. Ainsi, on remarque que tels individus accomplissent ordinairement leurs volontés ou leurs projets. Ce sont les monarques absolus, très souvent encore des souverains. D'autres font aboutir leurs projets d'activité sociale en grande partie, pour peu qu'ils s'efforcent d'en poursuivre la réalisation ; ils échouent rarement : ce sont les hommes politiques, qui ont entre les mains le pouvoir gouvernemental.

Leur exemple prouve jusqu'à l'évidence que l'individu pèse pour quelque chose dans la détermination sociale et qu'il n'est pas l'instrument aveugle, l'esclave de la société, qui le dépasserait toujours de beaucoup. Objecte-t-on que le pouvoir de ces individus sur la société est au fond presque illusoire, parce que leur situation spéciale fait qu'ils se confondent, en quelque sorte, avec la société elle-même, parce que c'est la société et non pas leurs propres pouvoirs, qui donne à leur projet toute l'efficacité indispensable ; nous devons reconnaître la justesse de cette remarque, mais constater aussi que l'individu a bien la possibilité de se confondre avec la société, au point que sa volonté et la nécessité sociale ne fassent qu'un. Ce fait indéniable, prouve bien non seulement qu'il n'y a aucune *antinomie* profonde entre l'individu et la société, mais que leur séparation ne peut être conçue, au moins en tant qu'on les considère en activité, en mouvement. L'antinomie est seulement théorique.

Resterait à voir quelle est la raison même de cette antinomie. En fait, toute transformation sociale n'est possible que conçue par un individu qui s'efforce de l'effectuer; et, d'autre part, l'effort de l'individu sera stérile, tant que celui-ci ne sera pas identifié avec une nécessité sociale ou avec la société qu'il représente, qu'il soit un homme politique ou un grand homme.

Par conséquent, cette seconde forme de l'antinomie se résout avec une nécessité logique, de la même manière que la première. De même que la nécessité objective en matière sociale reste une simple illusion théorique, si elle n'est pas supportée par un effort plus ou moins violent et révolutionnaire ; de même, ici, la société reste une entité inconcevable et inerte, si elle n'est pas représentée par l'individu.

Mais, alors même qu'on nous accorderait que les hommes qui possèdent le pouvoir politique disposent d'un certain pouvoir sur la marche de la société, une fois identifiés avec elle, encore faut-il s'expliquer le cas des hommes qui, sans pouvoir politique, peuvent transformer en quelque mesure la société : Jésus-Christ par exemple. En nous arrêtant à cette objection, nous nous trouvons devant un troisième aspect de l'antinomie, qui fait le fond d'une controverse célèbre entre les historiens et qui porte sur le rapport entre le génie et la masse.

Examinons sommairement la manière dont l'antinomie se pose ; nous pourrons entrevoir, à première vue, dans quel sens on pourrait chercher aussi une solution au problème.

C'est encore, comme on le voit facilement, une sorte de dépendance plus spéciale et immédiate, un aspect, une nuance plutôt de la grande question déjà examinée sous deux aspects. On se demande maintenant quelle est la part des grands hommes et quelle est celle des masses dans le développement historique des peuples. Ici encore, deux thèses contraires se présentent, qui se nient l'une l'autre, et aussi deux conceptions de l'histoire. Les uns la conçoivent comme l'œuvre des grands hommes. Ce sont surtout beaucoup de philosophes : Carlyle, Emerson, Schopenhauer, Nietzsche et, parmi des historiens, Ranke et ses élèves Lehmann et Schœfer. Les autres la conçoivent comme l'œuvre des masses populaires qui expliquent non seulement l'histoire, mais aussi les grands hommes eux-mêmes.

D'une manière générale, la conception purement individualiste de l'histoire a dominé plutôt avant la grande Révolution française. Alors, en effet, l'activité des masses dans l'histoire était comme sporadique et effacée. Il n'en est plus de même depuis l'avènement de la démocratie, et par suite depuis que les masses sont élevées au foyer même de la vie politique. Auparavant les historiens étaient presque unanimement d'accord que la matière de leur science est l'œuvre des personnages couronnés et des ministres, seuls acteurs sur la scène de l'histoire ; depuis, ils ont commencé à diverger sur ce point. Leur attention se porte maintenant sur le nouveau souverain qui est le peuple, la masse, et quelques-uns vont jusqu'à méconnaître le rôle des grandes individualités, aussi injustement qu'on avait auparavant méconnu celui des masses.

Tandis que la conception, qui a prévalu dans l'histoire avant le XIXe siècle, réduisait la fonction de la collectivité à exécuter les ordres de l'homme de génie, par rapport auquel « elle est comme le bras est au cerveau » ; la thèse qui tend à prévaloir depuis tient « le génie pour engendré dans les courants collectifs de l'époque » (1). Sur cette question, la confusion des opinions

(1) Altamira : *L'homme de génie et la collectivité. Revue internationale de sociologie*, [illegible], p. [illegible].

et des théories est vraiment extrême. Au fond, ni Emerson, ni Carlyle ne sont des partisans exclusifs de la théorie qui conçoit les grands hommes comme les créateurs de l'histoire : ils sont loin de méconnaître le rôle de la masse. On s'en convaincra, en lisant l'Histoire de la *Révolution française* de Carlyle et le livre d'Emerson sur les *Surhumains*.

De même, aucun des partisans de la théorie du milieu et des masses ne refusera de croire au génie, à la supériorité innée, transmise physiologiquement. Ils soutiennent toujours une thèse absolument contradictoire, puisqu'elle est entachée d'une duplicité sans aucun sens, c'est que, pour que l'homme de génie soit le produit des courants sociaux de l'époque, il doit être doué, dès sa naissance, de qualités remarquables. Pour le même fait, ils ont à leur disposition deux explications différentes, sans s'apercevoir qu'elles s'entredétruisent. En effet, si les qualités distinguées qui constituent l'homme de génie sont des dispositions héréditaires biologiques, innées, la masse, les courants sociaux deviennent superflus ; le grand homme crée, par ses qualités innées, le milieu social, le courant qu'il lui faut. Les courants sociaux deviennent des quantités négligeables, ce qui fait que les partisans de la théorie du milieu sont encore des défenseurs inconscients de la théorie qui attribue aux grands hommes le rôle prépondérant dans la marche de l'histoire. Ainsi, Taine expliqua les succès miraculeux de Napoléon, non pas tant par la situation sociale, réellement exceptionnelle, qui suivit en France la Révolution, mais par des qualités prodigieuses que l'homme tenait d'ancêtres lointains, remontant jusqu'au XVe siècle. Le théoricien du milieu, des masses, suspendit les destinées de la France, entre 1796 et 1815, plutôt aux propriétés physiologiques d'une famille corse qu'à la situation que le passé, plus ou moins lointain ou immédiat, avait créée dans le pays.

Sans rien préjuger, pour le moment, sur ce que le grand homme en venant au monde, apporte avec soi de biologique on pourrait concevoir une thèse intermédiaire, à deux faces encore, mais différentes pour résoudre l'antinomie théorique. Les éléments de cette thèse existent déjà dans les conciliations qu'on a imaginées jusqu'à présent entre les deux extrêmes. Ainsi M. Fouillée définit le génie « une devination de ce qui doit être » (1). D'autres conçoivent le génie comme un produit du milieu, en tant qu'il possède une complexion d'idées, un stock intellectuel extrait de son époque, de son milieu, de tout cet ensemble que Trezza a appelé d'un mot heureux « *le climat historique* » (2). Ou bien on reconnaît que l'action sociale ne s'exerce que par représentation, revenant ainsi à des individus « elle frappe d'un cachet indélébile ses membres qui, tout en agissant comme tels, perdent le simple sens de leur individualité et acquièrent une valeur spéciale, une valeur représentative » (3). D'autre part, on commence à se demander si le génie ne consiste pas à produire une œuvre de suggestion sur la masse, sur les autres individus, en créant en eux des états de conscience. Cela n'excluerait point du tout une certaine préparation que la masse aurait acquise par ses propres efforts, d'une façon obscure et inconsciente.

Sans doute ici, comme précédemment, le meilleur pour sortir de l'antinomie est de mettre en présence les deux thèses clairement conçues, sans aucun mélange ni confusion, pour voir comment elles se comportent ainsi l'une en face de l'autre. La conception de l'histoire, qui attribue au principe des masses la prépondérance dans l'explication des événements, suppose, lorsqu'elle est pu[illegible] extrême, que l'homme de génie ne possède ni qualités, ni mérites, inhérents à sa nature innée, très supérieurs à ceux de la moyenne. Ceux d'ailleurs qu'il pourrait posséder, pourraient n'être pas précisément ceux qui font de lui un grand homme ; et, s'ils étaient ceux-là même, la coïncidence n'aurait

(1) *L'Idée moderne du droit*, p. 165
(2) ALTAMIRA, *loc. cit.*
(3) ALTAMIRA, *loc. cit.*

presque aucune importance. Le grand homme acquiert son génie, ses qualités exceptionnelles par le simple fait qu'il a rempli une fonction sociale. L'homme devient grand lorsqu'il est représentatif ; il est représentatif lorsqu'il accomplit une fonction sociale, car cette fonction lui imprime un cachet particulier. Et pour remplir cette fonction sociale, point n'est besoin que le grand homme ait apporté avec soi, des qualités biologiques remarquables. Ce qui décide de son choix peut être le hasard de la position sociale qui peut remplacer ses mérites. A nos yeux, cette thèse ne devient logique et vraisemblable que lorsqu'elle est poussée à l'extrême. Nous verrons bientôt pourquoi.

Et, maintenant, la thèse contraire, pour qu'elle soit assez vraisemblale, doit être conçue également sous sa forme extrême. L'histoire est en effet l'œuvre de quelques individus : les héros, les grands hommes. La masse est impuissante : elle piétinerait éternellement sur place, sans les grands hommes, qui conçurent les fantômes de la réalité à venir où doivent prendre corps les aspirations muettes et inefficaces. A-t-on jamais vu une foule, un milieu, un peuple prendre, en masse, une initiative quelconque ; concevoir, réaliser, en masse, un objectif quelconque? Est-il possible d'admettre une idée, une transformation sociale autrement que conçue et poursuivie par un héros, par un esprit supérieur? Et, pour cela, il n'est pas besoin non plus que le grand homme apporte des qualités prodigieuses (1). Ne peut-on concevoir le héros, tout au moins le héros moderne, comme étant, par son origine, un homme de naissance physiologique moyenne que la masse aurait créé directement, afin qu'elle puisse, par son intermédiaire, réaliser ses aspirations et son idéal?

A bien voir les choses, y-a-t-il en effet antinomie entre l'idée

(1) Car, s'il en apportait, on devrait finir par croire à une sorte d'harmonie préétablie entre le hasard de la naissance physiologique et le hasard des transformations sociales, qui sont deux choses complètement étrangères les unes aux autres.

que le milieu, la masse, forme le héros et l'idée que le héros à son tour transforme la masse? Il nous semble qu'il devient absurde de concevoir une antinomie entre la masse et le génie, car si le grand homme était si différent, si étranger à la masse, comment pourrait-il avoir de l'influence sur elle? Ceux qui parlent des langues différentes et sont de pays différents ne peuvent pas se comprendre. Pour être compris et suivi, pour transmettre à la masse ses idées et ses sentiments, il est de toute nécessité que les sentiments et les idées du grand homme ne soient pas très différents de ceux de la masse. Ce n'est donc pas une différence, mais c'est un *sens commun* et une *identité* très profonde qui doit exister entre le génie et la masse; cela n'est concevable que lorsque le génie est de la même essence que le commun de son époque. Donc le génie se confond avec la masse, afin de pouvoir la transformer ; la masse, le milieu, crée le génie, afin de pouvoir se transformer par son intermédiaire. Le grand homme n'a donc de pouvoir effectif sur son milieu que dans la mesure même où il en est la création.

Par conséquent, ici, comme dans les cas précédents, l'antinomie admet une solution quand les deux thèses rentrent l'une dans l'autre pour n'en faire qu'une. De même que la nésessité sociologique s'exerce seulement par l'effort individuel, de même que la société peut s'identifier avec l'individu, de même le génie ne mérite cette appellation qu'en tant qu'il s'identifie avec la masse, qu'en tant qu'il est la création qui devient le créateur (1).

(1) Voir Blondel : *Le Congrès des historiens allemands à Innsbrück. Rev. hist.*, 1897, nov.-déc., p. 329.

II

Reste à voir maintenant si la conciliation, qu'on propose ici, de thèses si opposées peut se faire par quelques autres raisons plus convaincantes; sinon, on risquerait fort qu'elle soit simplement verbale. Examinons-en encore, et toujours préalablement, le sens, sous son aspect le plus général. Il nous faut voir de plus près en quoi cette conciliation consiste et surtout quelles sont les raisons théoriques et pratiques de l'antinomie.

Les thèses opposées, que nous venons d'exposer, plus elles nous paraissent irréconciliables théoriquement, plus elles s'accommodent et se concilient journellement dans la vie réelle des sociétés. En fait, la nécessité théorique des transformations sociales, n'exclut pas l'effort et l'initiative de l'individu, elle est conditionnée par cela même. Pour que cette nécessité historique de l'évolution sociale s'accomplisse, elle a besoin précisément des efforts de l'individu, si bien que, si les nécessités historiques et sociales sont une condition pour que les efforts individuels soient efficaces, encore ne faut-il pas oublier que les efforts individuels (1) sont une condition de réalisation pour les nécessités sociales. De plus, il y a un rapport très rigoureux entre les efforts individuels et la nécessité intrinsèque des événements sociaux ; en tout cas, entre ceux-là et les transformations sociales accomplies. Qu'on regarde, par exemple, le mouvement social du christianisme ou bien le socialisme contemporain. Il est difficile de concevoir des transformations sociales plus radicales, ni des efforts individuels plus intenses, plus continus, que ceux qu'on a mis au service de ces causes. Chrétiens et socialistes

(1) C'est ici le cas de faire l'application des *idées-force* de M. Fouillée. Comme on le voit, et comme on va le voir dans ce qui suit, cette théorie est la seule qui rend compte de la manière la plus complète de la dualité nécessitaire et volontaire, sociale et individuelle, qui se retrouve au fond des phénomènes sociaux.

ont payé le droit de faire de la propagande socialiste ou chrétienne, de leur vie ou des efforts de toute leur vie. Et il faut écouter Gœthe pour savoir ce que lui a coûté d'efforts et d'études prolongées, tout au long d'une vie de 80 ans, le génie incomparable que nous lui attribuons. Le mot de Buffon devient plus que jamais plein de sens : le génie est de la patience, de l'effort condensé par conséquent. En résumé la *nécessité* historico-sociologique des événements sociaux se mesure exactement par l'effort individuel mis à les accomplir. Le rapport d'égalité entre les deux termes est si parfait qu'on peut exprimer l'un en fonction de l'autre et dire que la nécessité historique et sociologique ne peut être effectivement conçue qu'en fonction d'efforts individuels correspondants.

Ce rapprochement, qui fait rentrer l'un dans l'autre les deux aspects des phénomènes sociaux — la nécessité mécanique de la science et l'effort réfléchi de l'individu — est si logique et si naturel qu'il paraîtrait plutôt étrange de voir qu'on les a séparés et opposés l'un à l'autre. La meilleure façon de montrer le rapport serré, ou l'identité profonde, de ces deux termes, c'est de faire voir tout d'abord quelles sont les conditions de l'attitude d'esprit qui les sépare et les oppose. Au moins, en examinant ces conditions déterminées, nous pourrions plus sûrement nous rendre compte des modes et des conditions de la conciliation proposée. Nous allons voir que les raisons de l'antinomie examinée sont à la fois théoriques et pratiques.

1° *Les raisons théoriques.* — Nous avons mentionné par quelle confusion inexplicable, en concevant les lois sociologiques comme identiques aux lois naturelles, on a souligné d'une façon exclusive le côté nécessitaire des actes humains et laissé absolument dans l'ombre le côté volontaire, l'initiative ou l'autonomie individuelles.

Il est à peine utile de revenir sur ce qu'il y a d'arbitraire dans une telle manière d'attribuer une qualité, propre à une catégorie de faits, à une autre catégorie à laquelle elle n'est plus propre. Admettre que les faits sociaux présentent un aspect nécessaire, mécanique, à côté duquel l'effort réfléchi de l'individu, l'idée où cet effort s'exprime et qui soutient cette nécessité, n'a aucune importance scientifique, c'est abaisser la réalité sociale et humaine au rang des corps bruts, tout comme on avait élevé les corps bruts et leurs propriétés au rang des phénomènes de la vie humaine consciente. Le naturalisme dans la société est la contrepartie de l'anthropomorphisme dans la nature (1). Parler de la nécessité simplement mécanique des phénomènes humains conscients, c'est aussi peu scientifique que de parler de l'horreur que sent la nature pour le vide. Il est aussi peu intelligible d'attribuer une nécessité mécanique aux transformations sociales en général, qu'il est absurde d'attribuer l'effort, la réflexion aux transformations naturelles du monde physique. Qu'est-ce que la sociologie aurait à gagner si elle remplace l'effort réfléchi par le mécanisme nécessaire? On ne le voit pas. A cet égard, s'il est vrai, comme on le remarque toujours, que les sciences de la nature n'ont pu faire de progrès sensibles avant d'avoir été *désubjectivées*, il paraît d'autant plus vrai que les sciences sociales et psychiques n'arriveront à rien avant qu'elles n'aient été *dénaturalisées*. Si on ne peut pas faire une science subjective du monde objectif physique, on ne pourra pas non plus faire une science objective du monde subjectif de l'esprit et de la société. C'est précisément parce qu'il a fallu désubjectiver le monde physique qu'il faut subjectiver les phénomènes sociaux humains.

Exclure l'initiative de l'individu, le côté psychique humain des

(1) « Pour s'être longtemps exclu de la nature en se plaçant au-dessus d'elle, l'homme s'est justement habitué à mettre sous ce mot nature tout ce qui n'est pas lui, tout ce qui est inférieur à lui. On se persuade ainsi qu'on ne connaît scientifiquement les choses humaines que lorsqu'on a éliminé de la conception et de l'explication qu'on en présente à peu près tout ce qui est proprement humain. » Gustave Belot, *Science et pratique sociale. Rev. Philos.*, 18[illegible] (I), p. 77.

faits sociaux, parce qu'on a exclu cela également pour les lois du monde physique, c'est oublier que le subtratum et les agents des lois sociales sont des sujets, des « moi », tandis que le substratum et les agents des lois physiques sont des corps mécaniques, inanimés (1). En sciences naturelles, d'ailleurs, c'est l'investigateur qui a dû se désubjectiver, tandis que le sociologue positif et naturaliste très souvent oublie de se désubjectiver lui-même pour désubjectiver et par suite mutiler les êtres qu'il observe.

De fait, comme nous l'avons déjà vu en passant, les lois sociales ne valent rien sans les efforts intenses et systématiques de ceux qui les conçoivent pour les réaliser en les mettant en valeur. Ainsi, avions-nous dit, un Karl Marx et un Lassalle ne se contentent pas d'énoncer des lois sociales et les transformations économiques qu'elles doivent nécessairement entraîner, mais ils prennent sur eux de contribuer à leur réalisation. Il est sûr que si Saint-Simon, Karl Marx, Lassalle et d'autres encore, étaient restés inactifs, dans une attente sereine des transformations prévues, ils auraient fait des rêves de désœuvrés ; jamais peut-être le mouvement socialiste que nous connaissons n'aurait eu lieu. Par le seul fait qu'ils sont descendus dans le monde des faits et qu'ils ont fait de la propagande pour leurs idées, ils ont suscité ce mouvement social considérable. Il en a été de même des théories de l'école de Manchester. La loi du libre échange aurait été lettre morte sans la propagande de Cobden, de Milner, etc.

Malgré l'air de sévérité scientifique que se donnent la sociologie et la morale naturalistes, elles ne sont, on le voit bien, qu'une simple confusion entre des catégories de choses, et entre des disciplines, qui n'ont rien à faire les unes avec les autres. Exclure l'effort individuel, l'autonomie et l'initiative individuelles, c'est la conséquence de cette confusion. Par suite, sous cet aspect,

(1) Ott, *Traité d'économie sociale*. Les premiers chapitres du tome I.

l'antinomie de l'individuel et du social n'a plus aucune raison d'être.

Une autre raison théorique, qui a conduit l'esprit à opposer les deux faces de la réalité sociale, a été une question de méthode tout simplement. Elle découle de la tentative faite par la sociologie et la psychologie objectives de remplacer l'étude du côté intérieur fuyant, difficilement saisissable, par l'étude du côté extérieur objectif des phénomènes. La tentative serait irréprochable si on s'en tenait là comme à un simple artifice de méthode, et si on revenait, à chaque pas, sur les résultats, pour compléter l'objectif par le subjectif. Or, c'est justement ce que la psycho-physiologie ou la sociologie objective ont oublié de faire, voulant transformer toute la psychologie en physiologie et de la société exclure l'individu. Aussi, est-on arrivé à concevoir d'une part la conscience comme un épiphénomène et de l'autre à bannir pour tout de bon et définitivement l'individu des recherches sociologiques. Non seulement cette méthode n'est pas partout applicable, car la psycho-physiologie ne nous dit rien sur les processus psychiques supérieurs, mais elle a eu, en plus, pour conséquence d'embrouiller les choses plutôt que de les éclaircir, en rejetant de leur explication la conscience et l'individu qui sont pourtant l'essentiel, l'une dans le phénomène psychique, l'autre dans le phénomène social. Les critiques de Dithley — qui ne sont pas un fait isolé en Allemagne — contre la psycho-physiologie et contre la sociologie naturaliste, nous ont paru très justifiées. De plus, elles éclairent notre solution de l'antinomie dont nous avons vu les trois aspects. Comme il insiste sur le côté intérieur, individuel, des phénomènes sociaux, il nous aide par cela même à mettre en relief le facteur volontaire, pour le faire rentrer dans le facteur nécessitaire des phénomènes sociaux. C'est donc un faux emploi de la méthode qui porte à nier le côté individuel volontaire des événements sociaux. Redressons la méthode ; le principe nié est sauvé.

Il suffit, donc, de restreindre la méthode objective en sociologie comme en psychologie, dans les limites où elle est vraiment fructueuse, et de réintégrer le psychique, l'individuel, dans l'objectif, pour que l'opposition factice des deux aspects des phénomènes cesse. Explicable ainsi, l'antinomie théorique de l'effort individuel et de la nécessité sociale n'en est pourtant pas moins dénuée de fondement sérieux.

L'antinomie, cependant, comporte une troisième raison, celle-ci indéniable et insurmontable. Dans la société, dans l'individu, dans le grand homme, et enfin dans tous les termes de notre antinomie, il y a deux moments à distinguer, et c'est sur cette dualité que repose réellement l'opposition des thèses. Arrêtons-nous sur l'opposition entre la masse et le génie, cette opposition étant une question un peu plus restreinte.

Les deux moments à distinguer dans le grand homme, c'est d'abord l'époque de sa formation, qui est plutôt passive, et ensuite l'époque de son activité, toute de spontanéité et d'initiative personnelle. Il est évident que si l'on envisage le grand homme dans la phase de sa formation, la théorie du milieu, sous sa forme extrême et pure, est seule vraie.

Dans la période où il se forme, l'homme est un effet pur et simple, par suite il est passif, plastique et ne fait que subir, de la manière la plus complète, l'influence du milieu, de la masse. Cette époque une fois passée, les rôles changent ; c'est le milieu qui devient passif, plastique, et l'homme, par cela même, acquiert une puissance exceptionnelle sur lui ; il peut le changer d'une façon plus ou moins partielle, selon les cas. Or, dans cette seconde phase, il va de soi que la thèse individualiste, sous son aspect le plus pur et exclusif, devient la seule vraie. Théoriquement, donc, plus les deux termes de l'antinomie sont poussés à l'extrême et exagérés, plus chacun des deux moments sera profondément analysé. On n'aurait jamais montré, mis en relief, tout ce que l'histoire doit aux grands hommes, si on avait cru seule vraie la théorie du milieu. En même temps, la génèse, l'explication des grands hommes n'aurait jamais été donnée avec précision si on avait complètement négligé la théorie du milieu. Car, en analysant le rôle de masses, pour l'opposer à celui de génie, on nous a facilité la compréhension plus complète de celui-ci, tout comme en analysant l'influence et le rôle des grands hommes, on nous a merveilleusement facilité la compréhension du rôle des masses. Ainsi, peut-être les pages les plus belles et les plus vraies sur le rôle des masses ont-elles été écrites par Emerson et Carlyle; et il serait difficile de trouver un partisan de la thèse individualiste, qui ait attribué, — comme Taine l'a fait, — un rôle aussi considérable dans l'histoire de la France, sous Napoléon Ier, à l'individualité de celui-ci.

Sans doute, l'antinomie théorique, qu'il y a entre le milieu et le génie, est ressortie, pour la plupart, de la nécessité théorique, instinctive pour ainsi dire, d'une analyse scientifique des deux moments. Plus les thèses se présentent exagérées, opposées, inconciliables, plus elles sont vraies, car elles portent sur deux moments différents. Toujours est-il cependant qu'il faut garder les deux thèses l'une à côté de l'autre, et même, puisque en réalité les deux moments coïncident presque, leur dissociation étant plutôt l'effet de l'analyse, il reste à faire rentrer l'un dans l'autre, les deux moments de l'antinomie. Continuer encore à nier le rôle de l'individu ou celui de la masse et du milieu, c'est persissister dans le malentendu qui considère l'un seulement des deux moments et oublie ou conteste l'autre.

La question se pose de la même façon, si on regarde l'opposition radicale, qu'on voit entre l'individu et la société. Jusqu'à un âge quelconque, variant avec les sociétés, nous voyons l'individu menant une vie d'apprentissage, de tutelle, de soumission; c'est l'époque passive et réceptive de l'éducation. Passé cet âge, l'individu devient autonome, actif; il acquiert les libertés civiles et politiques, il devient à son tour actif, éducateur, et par cela même il représente la société, et son initiative commence à devenir effective. Si les conditions de son apprentissage sont un peu exceptionnelles, et si la société se trouve dans des conditions déterminées, il peut même arriver dans sa vie ultérieure à la transformer d'une manière diversement partielle selon les cas. Toujours est-il que l'individu ne se forme et n'a de pouvoir sur la société qu'à mesure seulement qu'il dépasse l'époque de réceptivité et d'éducation. « Le génie, dit M. Baldwin, réfléchit le produit de toute l'hérédité sociale, de la tradition, de l'éducation » (1).

Ainsi les deux moments se différencient même dans la réalité. C'est ce qu'on exprime populairement dans cette sentence : il faut apprendre à être petit pour devenir grand, il faut savoir obéir pour pouvoir un jour être obéi, etc. Il paraît donc que l'antinomie entre l'individu et la société est le produit d'un processus dialectique, qui reposerait à la base du développement social. L'opposition des deux termes est le fruit d'une sorte de crise, qui a lieu à l'occasion du développement social et individuel.

2° *Les raisons pratiques.* — Cette antinomie consiste encore dans les efforts que le grand homme applique au milieu où il a vécu, pour le transformer, et dans la résistance des masses, du milieu à ses idées innovatrices.

Dans le développement de l'individu, les deux termes de l'antinomie sont, d'un côté, la condition du jeune homme pendant son époque d'apprentissage et d'éducation et, de l'autre, l'effort autoritaire de l'éducateur. Dans ce dernier cas spécial, le jeune homme représente l'individu, l'éducateur représente la société. Dans le cas précédent, l'éducateur de la société lui-même représentait l'individu et le grand homme la société, ou plus exactement la société se modifiant. L'effort fait et imposé d'un côté, la

(1) *Interprétations sociales*, Paris, 1899, p. 155.

passivité, ou la répulsion de celui qui le subit, de l'autre, ce sont les deux supports concrets de l'antinomie qui repose à la base des deux thèses opposées. Et cependant, pratiquement, tous les jours cette antinomie se résout et se pose de nouveau : l'enfant et l'apprenti se laissent éduquer. De même à chaque évolution historique des sociétés les membres des sociétés respectives plient, sans beaucoup de résistance, aux injonctions de tout genre que leur font les grands hommes de l'époque.

On pourrait même prouver que c'est bien là le malentendu sur lequel reposent les contradictions théoriques entre l'idée de l'individu et celle de la société. On peut, pour ainsi dire, faire la contre-épreuve du fait : les contestations amères que se font les deux thèses, individualiste et socialiste, reposent sur le malentendu qu'elles créent en s'aveuglant, chacune pour sa part, sur l'un des moments du développement social et individuel, pour retenir exclusivement l'autre. Cette contre-épreuve consiste, en effet, en ce que dans la pratique, ces deux thèses, non-seulement se rapprochent entre elles, mais, du point de vue qui est central pour les deux, elles s'identifient.

Ainsi, l'individualisme et le socialisme se disent également inspirés par le bien et l'intérêt de l'individu et par la justice. Comme M. Dietzel, entre autres, l'a bien fait voir, le principe fondamental du communisme se trouve déjà dans l'individualisme libéral de Locke, qui avait pour base la justice. Le même auteur a remarqué également qu'il serait difficile de mieux expliquer l'exploitation du travail par le capitaliste que ne l'a fait A. Smith en disant que « les seigneurs veulent récolter là où ils n'ont pas semé ». Et si l'on jette un coup d'œil sur le chapitre intitulé « La socialisation de la société » dans le *Capital* de Marx, on verra bien que l'auteur se range lui aussi sous un drapeau qui est essentiellement celui sous lequel Grotius et Locke, Quesnay et Adam Smith se reconnaissaient ». Si le libéralisme est le fils aîné, sorti du sein de la doctrine individualiste du droit, le communisme est le frère plus jeune de celui-ci. « Aussi les marxistes cherchent-ils à nous convaincre qu'en dépit même de l'organisation du travail dans leur état futur, le principe de l'autonomie individuelle ne sera pas moins garanti, que dans la société amorphe d'un Proud'hon ou d'un Bakounine » (1).

L'idée de justice, implicite dans le système de Marx, devient de mieux en mieux explicite dans les écrits socialistes plus remarquables parus ultérieurement. Ainsi, Benoît Malon dit, avec plus de précision, que le premier objectif du socialisme est de donner satisfaction aux revendications justicières des prolétariats et que le socialisme intégral de l'avenir trouvera une devise signifiant : Justice, Fraternité. A côté de l'organisation du travail, le socialisme, selon Malon, aura à « instituer la justice » et précisément à « organiser le travail conformément à la justice », afin de substituer l'organisation de la justice et de la solidarité à la systématisation de l'exploitation (2).

M. Espinas a, lui aussi, bien entrevu l'identité réelle qui existe malgré l'apparence du contraire, entre la thèse socialiste et la thèse individualiste. « Le communisme, au double point de vue du bonheur et de l'égalité, revendique pour l'individu le droit de ne se subordonner à rien. C'est un véritable individualisme qu'on nous propose sous couleur de socialisme ! les extrêmes se rejoignent » (3).

Enfin, d'une manière générale, on a reconnu que « les communistes, en combattant l'appropriation individuelle, prétendent restituer aux individus leur personnalité ». Aussi, en nous parlant de l'individualisme de Spencer, nous a-t-on dit que « leur individualisme (des communistes) est plus profond que celui de Spencer lui-même puisqu'ils poussent beaucoup plus loin les

(1) DIETZEL : *Theoretische Socialökonomie*. Leipzig. 1895. pp. 6, 7, 18. Voir du même auteur l'article sur le Socialisme dans Konrad, *Handwort*.
(2) *Le Socialisme intégral*, pp. 183, 206, 211.
(3) *La Philosophie sociale du XVIIIe siècle*. Paris, Alcan 1898, p. 41.

conséquences ; au lieu de l'appliquer à la société telle quelle, ils veulent avant tout y conformer l'ordre social lui-même » (1).

Mais si la justice est, comme il résulte de ce qui précède, le point essentiel que vise le socialisme, d'autre part nous voyons que le même principe de la justice, à côté de celui de la liberté, est ce qu'ont dégagé de plus profond les doctrines individualistes. L'examen scientifique scrupuleux des doctrines politiques et sociales a permis à M. Henry Michel de voir dans le principe de la justice le point de convergence des différentes doctrines individualistes nées au XVIIIe et au XIXe siècles. L'examen de ces mêmes doctrines a permis, de plus, de concevoir une idée dont les deux éléments reconnus sont : le droit de vivre avec celui de s'élever par la culture, et « la justice élargie » et par suite « améliorée ». Cette formule ne diffère de celle des socialistes qu'en ce qu' « elle n'institue pas une répartition mécanique de la richesse, comme le collectivisme, et en ce qu'elle ne charge pas l'Etat d'être prévoyant, actif et moral, pour le compte de ses membres, comme le socialisme d'Etat » (2).

Et, en effet, c'est bien dans l'application de cette formule que consiste toute la différence entre l'individualisme et le socialisme. L'opposition des deux doctrines ne porte que sur la modalité et les moyens de réaliser la justice. Mais, on peut constater de l'identité inattendue entre elles, même sur ce point. Car non seulement leur but est identique, mais lorsqu'elles passent à la pratique, elles changent d'attitude (3). On observe un renversement très significatif des postulats. Ce sont les socialistes, précisément ceux-là qui contestent à l'individu son initiative en l'assujettissant à des lois qui dépassent son vouloir, ce sont eux qui pré-

(1) G. Belot, *Rev. Phil.*, 1892 (1), p. 219.
(2) *L'Idée de l'Etat*, pp. 646-651.
(3) On doit rappeler, ici, que l'identité entre le socialisme et l'individualisme se retrouve jusque dans leurs procédés scientifiques. « Rodbertus, Schäffle, Marx, etc. travaillent avec les mêmes moyens et partent des mêmes suppositions que l'économie classique de l'Angleterre. » (K. Bücher : *Entstehung der Volkswirtschaft*, p. 7).

tendent pourtant que la société peut être réformée par la volonté et l'intervention des individus. Au contraire les individualistes, c'est-à-dire ceux-là mêmes qui glorifient l'initiative individuelle, et postulent la réalité effective et le pouvoir de la volonté individuelle, nient que cette initiative individuelle puisse avoir quelque efficacité quand il s'agit d'améliorer la société.

Ainsi qu'on l'a observé, « contre les socialistes, ils (les économistes orthodoxes) se font les apôtres de l'initiative individuelle, et ils fulminent contre les mêmes socialistes lorsqu'ils veulent mettre cette initiative humaine au service d'une amélioration sociale ». Les mêmes lois naturelles qui pour le socialisme sont fatales et excluent l'initiative de l'individu permettent aux socialistes d'user pratiquement eux-mêmes d'initiative individuelle ; tandis que la doctrine individualiste qui accorde l'initiative individuelle en droit la refuse en fait. Ce renversement n'est-il pas assez significatif ? (1).

L'individualisme sur ce point se caractérise surtout par ce qu'il laisse à l'individu le soin de faire seul son bonheur, alors même qu'il en serait absolument incapable ; tandis que le socialisme veut l'aider par l'intervention de l'Etat, c'est-à-dire au fond par l'assistance d'autres individus plus capables que lui.

A ce point de vue, ne semble-t-il pas qu'en tant que le socialisme pratique veut préparer et activer la formation de l'individu arriéré, par la culture et l'assistance des individus plus riches et cultivés, il est plus individualiste que l'individualisme lui-même. En tant que les socialistes veulent créer les individualités, dont l'individualisme se désintéresse, ne se montrent-ils pas plus conséquents avec le principe de l'individualisme que ce dernier n'est avec lui-même? La différence entre les deux doctrines se réduit, donc, en dernière analyse, à ce que les individualistes se désin-

(1) « Qu'en conclut l'évangéliste du nouveau dogme bourgeois » se demande là-dessus B. Malon et il répond : « Qu'il n'y a rien à faire, les lois naturelles voulant que les choses se passent ainsi. »

téressent de mettre en pratique l'idéal qu'ils partagent avec les socialistes, tandis que ceux-ci insistent plutôt sur cette mise en pratique, ce qui dénote, après tout, plus de franchise de leur part.

Il est naturel que, pour avoir beaucoup insisté sur les moyens, le socialisme ait un peu négligé le but individualiste, comme une chose qui allait de soi. Et, justement, l'individualisme, pour avoir négligé les moyens, ce qui est moins excusable, a nécessairement souligné plutôt le but, le point d'arrivée. Les deux thèses, et leur opposition, proviennent uniquement du fait que chacune ayant fait sa spécialité propre d'un des moments du processus de la formation individuelle a négligé l'autre. Cette négligence pratiquement intelligible a fait naître un malentendu qui consistait dans le fait que chaque thèse, devenant exclusive, a commencé à nier l'autre. Aussi le socialisme, qui s'efforce de former les individus par la culture et une distribution plus juste de richesse, trouvera bon de critiquer amèrement la doctrine individualiste, laquelle suppose gratuitement tous les individus formés par la nature, et alors elle s'en désintéresse. Elle aussi ne tarde pas à voir dans le socialisme un esclavage renouvelé, la tyrannie déguisée, ce qui est très vrai en un certain sens. Même les personnalités déjà formées, n'ont-elles pas été le fruit du despotisme, du passé historique et d'une véritable tyrannie que l'éducation, l'école et le monde social exercent sur les individus? Cependant cette dissociation, explicable jusqu'à un certain point théoriquement, ne s'explique pas en pratique. Et, même théoriquement, si l'on n'intègre pas les deux moments artificiellement dissociés, la dissociation ne peut que produire un fâcheux malentendu, et donner lieu aux discussions les plus vaines. La conciliation des deux thèses consiste, donc, à les intégrer, en intégrant les deux moments séparés par l'analyse, en réunissant les deux thèses justes mais unilatérales, dans une synthèse.

L'antinomie sera résolue ainsi d'elle-même; sinon, les disputes se prolongeront indéfiniment sur le sujet. La critique rationaliste est impuissante en face des deux thèses qui se présentent comme des axiomes également justes et qui ne sont toutes les deux que vraisemblables; elles sont réduites à s'opposer éternellement l'une à l'autre (1). Le principe individualiste est de nature tout à fait axiomatique comme le principe socialiste. Mais c'est précisément leur irréductibilité qui prouve la possibilité de leur conciliation. S'ils pouvaient se réduire l'un à l'autre on aurait la preuve de la fausseté de l'un des deux. Le fait même qu'ils s'opposent et qu'ils ne sont faux ni l'un ni l'autre, invite à chercher le moyen de les concilier, en les intégrant comme deux moments ou deux aspects du processus individuel, séparés seulement par la crise du développement quand se forme l'individu.

Ainsi les conditions sociales exprimées par le déterminisme social (le principe socialiste) doivent être intégrées par l'effort constant de l'individu. La société, à son tour, doit s'identifier avec l'individu, afin de se transformer, et l'homme pour être grand homme doit s'identifier avec les aspirations profondes des masses. Plus précisément, il faut faire pénétrer l'effort voulu, le vouloir conscient de l'individu, au fond de la nécessité mécanique des conditions sociales, et placer l'individu réfléchi au cœur du déterminisme social, en faire le support ou l'agent.

Pour rendre acceptable cette thèse, il nous faut cependant tâcher de montrer : 1° que l'individu humain, dans certaines conditions données, représente la société, puisqu'il la résume et la contient en soi. On peut exprimer la même idée d'une façon plus exacte, en disant que le psychique réfléchi est un aspect du social ; 2° que l'individu humain, dans certaines conditions déterminées, dispose d'une force illimitée sur le déterminisme social ; il en devient l'agent effectif ou le maître.

On verra ces deux hypothèses se rapprocher tant l'une de l'autre qu'elles sont deux aspects qui se confirment et se complètent

(1) Dietzel, *op. cit.*, ch. I, § I.

l'un l'autre. Pour dire tout ce qu'on peut apporter présentement en faveur de ces deux hypothèses, on a voulu se tenir, pour le premier point qui constitue la deuxième partie de notre travail, sur le terrain neutre de la pure théorie, et comme la théorie du psychique de l'individu est la psychologie, et celle de la société (du social) la science sociale, on s'est proposé d'examiner ici, au moins sommairement, quels sont les rapports de la psychologie avec la sociologie ; ils seront le miroir théorique où doivent se refléter les rapports de l'individu avec la société. Les résultats de cette première recherche ne peuvent donc être vérifiés que par l'examen des rapports entre l'individu et la société.

Dans la troisième partie, qui doit compléter et vérifier en quelque sorte la deuxième de notre travail, nous chercherons les conditions et le rôle du génie dans la société.

Il est bon d'examiner brièvement, dès le commencement même, quelles sont les objections que la correction proposée aux deux thèses peut soulever de la part des individualistes et de la sociologie objective. Ce premier examen, tout sommaire qu'il soit, pourrait nous préciser mieux la voie à suivre dans les recherches que nous nous proposons de faire.

En effet, placer l'individu conscient, raisonnable, au cœur même du déterminisme social, cela entraîne des conséquences d'une si grande portée, et de nature telle qu'elles seront difficilement admises par les deux conceptions naturalistes de la société. Ainsi, l'individu réfléchi, dont le rôle doit être nul, d'après certaines conceptions courantes, devient, dans notre thèse, le moteur et le directeur du déterminisme social. Il faudrait que la société s'effaçât un peu pour donner du relief à l'individu, ou tout au moins que le concept de la société ne fût pas irréductible avec une certaine conception de l'individu. En d'autres termes, il faudrait que l'idée de l'individu réfléchi ne fût guère qu'un aspect complémentaire de l'idée de la société.

Voilà pourtant ce qui doit s'accommoder mal avec les deux thèses opposées. Ceux qui postulent une réalité sociale, différente des individus, en dehors et au-dessus d'eux, afin de subordonner théoriquement les fins individuelles aux fins sociales, n'accepteront pas la correction. Ils auront à craindre l'anarchie ou l'anomie de la société laissée à la disposition et au bon gré des individus. Déchaîner les individus et les élever au-dessus de la société, n'est-ce pas abolir les lois et laisser les choses sociales au caprice individuel? D'autre part, les individualistes craindront l'excès de législation et d'intervention, sur tous les terrains d'activité, là même où les socialistes craignaient l'anarchie sociale. Car, si l'individu s'identifie avec la société, et par suite avec l'Etat, celui-ci est justifié quand il étend, au nom des individus qui le représentent, aussi loin que possible, ses interventions. L'initiative individuelle, qui est hautement proclamée par ces doctrines, ne pourrait diminuer par le simple fait que l'individu dispose, non-seulement de sa propre force, mais encore de celle de l'Etat. Bien au contraire. Cette seule appréhension des libéraux pourrait assurer les partisans des théories autoritaires que la société, mise au rang des individus et sous leur direction, n'a pas à craindre l'anarchie. Ne peut-il y avoir des individus qui ne soient pas conduits par le hasard et le caprice? Ou bien n'y a-t-il pas d'individus raisonnables dans nos sociétés?

Ici nous touchons au principe même des confusions qui règnent dans les esprits et d'où découlent évidemment les malentendus déjà relevés. Dans l'idée vague de la société en général, il faut distinguer deux phases très différentes l'une de l'autre; ce n'est pas une différence de degré, mais bien de nature, et elle entraîne une différence analogue entre les individus qui composent la société. La première phase est la société naturelle, produit des conditions purement biologiques de la procréation. Cette société est très limitée en étendue et composée d'individus liés entre eux par des liens de proche parenté: leurs rapports sont les rapports naturels du sang. Aussi les individus qui les composent, sont-ils des êtres biologiques, irréfléchis, tout d'instincts.

La seconde phase est celle qui apparaît seulement lorsque les liens du sang et de la nature sont rompus et que l'étendue de la société, englobant des peuplades, des provinces différentes, devient de la sorte de plus en plus considérable. Nous appellerons éthico-sociale cette dernière forme de rapports inter-individuels qui changent complètement de nature ; ils ne sont plus les liens du sang, l'instinct social matériel, ils deviennent des liens d'intérêt, de réflexion, en un mot des liens proprement psychiques, produits de l'habitude, du voisinage, de la force violente, etc...

Dès lors, les individus qui composent la société ont changé tout à fait. Ils ne sont plus des êtres capricieux, purement biologiques et instinctifs, mais ils sont bien des personnes passablement morales et raisonnables.

Pour ne pas avoir fait cette distinction élémentaire, les diverses conceptions tombent dans les pires confusions. Les conceptions naturalistes accordent à la société éthique ce qui est vrai de la première forme sociale naturelle, et elles nient l'efficacité du psychique, de l'effort individuel réfléchi, même dans les sociétés éthiques civilisées. De même lorsqu'elles craignent pour cette dernière société l'initiative de l'individu, elles pensent à l'individu tout d'instinct et tout capricieux. En un mot, elles pensent à la société naturelle et à l'individu biologique, lorsqu'il s'agit de la société civilisée éthique et de l'individu réfléchi. Elles attribuent aux uns les défauts des autres. Au contraire, les thèses individualistes attribuent aux sociétés naturelles, et aux individus encore tout biologiques, les qualités des sociétés et des individus qui seraient arrivés au terme de leur évolution.

Ainsi, les sociologues positivistes, autoritaires, alors même qu'ils constatent d'eux-mêmes le progrès de l'individu en force, en originalité et en initiative, oublient de le libérer de la fatalité sociale, qu'on laisse toujours suspendue au-dessus de sa tête. De plus, alors même qu'ils constatent que l'individu réfléchi des sociétés développées ne travaille qu'à la suite d'un effort intellectuel, d'un projet réfléchi, les sociologues objectifs continuent à nier le rôle de la réflexion, de l'effort et du vouloir individuel. Ils ne se rendent pas compte que c'est bien la nécessité sociale, le déterminisme social, qu'ils contestent, en contestant ces efforts individuels réfléchis, car c'est à travers ces efforts que le déterminisme social s'accomplit.

Bref, les uns envisagent la société civilisée comme habitée par des hommes irréfléchis, biologiques, et les autres envisagent la société naturelle comme composée seulement de gens réfléchis, capables de se conduire eux-mêmes.

Et cependant, si on s'en tient à l'état actuel des choses, ce qui est d'une méthode rigoureusement scientifique, ces confusions et ces contradictions théoriques sont bien fondées dans la réalité sociale elle-même. Elles sont même la meilleure image de cette réalité. En effet, les sociétés civilisées que nous avons sous nos yeux ne sont pas encore si différentes des sociétés naturelles ; elles ne sont pas encore morales, car les principes de leur constitution sont loin d'être l'application exacte des idéals éthiques. De même les individus qui composent les sociétés sont loin d'être tous également réfléchis et raisonnables. Bien au contraire, les individus réfléchis sont encore une minorité et la majorité est encore composée d'hommes plutôt instinctifs, violents, capricieux, au point qu'ils justifient pour longtemps encore cette fatalité sociale, suspendue au-dessus de leur tête. Ainsi, on est en droit de dire que la réflexion est encore un élément négligeable dans le déterminisme social, parce que c'est l'irréflexion, la nécessité naturelle inconsciente, qui domine dans la société même civilisée.

L'état actuel des choses fait qu'il y a vraiment des hommes civilisés et réfléchis dans la société naturelle : des hommes irréfléchis, biologiques, instinctifs, dans une société civilisée, partiellement éthique. Par suite, les deux thèses opposées ont également raison. Leur tort à toutes les deux, c'est d'ériger cet état, pour nous provisoire, en un état définitif, de le concevoir, sous sa forme actuelle, comme *sub specie æternitatis*. Si cette manière de voir est permise aux sciences de la nature, nous allons voir de plus près qu'elle est radicalement fausse pour les sciences sociales. Il reste à préciser autant que possible dans quelle mesure les deux thèses ont raison, et cela ne peut se faire qu'en envisageant dans son ensemble cet acte de métamorphose par lequel la société naturelle devient éthique. Il nous faut savoir où nous nous trouvons du développement social et dans quel sens ce développement s'oriente? Il est sûr que ce n'est que par une simple induction du passé qu'on peut conjecturer le sens du développement social à venir, ce qui dépasse la science rigoureuse, cette science qui ne prévoit que ce qu'on voit déjà et ce qu'on a déjà vu.

S'il en résulte que le développement social à venir va dans le sens d'une société progressivement éthique, et le développement individuel dans le sens d'une vie réfléchie raisonnable, par ce fait seul l'antinomie des deux thèses se résout avec le temps en faveur de l'individualisme pur. Le déterminisme social deviendrait l'œuvre de la réflexion individuelle, et la fatalité sociale, qu'on suspend sur la tête de l'individu, pourrait bien s'évanouir, et le concept de la société fondre dans celui de l'individu. Leur antinomie ne serait, comme nous l'avons déjà remarqué, que l'effet de la crise à l'époque du développement.

Avant d'aborder l'étude des rapports entre la psychologie et la sociologie, nous allons examiner l'hypothèse du développement social. Nous verrons ainsi où nous en sommes de la transformation sociale et individuelle, ce qui nous conduit, manifestement, au cœur même de la question : le rapport entre le psychique et le social. Il est très intelligible que la forme de ces rapports doit dépendre du degré de développement de la réalité sociale.

L'examen des trois questions suivantes fera l'objet des trois subdivisions du livre. Dans la première partie, nous aurons à examiner l'hypothèse du déterminisme social; dans la seconde partie, le rapport de la psychologie avec la sociologie; dans la troisième partie, la conception sociologique du génie.

LIVRE I

LE PROCESSUS DU DÉVELOPPEMENT SOCIAL

On a conçu, et non sans motifs légitimes, que la vie sociale forme un règne nouveau, *sui generis*, au-dessus de celui de la vie proprement dite. Ce nouveau règne serait dominé, a-t-on dit, par un processus de développement qui rappelle aussi celui de la vie.

On peut envisager ce processus sous un double point de vue : *a*) dans sa réalisation historique ; *b*) en lui-même, c'est-à-dire dans les effets qui s'en développent.

CHAPITRE I

L'intégration sociale

La forme relativement précise qu'on a attribuée au processus social, considéré dans son développement historique, pourrait être exprimée comme il suit : *La vie sociale, qui commence à se mani-*

fester dans des limites très étroites, s'élargit progressivement, par un double processus d'intégration et d'unification des petites sociétés dans des sociétés de plus en plus grandes, jusqu'à la société universelle embrassant la vie de l'humanité entière.

Cette formule se présente sous plusieurs aspects et de manières différentes. Elle n'est pas seulement le lieu de rencontre des conceptions et des systèmes sociologiques les plus divers, qui là une fois au moins s'accordent, mais aussi l'aboutissement des analyses profondes d'historiens, comme Mommsen, par exemple. De plus, les économistes, tout dernièrement, l'ont retrouvée jusque dans le développement historique de la vie économique. Pour en préciser, un peu plus, les traits, nous allons résumer, brièvement, l'état actuel de la question,

1° dans la littérature sociologique, et

2° dans la littérature économique la plus récente.

I

1° Les conceptions sociales qui ont entrevu l'idée de ce processus social pourraient être rangées en deux catégories : *a*) Aux thèses purement scientifiques qui ont cru la constater dans la réalité des faits, il faut ajouter : *b*) les doctrines qui l'ont conçue rationnellement *à priori* et l'ont propagée ou postulée dans leurs applications pratiques. Entre les deux se place *c*) le socialisme scientifique, qui après avoir cru dégager de l'étude des faits l'idée d'une société universelle internationale, se l'est proposée comme but pratique de son activité. En réalité, comme on va le voir, des catégories sont très peu tranchées. Voici les thèses :

A. L'idée de la vie sociale, s'intégrant progressivement pour aboutir à la société universelle, apparaît dès la Révolution française et surtout chez Condorcet.

Elle est reprise par Auguste Comte, qui arrive à confondre l'idée de la société avec celle de l'humanité, en reconnaissant pourtant que la vie sociale commence avec la famille, dans le clan, la tribu, qui sont des formes inférieures de la société. Comte concevait la société civilisée, et plus précisément la société occidentale, comme l'issue probable des forces sociales actuelles ; il s'était même proposé de propager cette idée de la société occidentale et dans son esprit elle avait déjà un commencement de réalisation.

Chez Herbert Spencer le processus de l'intégration sociale n'était qu'une simple application aux sociétés des principes généraux qu'il donnait à l'évolution universelle.

« L'opération par laquelle les petites tenures s'agrègent en fiefs, les fiefs en provinces, les provinces en royaumes, et les royaumes limitrophes en un seul empire, se complète par la destruction des lignes de démarcation primitives... Nous voyons dans les tendances des nations européennes à former des alliances plus ou moins durables,... dans le système, dont on prend aujourd'hui l'habitude, de soumettre les conflits internationaux à l'arbitrage des congrès, aussi bien que dans la suppression des barrières commerciales et les facilités de communication qui s'accroissent, nous voyons les débuts d'une fédération européenne, c'est-à-dire d'une intégration beaucoup plus vaste que toutes celles aujourd'hui existantes » (1).

Ce n'est qu'avec M. Gumplowicz que l'idée du *processus social* se pose d'une manière plus nette et prend conscience de son importance capitale pour la sociologie. Cet auteur le compare aux autres processus fondamentaux de la nature, auxquels il ne le

(1) Herbert SPENCER, *Premiers principes*, Paris, Alcan, p. 291.

cède ni en rigueur ni en importance. Ce processus consiste précisément en ce que la multiplicité des éléments sociaux, hétérogènes, au point de départ, hordes, tribus, etc., diminue au fur et à mesure que l'humanité se développe » (1). La réalité historique, dit M. Gumplowicz, nous montre une *unification* et une *agglomération* continuelle et croissante des groupes hétérogènes en sociétés toujours grandissantes à mesure qu'elles s'unifient et s'assimilent (2). Par suite, ce processus évolue d'une multiplicité de bandes et de groupes à des unités plus étendues embrassant un nombre toujours grandissant de groupes hétérogènes d'amalgames s'assimilant toujours davantage. Intimement ce processus se fait par la pénétration de deux ou plusieurs sociétés qui se conquièrent et s'exploitent les unes les autres, les plus fortes dominant les moins fortes (3).

Mais celui qui a conçu de la manière la plus précise l'idée du développement social dans ses traits essentiels, est sans doute M. Durkheim. D'après ce dernier, la source, « l'origine première de tout procès social doit être recherchée dans la constitution du milieu social » (4). Or, ce milieu même est soumis à la double loi « de *l'accroissement* dans le volume, le nombre des individus, et dans la densité dynamique des sociétés » qui, « en rendant la vie sociale plus intense modifie profondément les conditions fondamentales de l'existence collective. Cette conception du milieu social, comme facteur déterminant de l'évolution collective est de la plus haute importance » (5). L'accroissement du volume social résulte d'un processus d'intégration des diverses sociétés voisines « qui fondent les unes dans les autres et s'unifient... Les cloisons qui séparent les diverses alvéoles de la vie

(1) *La lutte des races*, Paris, 1893, p. 159.
(2) *Aperçu sociologique*, Paris, 1900, pp. 4, 6.
(3) *Précis de sociologie*, Paris, 1896, p. 135.
(4) *Règles de la méthode sociol.*, p. 139.
(5) *Ibid.*, p. 143.

sociale.... perdent de leur consistance, s'affaissent progressivement et dans la même mesure les milieux se confondent » (1). Or, le progrès de l'accroissement social en volume et en densité détermine le progrès de la division du travail et par suite de la différenciation sociale. La forme que prend intérieurement ce processus est le passage de la solidarité par ressemblance à la solidarité par différenciation et division du travail.

D'autres sociologues français, tels MM. Tarde et Bouglé, doivent être comptés comme reconnaissant la réalité et l'importance du processus social. M. Tarde a spécialement mis en lumière un côté de ce processus sur lequel personne ne s'était arrêté : l'unification sociale au moyen de l'extension des courants de similitude, qui ne sont que la conséquence immédiate des courants d'imitation. Tandis que MM. Gumplowicz et Durkheim insistent exclusivement sur l'intégration plutôt extérieure des sociétés, M. Tarde montre l'unification interne, quoiqu'elle ne soit d'ailleurs que le résultat nécessaire de l'unification extérieure. La disparition des barrières infranchissables, des segments sociaux, fond les diverses unités sociales dans une seule, qui facilitera non seulement l'expansion des courants d'imitation, mais encore les provoquera en provoquant les inventions.

En outre, M. Tarde lui-même indique, avec insistance, comme MM. Gumplowicz et Durkheim, que « le fait le plus général que l'histoire nous révèle, est l'agrandissement continuel du groupe social en étendue et en profondeur. En étendue, par la chute des frontières qui séparent les groupes voisins peu à peu fondus et assimilés ou annexés à un état conquérant ; en profondeur, par la chute des barrières qui séparent les classes » (2). La forme du processus social interne est le passage de l'imitation-coutume à l'imitation-mode.

(1) *De la division du travail social*, p. [illegible].
(2) *La logique sociale*, Paris, Alcan, [illegible], p. [illegible].

M. Bouglé nous semble avoir réussi à synthétiser ces deux aspects du processus social en les représentant sous les deux propriétés formelles qu'il reconnaît aux sociétés : la quantité et la qualité. Le processus social consiste, selon M. Bouglé, en un accroissement de la quantité et de la complication ou différenciation sociale doublé par l'accroissement de l'unité et de l'homogénéité sociale (1).

B. En Allemagne, nous devons nous en rapporter à MM. Tönnies et Simmel, qui ont émis des théories et des hypothèses sociologiques, où nous trouvons l'idée du processus social tellement impliquée qu'elle est facilement reconnue. Pour M. Tönnies, la formation des Etats nationaux n'est qu'une limitation, une étape provisoire de la société illimitée (2). Le processus social, d'après M. Tönnies va de la multiplicité des États vers une république mondiale (Weltrepublik) comparable au marché mondial (Weltmark), qui résulte de l'extension des marchés. La forme intérieure de ce changement est le passage de la communauté, sorte de solidarité organique par ressemblance, basée sur les relations durables de sang, à la société qui prend pour base des relations de contrat et d'échange, tout à fait fortuites et mécaniques (3).

M. Simmel reconnaît, lui aussi, au fond de la vie sociale, un processus d'extension sociale (Ausdehnung der Gruppe) (4), dont les conséquences internes sont d'une part la différenciation des individus, la formation de personnalités de plus en plus différentes, irréductibles ; d'autre part l'homogénéité sociale, car le niveau social descend, les personnes se nivellent à mesure que s'accroît l'extension sociale, les qualités communes des hommes

(1) *Les idées égalitaires*, Paris, Alcan, 1899, pp. 92 et 236.
(2) *Gemeinschaft und Gesellschaft*, Leipzig, 1887, p. 272.
(3) Id., pp. 9 et 44.
(4) *Ueber soziale Differenzierung*, pp. 41, 45 et 49.

étant les moins élevées. L'auteur donne comme M. Durkheim une grande importance au nombre des individus. A son avis, le nombre est le facteur décisif dans toute évolution sociale (1).

C. Parmi les sociologues de langue anglaise, nous distinguons MM. Lester. F. Ward, Giddings et B. Kidd qui ont également entrevu le processus social, mais d'une manière un peu plus vague et moins sûre. « La différenciation sociale forme le premier chapitre dans l'histoire de la société humaine, dit M. Ward ; le second chapitre traite de l'intégration sociale. A un certain stade, celui de la plus grande différenciation, beaucoup plus grande qu'à présent, la réduction du nombre des races humaines, fut le résultat de l'intégration sociale » (2). L'intégration ethnique et sociale a procédé par une longue suite d'assimilations jusqu'à ce qu'elle ait produit plusieurs grandes nationalités amalgamées (3). Et enfin, « l'association et la fusion de toutes les races humaines est, d'après M. Ward, le pas final de l'évolution humaine » (4).

M. B. Kidd reconnaît avec M. Schmoller que les nationalités sont issues par un processus d'intégration sociale, d'unités sociales plus petites : les tribus, les villes et les provinces. Il appelle ce processus le principe formateur d'Etats, *State making* (5) ; mais il ne voit pas qu'il s'arrête à cette forme, car « dans le progrès du monde, les jours des nationalités, dans l'ancien sens du mot, sont comptés » (6). Il voit le procesus social aboutissant ensuite à un petit nombre de systèmes d'ordre social, dont la structure économique et politique sera comme l'expression externe d'in-

(1) *Annales de l'Institut international de Sociologie*, [illegible].
(2) *La Différenciation et l'Intégration sociale*, [illegible], Giard et Brière, p. 10.
(3) *Ibid.*, p. 17.
(4) *Ibid.*, p. 39.
(5) *Principles of Western Civilisation*, London, Macmillan, 1902, p. [illegible].
(6) *Ibid.*, p. [illegible].

terprétations de conceptions éthiques fondamentales. Ce processus doit aller jusqu'à l'unification complète (1).

Le professeur Giddings, d'une manière encore plus vague, reconnaît que le processus social est « une plus grande augmentation des masses » et tout changement « tend à l'intégration sociale » (2). Il parle aussi d'une intégration graduelle de groupes, de hordes, et emprunte à M. Durkheim le principe social de la densité sociale.

2° Parmi les écrivains politiques qui ont spéculé sur les questions de politique pratique, nous nous arrêterons seulement sur deux, dont les écrits ont eu un retentissement assez étendu et justifié : Bluntschli et Sidgwick.

Aux yeux du premier « les états bornés à une nation n'ont qu'une valeur relative... L'état ou l'empire universel est donc l'idéal de l'humanité ».

Bluntschli montre que l'Eglise chrétienne et les grands conquérants connus, d'Alexandre le Grand à Napoléon, ont tenté, par des moyens différents et avec des méthodes (3) différentes, la réalisation de cet idéal, mais ils ont échoué. « Le temps, dit-il, continue invinciblement son œuvre de rapprochement; il réveille toujours plus la conscience universelle de la communauté humaine et prépare ainsi naturellement une organisation générale du monde » (4). Les découvertes modernes et les nombreuses voies de communication sont venues directement servir le but, et la science contemporaine suit l'impulsion. Enfin « l'Etat dans sa formule la plus élevée, c'est l'humanité organisée » (5). Les états nationaux n'en sont que des étapes, car ils

(1) *Principles of Western Civilisation*. London. Macmillan 1902, p. 398.
(2) *Principes de sociologie*, trad. française, Paris, Giard et Brière, 1897, pp. 250, 335, 338.
(3) *De l'Etat*, trad. française. Paris, 1881, p. 21.
(4) *Ibid.*, pp. 22, 24, 25.
(5) *Ibid.*, p. 26.

sont bien l'expression de ce mouvement social universel qui ne s'arrête pas d'ailleurs aux bornes *de la nationalité*. Le développement exige... l'union des peuples dans une plus haute unité » (1).

Sidgwick envisage l'idée de l'intégration sociale sous son aspect juridique, celui de la législation internationale. Il exclut donc l'intégration violente et n'admet que l'intégration pacifique, législative. Mais il reconnaît le faible de ce principe dans l'infériorité des lois internationales qui manquent de précision et de sanction, par rapport aux lois civiles qui en ont et qui sont l'expression d'une véritable et solide intégration sociale (2). De plus, la législation internationale aurait besoin d'un gouvernement commun des Etats et d'une cohésion plus grande entre eux. Aussi s'ensuit-il, nous dit l'auteur, que l'absence d'un organe régulier et qui décide avec autorité les points discutés, conduit à ce fait qu'il n'y a pas de limite précise entre ce qui est établi par les hommes d'Etat et ce que les juristes pensent qu'il faudrait établir (3). Cependant, l'auteur n'en reconnaît pas moins que par un progrès incessant, les lois internationales deviennent aussi cohérentes et définies que les lois civiles dont elles commencent à se rapprocher plus que des lois morales (4). Qu'est-ce à dire, sinon que le processus de l'intégration sociale se réalise et se définit de mieux en mieux.

3° Quant aux doctrines socialistes, nous ne nous y arrêtons que pour rappeler ce qui en est d'ailleurs assez connu. En attendant, écrit B. Malon, l'*Union européenne et américaine* d'abord, *planétaire* ensuite, des peuples, tous les penseurs progressistes

(1) *De l'Etat*, traduction française. Paris, 1891, p. [illegible].
(2) *The Elements of Politics*, London, Macmillan, 1897, p. [illegible].
(3) *Ibid.*, p. [illegible].
(4) *Ibid.*, p. 293.

s'accordent pour voir dans les Etats socialistes du proche avenir des républiques fédérées (1). Les mêmes idées résultent aussi du socialisme scientifique de Karl Marx. L'*Internationale*, dont il fut l'initiateur et l'âme pendant dix ans, en est une preuve.

A cet égard, il ne faut pas oublier une des tentatives les plus caractéristiques de législation internationale que provoqua également le mouvement socialiste. C'est la législation internationale du travail dont les desiderata furent débattus et fixés dans la *Conférence internationale ouvrière de Berlin en 1890*. On peut assurément voir dans cette tentative comme le commencement d'une intégration sociale européenne, dont l'avènement est probablement encore éloigné.

II

L'économie politique théorique s'étant développée en Allemagne plus qu'ailleurs, ces dernières années, nous devons examiner l'état où se trouve l'idée du processus social dans la littérature économique allemande. Le processus du développement social, vu sous son aspect économique, se présente en effet sous des traits beaucoup plus arrêtés que sous sa forme purement sociale. D'abord M. Adolphe Wagner, observant une méthode plutôt psychologique, déductive, envisage les phénomènes économiques seulement dans leur état actuel et futur. Conséquemment, l'objet de ses études c'est l'économie sociale nationale actuelle, ou bien ce qui devient très significatif pour nous, l'économie mondiale (Weltwirtschaft). D'après le Prof. Wagner, les phénomènes économiques sont plutôt internationaux, les relations économiques englobent déjà le monde entier dans leurs réseaux. Tout au moins on a bien le sentiment que l'économie politique tend à élargir

(1) *Le Socialisme intégral*, t. I, p. 386.

son point de vue et au lieu de la science de la *Volkswirtschaft* elle devient réellement celle de la *Weltwirtschaft* (1).

Comme complément de l'économie politique de Wagner se présente celle de M. Schmoller. Lui, ayant pris la voie inductive et spécialement historique, était plus à même de découvrir le processus du développement économique dans ses traits les plus vrais.

M. G. Schmoller voit dans l'économie de la famille, dans celle de l'état ou d'autres institutions et communautés économiques, autant de phases ou de formes d'un seul processus (2). Plus exactement les différentes formes de ce processus, qui d'ailleurs ne font que reproduire l'extension des groupes sociaux où elles se manifestent, sont, d'après cet auteur, l'économie du village, l'économie seigneuriale, l'économie de la ville et l'économie territoriale nationale. Le développement historique de la vie économique est passé par ces quatre formes. La phase économique de l'économie du village eut comme origine la Mark germanique, le Mir russe, ou toute autre unité sociale primitive correspondante, fixée sur un terrain bien délimité. Or, vers le milieu du Moyen Age, les villages commencent à se développer et le processus de l'histoire rendit nécessaire l'apparition des familles aristocratiques des évêques, des princes, possesseurs de gros domaines (3). Ceux-ci ne tardèrent pas à englober les villages dans des unités sociales supérieures, les petites provinces, et la vie économique prit nécessairement la forme de l'économie territoriale seigneuriale, Avec le développement des villes et l'échange des produits entre ces villes et les villages, apparut la seconde phase de la vie économique, l'économie des villes, qui formèrent, avec leurs alentours territoriaux, une unité indépendante, fermée (4). Plus

(1) Voir WAGNER, *Lehr-und Handbuch der politischen Oeconomie*, Leipzig. 1892. pp. 250-308.
(2) *Grundriss der allgemeine Volkswirtschaft*. p. 317.
(3) *Ibid.*, p. 290.
(4) *Ibid.*, p. 294.

tard, vers la fin du Moyen Age, s'opéra la dissolution de ces unités politiques et économiques en une nation territoriale, centralisée et forte. Ce fut l'œuvre du despotisme. Aussi, la vie économique prit-elle une nouvelle forme, proprement connue sous le nom de *Volkswirtschaft* (1). C'est l'économie nationale, unité économique autonome, renfermée en elle-même, dont la conception *mercantiliste* semble avoir saisi l'essentiel. Cette phase dura, d'après Schmoller, de 1783 jusqu'à vers 1840 ; interrompue à cette époque, jusque vers 1875, elle parait revenir. Et maintenant, dit cet auteur, « commence une quatrième nouvelle époque, l'économie mondiale, qui entraîne plus fortement les économies nationales séparées » (2).

La théorie économique, où les deux méthodes et les deux doctrines de Wagner et de Schmoller se synthétisent, d'une façon très harmonieuse et heureuse, pour aboutir à une théorie vraiment scientifique de l'économie sociale, est presentée par M. K. Bücher.

Cet auteur distingue dans le processus historique de la production et de la distribution économique trois stades : l'économie familiale (Hauswirtschaft), l'économie des villes (Stadtwirtschaft), et enfin l'économie sociale ou nationale (Volkswirschaft) (3). L'économie de la famille fermée (Geschlossene Hauswirtschaft), qui a été le système économique des anciens, du monde greco-romain jusqu'au milieu du Moyen Age, se caractérise en ce que le processus de la production, dans son entier, s'accomplit dans le cercle fermé de la maison. Ce système excluait donc le commerce. La division du travail se faisait à l'intérieur de la maison, entre les personnes qui formaient la famille, et retentissait sur la structure de la famille, telle qu'elle était donnée par la nature, le droit, les mœurs.

(1) *Grundriss der allgemeine Volkswirtschaft*, p. 299-300.
(2) *Ibid.*, p. 200.
(3) *Op. cit.*

A la chute de l'ancien système social un nouveau se dessina, vers le milieu du Moyen Age, et le système économique respectif ne manqua pas de s'évanouir; c'est l'époque de l'économie des villes (1). Dans ce nouveau système l'économie de la maison donna lieu à l'échange direct entre les familles productrices. Toutes les maisons étaient comme artisans les unes des autres. Chaque famille perd une partie de son indépendance; elle n'est plus en état de produire elle-même l'ensemble des objets qui lui sont nécessaires et, pour compléter ce qui lui manque, elle doit faire appel à la production des autres maisons (p. 43). Chaque ville forme, avec ses environs, une unité économique autonome, dans laquelle la circulation de la vie économique se pratiquait d'après quelques normes précises, indépendantes. A son tour l'économie de la ville fut remplacée par l'économie du peuple. Cette dernière est le pas le plus remarquable de l'intégration économique. Bücher la considère comme le fruit de la centralisation politique, qui, à la fin du Moyen Age, commença avec la formation des Etats territoriaux et se réalisa avec l'apparition des Etats unitaires. La connexion économique des forces va de pair avec la connexion des intérêts politiques locaux, en face des fins plus hautes de la communauté (p. 67). Chaque lambeau de pays, chaque groupe du peuple doit prendre pour soi, dans le service du tout, précisément la tâche qu'il peut remplir le mieux (p. 69). C'est ce qu'ont merveilleusement compris les économistes, lorsqu'ils disent que c'est là un des fruits de l'activité de l'Etat (p. 73). Bien plus, cette évolution est l'œuvre de l'absolutisme. Aussi, d'après M. Bücher, tous les grands hommes d'Etat : Cromwell, Colbert, Bismarck, Cavour, ont contribué à réaliser cette évolution (p. 75). Cette forme de la vie économique, comme les formes précédentes, n'a pas moins manifesté la tendance à s'enfermer dans des unités autonomes, les nations. Ainsi naquit le sys-

(1) *Op. cit.*, p. 42.

tème économique du mercantilisme ; ce n'est pas par hasard que Louvois, l'auteur du système des frontières fortifiées, fut le contemporain de Colbert (p. 75). Or rien n'indique, selon M. Bücher, que le processus de l'intégration économique s'arrête là : une chose est sûre, c'est qu'elle se continuera parallèlement avec l'intégration politique.

Il faut ajouter aux noms très connus de ces économistes ceux de MM. Dietzel et Sombart, qui sont aussi celèbres. Mais dans leurs écrits (1) on retrouve le processus économique, dans ses lignes générales, considéré d'une façon plus ou moins analogue à celle dont MM. Schmoller et Bücher eux-mêmes l'avaient décrit.

L'hypothèse d'un processus de développement social intégral se retrouve ainsi confirmée, de diverses manières, dans les différentes conceptions sociologiques, politiques, pratiques et économiques. Il est sûr qu'une analyse laborieuse et consciencieuse de l'histoire connue pourrait vérifier l'hypothèse de ce processus social. Mommsen, qui a tenté quelque chose de pareil sur l'histoire de Rome, n'a pas manqué de découvrir le principe de l'intégration sociale, qu'il constate et consacre dans ces termes : « L'histoire d'une nation offre le phénomène d'un vaste synœcisme. La Rome primitive c'est une cité due à une triple fusion, les incorporations de même nature ne cessent que quand l'Etat romain est arrivé à sa consolidation complète » (2). « La centralisation s'opère par la fusion de plusieurs petites sociétés dans une cité plus grande » (3). A examiner uniquement la réalité historique, où nous vivons présentement, ainsi que les événements du dernier siècle, qui ne s'apercevrait que ce que Momm-

(1) DIETZEL, *Theoretische social Oekonomie* ; Sombart, *Das moderne Kapitalismus*.
(2) *Hist. de Rome*, trad. Alexandre, t. 1, p. 212
(3) *Idem*, p. 138.

sen constatait, pour l'ancienne société romaine, s'accomplit même de nos jours, sous nos yeux. Le processus de l'intégration sociale, sous la couleur spéciale du principe des nationalités, a rempli l'histoire du XIXe siècle. Les fruits mûris de ce processus sont déjà l'Italie et l'Allemagne intégrées (1).

CHAPITRE II

Le déterminisme social

Quelles sont maintenant les conséquences que l'intégration des sociétés développe à l'intérieur des sociétés intégrées? Comme on l'a bien fait voir, l'augmentation du volume et de la densité de la société, qui suivent la disparition des segments et sont en rapport direct avec l'étendue de la société unifiée, ont pour conséquence des changements considérables à l'intérieur, qui équivalent, presque, à de vraies révolutions. Ces changements, à cause de l'extrême division du travail, aboutissent à une complication indéfinie des rapports inter-individuels, des situations, des manières de voir, des manières de produire, etc. Une mobilité vertigineuse, une instabilité sans limite deviennent ce qui est propre à la contexture fuyante des nouveaux rapports sociaux. Cette mobilité et cette complexité sont voisines de l'anarchie et le temps

(1) Il pourrait arriver que l'Histoire de ce siècle ait encore à enregistrer l'intégration sociale et politique d'autres nations plus tardives, et peut-être l'intégration terminale de l'Allemagne et de l'Italie.

seul mettra un terme à cet état, même s'il se produit un certain équilibre, une certaine harmonie, qui tiennent à ce que le processus d'intégration, qu'il soit purement social, ou qu'il soit économique, s'accomplit au jour le jour. Cet état de choses entraîne plusieurs conséquences importantes pour les individus. Nous en aborderons ici seulement deux qui nous paraissent les principales et qui semblent, d'ailleurs, contenir déjà toutes les autres. Ce sont : 1° *La régression de l'hérédité des caractères acquis* ; 2° *Le mouvement égalitaire.*

I

LE REGRÈS DE L'HÉRÉDITÉ DES CARACTÈRES ACQUIS.

Comment la mobilité, l'instabilité et la complexité sociales peuvent-elles influencer la transmission physiologique des variations individuelles acquises? L'hérédité des caractères acquis a été l'objet d'une discussion vive, comme on le sait, dans le monde des spécialistes. La controverse n'a pas encore pris fin, nous pensons même qu'elle durera aussi longtemps que la question sera envisagée seulement du point de vue biologique. A en juger par l'impossibilité où les biologistes se trouvent de résoudre seuls ce problème, l'hérédité des caractères acquis est une question, qui ressortit aux deux sciences radicalement différentes de la biologie et de la sociologie. Nous nous en sommes occupé ailleurs (1). Nous avons montré que la question ne s'éclaircit qu'après l'introduction dans la discussion du point de vue sociologique. Rappelons ici, sommairement, l'état actuel du problème et son issue probable.

Et d'abord, il faut entendre par caractère acquis non seule-

(1) *Le Problème du déterminisme social.* Paris, 1903.

ment les modifications physiologiques que l'individu humain subit durant sa vie, mais encore, et surtout, les idées, les sentiments qu'il acquiert, les modifications psychiques, de tout ordre, qu'il éprouve dans sa vie. Dans une étude très documentée, M. Ribot avait établi qu'en principe les phénomènes psycho-physiologiques, du plus humble jusqu'au plus élevé, jusqu'à l'intelligence fine et subtile, qui constitue le génie, sont transmissibles (1). Presque en même temps, en Allemagne, le professeur Weissmann, dans une autre étude aussi logique et aussi documentée, soutenait une thèse essentiellement opposée (2). Les caractères acquis, physiologiques autant que psychiques, les transformations somatiques ne sont pas transmissibles.

Dans sa thèse, basée surtout sur les travaux de Herbert Spencer, M. Ribot est conduit à l'hérédité de phénomènes psychiques supérieurs, par la simple constatation que les formes inférieures de la vie psychique, les instincts, les tendances sont transmissibles. Cependant, c'est justement parce que les formes inférieures se transmettent que la transmission des formes supérieures devient impossible. La stabilité des espèces repose sur la transmissibilité des instincts. Que l'on imagine la transmission des variations acquises dans chaque génération, les espèces, dès lors, changeraient probablement à quelque génération, et l'hérédité des instincts et des formes inférieures, qui sont spécifiques, serait, par cela même, devenue impossible. De plus, l'argument le plus caractéristique, sur lequel M. Ribot s'appuie, est le suivant : l'hérédité est la loi indiscutable qui gouverne les phénomènes de la vie. Or, comme les phénomènes intellectuels sont des phénomènes de la vie, ils sont aussi transmissibles. Il faut observer aussi d'abord qu'ils ne sont pas transmissibles autant que M. Ribot le conçoit ; ils sont plutôt non transmissibles, ou transmissibles tout autrement que par l'hérédité physiologique.

(1) Voir l'*Hérédité psychologique*, Paris, Alcan, 1897, p. 67 et suiv.
(2) Voir *Essais sur l'Hérédité*, Schleicher, *passim*.

Ensuite, ces phénomènes intellectuels pourraient aussi être, non pas de simples phénomènes de la vie, mais bien plutôt des phénomènes sociaux. Cela suffirait pour expliquer leur non-hérédité physiologique, et inversement leur non-hérédité n'indiquerait-elle pas, d'ores et déjà, qu'ils pourraient bien ne pas être des phénomènes biologiques ?

Le professeur Weissmann a démontré, en effet, la non-hérédité des caractères acquis, en s'appuyant précisément sur l'idée même de la transmissibilité des instincts, des formes spécifiques, au moyen du *plasme germinatif* qui reste inaltéré. C'est parce que le plasme germinatif reste comme une sorte de *noli me tangere*, que les variations acquises sont non transmissibles. Seul le soma est altéré par les expériences de la vie individuelle ; mais, comme il meurt et se détruit, aucune des modifications qu'il subit ne saurait plus se transmettre. Malgré les faits et les documents nombreux, sur lesquels l'auteur s'appuie, il n'en reste pas moins qu'il y a une infinité de cas, qui infirment sa thèse.

De ces thèses extrêmes nous ne pouvons rien tirer pour la question que nous venons de poser. En effet, pour déterminer, si sommairement que ce soit, de quelle manière l'accroissement de la société en volume, en densité, et par suite en complexité et en instabilité, influence l'hérédité des caractères acquis, nous devons avoir recours aux thèses moyennes, qui sont aussi plus complètes. Il faut alors tenir compte de la thèse de M. Delage et de celle de M. Le Dantec, en France, de celles de M. G. Adami et de M. W. P. Ball, autant que de celle de Galton en Angleterre. Elles admettent également l'hérédité et la non-hérédité des variations acquises et, qui plus est, elles précisent, autant que possible, les conditions externes, qui sont favorables à l'hérédité autant que celles qui lui sont hostiles.

Ainsi, M. Delage attribue un rôle prépondérant aux « conditions ambiantes » aux « circonstances actuelles », dans la genèse des qualités acquises. Quant à leur hérédité, il distingue trois sortes de qualités acquises : 1° celles qui sont acquises à la suite des variations simples et générales dans l'espèce ; 2° celles qui sont acquises par des variations individuelles fortes ; 3° enfin celles qui sont acquises par des variations individuelles faibles. Les premières, surtout lorsqu'elles sont dues à la nourriture et au climat, sont transmissibles, à condition que ce climat et cette nourriture soient *permanents*. Les secondes, — les qualités individuelles fortes — sont très exceptionnellement transmissibles. Les variations individuelles faibles enfin, celles qui distinguent un *homme normal* d'un autre homme normal, ne sont jamais transmissibles. On peut résumer la thèse de M. Delage dans ces quelques mots : l'hérédité des caractères acquis est vraie seulement lorsque les circonstances extérieures, qui les ont provoqués, sont permanentes et générales ; elle peut être exprimée en fonction même de ces circonstances (1).

M. Le Dantec, à son tour, pour expliquer le mécanisme de l'hérédité, fait appel à deux principes déterminés qui, à son avis, régissent les phénomènes biologiques : la corrélation et la coordination. Si le principe de la corrélation, c'est-à-dire le retentissement du soma sur le germe était seul à s'y appliquer, l'hérédité serait vraie, d'une façon absolue. Comme le principe de la coordination, — l'adaptation aux conditions extérieures de la vie, — intervient, aussi il contrecarre l'hérédité. Celle-ci devient possible seulement lorsque les conditions des générations antérieures sont identiques aux conditions des générations ultérieures (2).

En d'autres termes, selon M. Le Dantec aussi, l'hérédité dépendra entièrement de la mobilité et de la complexité des circonstances extérieures. Il nie surtout que l'influence de l'éduca-

(1) *La Structure du Protoplasme et l'Hérédité*, Paris, Reinwald, 2e éd. 777, 819 et 826.
(2) Voir *Evolution individuelle*, Paris, Alcan. — Méthode déductive en Biologie, *Rev. phil.*, 1901, p. 45. — L'Hérédité clef de phénomènes biologiques, *Rev. Génér. des Sciences*, p. 731, 739.

tion sur les « rapports microscopiques des neurones » soit transmissible.

En Angleterre, M. Georges Adami envisage le problème de l'hérédité à peu près comme M. Le Dantec. Il distingue, lui aussi, deux principes : *inhéritance* and *environement* (1). L'hérédité absolue serait l'effet de la structure des cellules contenues dans le germe de l'idéoplasme, car ces cellules retiennent la modification dans le cas où l'ensemble des conditions est le même. « Par suite, dans la mesure où les conditions environnantes sont inaltérables, l'idéoplasme ne change pas, et l'hérédité est assurée ; quand ces conditions changent, l'idéoplasme peut varier dans sa constitution chimique, et l'hérédité est exclue ». Elle dépend, d'après cet auteur, essentiellement de la constitution chimique de l'idéoplasme.

M. W. P. Ball trouve également « que l'hérédité des exercices devient absolument impossible toutes les fois qu'elle se trouve en conflit avec le grand principe dominant de la sélection » (2). Il faut ajouter que M. Ball comprend par sélection, exactement ce que M. Le Dantec entend par principe de la corrélation.

Jusqu'ici c'est plutôt l'instabilité, la mobilité des circonstances extérieures qu'on a eue en vue. Il faut maintenant insister un peu sur leur complexité. Nous n'avons pour cela qu'à faire appel à l'un des partisans de l'hérédité absolue : à M. Ribot lui-même. Dans ses monographies devenues classiques sur la volonté et sur la mémoire, il a établi et rendu évidentes des thèses comme les suivantes : les fonctions de l'intelligence « qui sont nées les premières » « sont les dernières à dégénérer ; un état complexe a beaucoup moins de chance de se reproduire et de durer ». « La dissolution des actes volontaires et des acquisitions de la mémoire suit une loi logique, qui va *du plus récent et du plus com-*

(1) *British medical Journal*, 1899, p. 321, 322.
(2) *Les Effets de l'usage et de la désuétude*, Paris, 1891, p. 107.

plexe au moins complexe et au moins récent » (1). Parce que si nets que soient ces souvenirs, ils ont un minimum d'organisation (2). Il va de soi que si ces modifications personnelles et complexes, qui constituent un acte de mémoire ou de volonté un peu plus compliqué, sont prêtes à se dissoudre au premier accident vital, elles seront d'autant moins susceptibles d'être transmises physiologiquement aux générations à venir. Or, n'est-ce pas là la preuve que la théorie de l'hérédité psychologique est loin de correspondre à la réalité ?

Par conséquent, l'instabilité et la mobilité, autant que la complexité des circonstances externes, sont les causes qui font obstacle à l'hérédité des caractères acquis dans ces conditions. En résumé : *L'hérédité des caractères acquis est sûre et incontestable, lorsque les conditions externes qui les ont provoquées, sont permanentes et simples ; elle est impossible lorsque ces mêmes conditions sont mobiles et complexes.*

A nous en tenir à cette thèse, qui, d'ailleurs, paraît la plus conforme aux faits, la réponse à la question qui nous préoccupe devient aisée. L'augmentation de la complexité et de la mobilité sociales influe sur l'hérédité des caractères acquis et la rend impossible et inconcevable. Il est évident que toutes les influences que l'individu éprouve de la part du milieu social, infiniment mobile et complexe, et qui sont, certainement, les plus nombreuses, sont non transmissibles. Leur non-hérédité est nécessairement en rapport direct avec leur mobilité et avec leur complexité. Et comme la mobilité et la complexité du milieu est en raison directe de l'intégration et de l'unification sociale, il s'ensuit que le développement social a pour résultat immédiat le regrès de l'hérédité des caractères acquis.

(1) *Maladies de la volonté*, 11e édit., Paris, p. 161.
(2) *Maladies de la mémoire*, 12e édit., p. 47, 79.

Ce regrès, résultat nécessaire en théorie, est-il vérifié dans la réalité des faits ? Que répondent les hommes de science, qui parlent la langue des faits eux-mêmes ? « La civilisation s'affranchit du corps, nous dit M. Durkheim, l'hérédité est de plus en plus incapable d'en assurer la continuité. La transmission des aptitudes spéciales n'a plus lieu, parce qu'elle ne peut s'effectuer que par un miracle d'équilibre qui ne saurait se renouveler souvent » et cela parce que « chez l'homme. les aptitudes sociales de toute sorte, que suppose la vie sociale, sont beaucoup *trop complexes* pour pouvoir s'incarner, en quelque sorte, dans nos tissus, se matérialiser sous la forme de prédispositions organiques. Il s'ensuit qu'elles ne peuvent se transmettre d'une génération à une autre par voie d'hérédité ». Nous ne transmettons à nos descendants qu'un germe indéterminé » (1).

Notons aussi les affirmations de M. Manouvrier. « Sans doute, nous dit-il, les générations éteintes nous ont légué les pensées, en même temps que notre constitution physique, mais cela ne veut pas dire que ces pensées soient héritées avec notre constitution »(2). A considérer l'utilité de cette hérédité, M. Manouvrier a raison de trouver que « si les habitudes cérébrales étaient héritées par les descendants, ceux-ci risqueraient d'en être gênés, car obligés à s'adapter à des circonstances, variables à *l'infini*, ils se trouveraient, dès leur jeunesse, aussi incapables de réadaptation que les vieillards ». Heureusement, il arrive que « chez l'homme, la coordination d'aptitudes élémentaires perd la constance et... la sûreté de la transmission héréditaire... le cerveau humain est plus que tous les autres une sorte de *table rase* » (3).

Pour donner une raison moins théorique de ce fait. M. Manouvrier nous fait remarquer que « en vertu de la division du

(1) Voir *Division du travail social*, 1893, p. 347, 357.
— *Revue de métaphysique et morale*, Pédagogie et Sociologie. 1903, p. 47.
(2) *Indice céphalique et la pseudo-sociologie*, Revue de l'Ecole d'Anthropologie 1899, p. 257.
(3) Actes et Aptitudes. *Revue Scient.*, 1891, p. 235.

travail croissante, de la différenciation également croissante du milieu social, les coordinations d'aptitudes diffèrent et aboutissent, dans le processus de l'hérédité, à une dislocation sans cesse renouvelée d'aptitudes établies dans chaque individu, sous l'influence de ces conditions de milieu particulier. On comprend alors que l'héritage de chacun soit limité aux aptitudes élémentaires et que l'enfant humain soit le plus dépourvu de ces associations fixes » (1). Il est évident que le milieu social change, même pendant la vie d'une seule génération, *à fortiori* d'une génération à une autre.

Le naturaliste anglais, M. Galton, indique une autre explication, dans le même genre de celle de M. Manouvrier. Elle en est même le complément. « Les particularités d'un individu, si importantes qu'elles soient, sont réduites à zéro dans la génération suivante » : car elles sont combattues par la moyenne des particularités de tous les ancêtres. Galton érige ce fait en une sorte de loi, qu'il intitule la « *Loi de la Régression* » (2). D'après cette loi, les différences existantes entre un homme et la moyenne de ses semblables sont éliminées.

Il est donc évident, de toutes façons, que la complication et la mobilité sociale ont pour résultat immédiat de contrecarrer la loi de l'hérédité, et de rendre impossible l'hérédité des caractères acquis. On comprend maintenant pourquoi la question, prise en elle-même, ne comporte et ne comportera pas, encore longtemps, de solution. La controverse théorique rend l'image d'une contradiction dans les faits. Celle-ci signifie que le processus de l'intégration sociale est loin d'avoir touché à sa fin. S'il était fini, la discussion présente n'aurait pas lieu, car la complexité et l'instabilité sociales, poussées à la limite, auraient à jamais rendu impossible l'hérédité des caractères acquis, et par cela

(1) Actes et aptitudes, *Revue Scient.*, 1891, p. 235.
(2) *Natural Inheriance*, London, 1889, pp. 195, 196.

même auraient confirmé la théorie de Weismann. Celle dernière n'en reste pas moins virtuellement vraie, malgré le démenti que lui oppose le présent, et elle est justifiée par l'étape peu avancée du processus social.

Cependant, comme il y a des sociétés unifiées, élargies, infiniment étendues, le regrès de l'hérédité des caractères acquis est un fait nécessaire; il est même constatable. Le résultat en est que l'homme commence à devenir, de plus en plus, une *table rase*; on ne transmet, à ses descendants, qu'un germe indifférencié des aptitudes élémentaires, et les qualités d'une génération tombent à zéro dans la génération suivante. Bref, l'individu humain civilisé vient au monde dépourvu de ces associations fixes, des nombreux instincts, qui caractérisent les animaux et les sauvages. Par suite, l'homme civilisé est de plus en plus plastique, indéterminé, malléable, souple, de moins en moins différencié et individualisé, résistant. A cet égard, non seulement de nouvelles associations organiques, des aptitudes personnelles organiques, des nouveaux instincts ne peuvent plus se former, mais encore presque toutes les aptitudes et tous les instincts que présente l'homme antérieur à la civilisation, sont dissous. Les propriétés organiques se désorganisent sous le choc des réactions sociales de toutes sortes: pénalités politiques, juridiques, plus ou moins violentes, pénalités pédagogiques ou morales. La moralité, dit Guyau, est l'affranchissement des instincts animaux et de toute passion. M. Le Dantec, en opposant l'éducation à la morale, nous apprend que l'éducation peut avoir, dans certains cas, une influence comparable à celle de l'hérédité (1). Pour Guyau, l'éducation et particulièrement la suggestion « crée des instincts artificiels, capables de faire équilibre aux instincts héréditaires, de les étouffer même » (2).

(1) Voir *Evolution individuelle et Hérédité*, pp. 192, 280.
(2) *Hérédité et Education*. Paris, Alcan, p. 15. — *L'Hérédité morale de Spencer*, *Rev. Phil.*, 1879, p. 212.

Mais en même temps que se dissolvent les tendances et les instincts contrariés, c'est-à-dire à mesure que ces associations d'aptitudes organiques innées cèdent aux changements extérieurs, se désorganisent et que l'homme devient plastique, la réflexion fait son apparition, la conscience, la raison se font jour pour prendre la place laissée vacante par les instincts et les aptitudes innées. La souplesse et l'indétermination physiologique ont pour cortège la conscience de soi et la réflexion. Instincts et raison sont deux phénomènes incompatibles; le regrès de l'un marque le progrès de l'autre, car l'un, la conscience réfléchie, s'installe sur les ruines de l'autre, les instincts. Et comme la dissolution des instincts est l'effet du processus social, la conscience réfléchie est due à la même cause. Nous pouvons dire, désormais, que la conscience réfléchie est un aspect du processus social, ou bien, qu'elle est l'expression d'un genre de déterminisme nouveau, le déterminisme social.

L'homme souple, indéterminé, malléable et réfléchi est la conséquence immédiate, où aboutit l'intégration sociale, l'augmentation de la société en volume, en densité, en mobilité et complexité. Evidemment, il sera tel seulement en raison de l'avancement du processus social. Nous allons voir ultérieurement les conséquences de ce changement dans l'individu humain.

II

LE MOUVEMENT SOCIAL ÉGALITAIRE

L'indétermination physiologique de l'homme dépourvu d'aptitudes caractéristiques prononcées et spéciales équivaut, assurément, à une sorte d'égalité effective entre les hommes. Puisque les hommes n'héritent que des germes indéterminés, puisque leur cerveau devient de plus en plus une table rase, et que la constitution physiologique, qu'ils héritent, est de plus en plus dépourvue de ces qualités innées, de ces associations organiques d'aptitudes spéciales, il s'ensuit qu'ils viennent au monde de moins en moins individualisés, de plus en plus égaux entre eux. La théorie de l'égalité des hommes ne va pas sans la théorie de la *tabula rasa*, et, inversement, cette dernière ne saurait aller sans l'autre. Le XVIIIe siècle les a conçues ensemble toutes les deux ; elles sont nécessaires l'une et l'autre; afin d'établir une sorte d'équilibre logique dans la pensée, seulement le XVIIIe siècle était loin de comprendre leur sens. Il les avait conçues comme des données initiales : les hommes sont égaux entre eux par nature, et ils viennent au monde égaux, indifférenciés, de vraies tables rases. Les faits que nous avons examinés sont loin de confirmer ces idées ; l'homme *tabula rasa* est un produit encore irréel, mais en voie de réalisations, dont le processus est lié au processus de l'intégration sociale.

Il suit de là que le mouvement social égalitaire devient évidemment nécessaire. Il est une conséquence rigoureuse du regrès de l'hérédité, qui met au monde des hommes indéterminés. Mais cette nécessité était tout de même plutôt théorique. Cherchons si ce mouvement social se confirme dans la réalité des phénomènes sociaux, et de quelle manière il apparaît.

M. Bouglé, dans un livre remarquable, semble avoir esquissé l'état de la question, au point de vue sociologique, avec beaucoup de clarté et d'érudition. Pour l'importance de ce mouvement, dans sa conclusion, l'auteur dit que « le mouvement égalitaire semble bien être aujourd'hui le moteur principal de notre civilisation » (1). Il en est également le produit naturel. L'auteur a examiné, tour à tour, chacune des quatre formes qu'il attribue aux sociétés : la *quantité*, la *qualité*, la *complication* et

(1) *Les Idées égalitaires*, p. 247.

l'*unification* ; il a tâché de déterminer la part que chacune de ces formes prend dans la genèse des idées égalitaires. En utilisant la méthode historico-psychologique qui, en Allemagne, avec M. Simmel, a presque renouvelé la science de la morale et de la sociologie, M. Bouglé conclut, à la suite d'une analyse psychologique très lucide des données de l'histoire, à la réalité progressive et à l'importance des idées égalitaires.

Le progrès de la quantité sociale, de la mobilité et de la densité, de l'homogénéité et de l'hétérogénéité, de la complication et de l'unification sociales devaient, suivant toutes les apparences psychologiques, conduire les peuples à l'idée de l'égalité des hommes (1). A les bien voir, ces diverses formes sociales ne sont en somme que les variantes ou les émanations d'une seule : *l'accroissement des sociétés en volume et densité.* Il nous est même un peu difficile de comprendre comment l'auteur ne s'en est pas aperçu et a continué de voir là des formes distinctes, comme s'il n'y avait aucun rapport causal entre elles. En effet, l'accroissement du volume et la densité des sociétés entraîne forcément, M. Bouglé l'a très bien fait voir d'ailleurs, l'homogénéité autant que l'hétérogénéité de ces sociétés, la complication et la différenciation des sociétés autant que leur unification. Au juste, l'hétérogénéité n'est-elle pas la complication, l'homogénéité, l'unification ? Or, tout cela ne peut apparaître, M. Bouglé l'a presque démontré, que dans les grandes sociétés très denses et très mobiles.

Un examen rigoureux permet à cet auteur d'affirmer qu'entre l'expansion de l'égalitarisme et l'expansion des groupements sociaux qu'il pénètre, il semble bien y avoir, en effet, une coïncidence constante (2). L'empire romain, qui crée, pour le monde moderne, la conception d'un droit sans privilège, n'était-il pas le plus puissant instrument d'intégration sociale de l'anti-

(1) *Les Idées égalitaires*, p. 237.
(2) *Les Idées égalitaires*, Paris, Alcan, 1899, p. 96.

quité ? (1). Il en est de même des sociétés civilisées occidentales, où l'augmentation de la quantité des individus groupés marche ordinairement de pair avec les aspirations égalitaires des groupes. Aussi, l'accroissement quantitatif leur semble une condition de vie ; l'appétit des annexions leur est bien caractéristique, car chacune d'elles paraît tenir pour une nécessité vitale l'assimilation du plus grand nombre d'individus. Or, comme l'accroissement du volume social se fait encore à l'intérieur, car l'Europe a vu le chiffre de sa population augmenter dans le siècle dernier, — de 175 millions à 370 millions, — le développement du mouvement égalitaire devient d'autant plus intense.

De plus, l'augmentation du volume social est suivie, de très près, par l'accroissement de la densité et de la mobilité sociales. L'un et l'autre de ces phénomènes sociaux généraux peuvent niveler les hommes, ou leur inspirer, tout au moins, des sentiments égalitaires. La densité sociale, par exemple, est un fait social, qui se réalise, tout d'abord, dans les villes. C'est aussi dans les villes que les tendances libertaires et forcément égalitaires se sont fait jour d'abord. On connaît le proverbe : *Städliche Luft macht frei.*

Or, c'est justement à ce point de vue que les sociétés occidentales se distinguent de toutes les autres sociétés. Le chiffre de la population urbaine s'est augmenté, ces derniers temps, en Angleterre, jusqu'à 60 ou 70 pour cent. Si, dans le reste de l'Europe, la même proportion n'a pas encore été atteinte, on tend néanmoins, surtout en Allemagne, à y arriver. Comme l'accroissement de la quantité sociale a suivi, dans les sociétés modernes, la forme de la concentration urbaine, il les prédisposait à l'égalitarisme.

La mobilité sociale, c'est-à-dire « la faculté dont jouissent les unités de franchir plus d'espace en moins de temps » n'a pas

(1) *Les Idées égalitaires*, p. 97.

moins d'influence sur le mouvement égalitaire. A ce sujet, les statisticiens de la locomotion constatent que la vitesse des déplacements a décuplé depuis 100 ans et vingtuplé depuis 200 ans. Et si l'on tient compte aussi de la diminution des prix, qui permet aux masses populaires d'entrer dans le courant général, on peut se faire une idée plus exacte du degré de mobilité atteint dans les sociétés occidentales. Aussi, ce sont ces pays-là où l'expansion de l'égalitarisme a atteint son maximum.

Ce qui explique le succès des idées égalitaires, dans ces conditions, c'est le fait que les hommes inconnus sont mis en contact à chaque pas, et, comme ils ne se connaissent pas, ils ne peuvent se « traiter que d'égal à égal ». Pour les grandes administrations modernes, les individus ne sont que des simples unités, des numéros. L'accroissement de leur nombre uniformise les hommes, par cela même qu'il les empêche de se connaître individuellement. D'un autre côté, l'augmentation du volume social a pour effet d'effacer l'homogénéité et la simplicité des collectivités étroites, pour y faire naître une homogénéité plus large, qui s'accompagne, d'ailleurs, d'une différenciation plus grande des individus. En même temps, de cette augmentation du volume social dérive une différenciation ou complication sociale, suivie, de très près, par une ressemblance ou similitude plus essentielle des individus. En d'autres termes, à cause de l'accroissement des sociétés, en nombre et en densité, l'homogénéité du milieu de chaque société particulière disparaît une fois qu'elles sont ouvertes et assimilées, pour donner lieu à une différenciation plus accentuée, au milieu du tout, en même temps qu'à une certaine homogénéité croissante entre les diverses sociétés unifiées dans le tout.

Le résultat de cette extension sociale, qui efface les types spécifiques des sociétés étroites, homogènes, nous permet d'entrevoir l'humanité, en même temps qu'elle libère l'individu. L'histoire d'ailleurs confirme, d'une manière suffisante, ces conclusions théoriques. N'est-ce pas dans l'Empire romain que l'extension sociale et le double progrès d'hétérogénéité, — résultant de l'entrecroisement de toutes les races, de toutes les pratiques et de toutes les croyances, — et d'homogénéité résultant de la force universalisatrice de l'Empire, aboutirent à l'idée d'un droit naturel? N'est-ce pas dans l'Empire romain qu'est distribué aux hommes des races les plus diverses le même droit de cité, qu'est levé, sur les régions les plus disparates, le même impôt, que sont reliés, par les voies romaines, les points extrêmes du monde ancien? C'est l'Empire romain qui a préparé le monde à l'idée de l'égalité des hommes (1). Et les états modernes? Presque toutes les convulsions de notre siècle cachaient des efforts d'unification. Ainsi, ce n'a pas été par hasard que la France a été le porte-parole de l'égalitarisme : elle était, de tous les pays d'Europe, le plus unifié.

Or, l'unification et la centralisation entrainent l'augmentation des pouvoirs gouvernementaux, laquelle, si paradoxal que cela paraisse, peut également favoriser les tendances égalitaires. D'après Fustel de Coulanges, « les inégalités sociales sont toujours en proportion inverse de la force de l'autorité ». Un gouvernement qui vise à l'unification, peut trouver son compte à élever ceux qui étaient abaissés, comme à abaisser ceux qui étaient élevés. M. Bouglé conclut de là qu'il « ne faut pas dire qu'il y a contradiction entre la démocratie et la centralisation, mais, bien au contraire, qu'il y a filiation de celle-ci à celle-là » (2). Les individus, à l'égal de la société, souffrent le même double processus de différenciation et d'assimilation. D'une part, ils deviennent différents entre eux, et d'autre part cependant une homogénéité, une similitude de plus en plus profonde les unissent : ces deux aspects se développent et se font équilibre, à mesure même que le volume et la densité sociale augmentent.

C'est ce qui fait dire à M. Bouglé que :

(1) Bouglé, *Op. cit.*, p. 210.
(2) *Op. cit.*, p. 227.

L'avenir est à l'unité de type du genre humain, et il ajoute immédiatement : l'avenir est à la variété des types individuels. L'auteur ne trouve aucune contradiction entre ces deux thèses. L'une et l'autre mettent un même fait en lumière : l'effacement des types spécifiques et collectifs. Ces deux aspects contraires de la société nécessitent également le succès des idées égalitaires. Car, s'il n'y avait aucune similitude entre les individus, la société elle-même serait impossible. En ce sens, nous disons avec Tocqueville que « il n'y a proprement société, que là où les hommes considèrent un grand nombre d'objets sous le même aspect ».

D'autre part, MM. Simmel et Durkheim ont également raison de postuler, pour la solidarité sociale, un quantum important de différence. Cette différence elle-même nécessite une sorte d'égalité des individus. « Par cela que l'individu est quelque chose de tout particulier, il devient égal à n'importe quel autre, dit M. Simmel (1). » D'où M. Bouglé conclut que « du sein de leur extrême ressemblance peut renaître le sentiment de l'égalité des personnes » (2) et que « l'égalisation des individus est rendue nécessaire par leur différenciation même » (3).

En rapprochant les deux aspects contradictoires du processus social intérieur, l'homogénéité augmentée dans un sens et l'hétérogénéité augmentée dans un autre sens, on n'établit une contradiction qu'en apparence. L'hétérogénéité augmente chez les individus, qui étaient enfermés, dans chaque société particulière, mais puisqu'ils sont intégrés dans une seule société unifiée, la similitude augmente chez tous les individus, ainsi intégrés. Dans ces conditions, l'assimilation s'étend en même temps que la dif-

(1) M. Durkheim, à son tour, soutient que l'inégalité des conditions exige l'équité des échanges (*Divis. du travail social*, p. 419).
(2) *Op. cit.*, p. 151.
(3) *Ibid.*, p. 116.

férenciation s'approfondit. C'est ce qui fait que les hommes, qui réunissent en eux ces deux tendances, constituent le terrain le mieux préparé pour la semence des idées égalitaires.

Il semble aussi que le socialisme, excessivement égalitaire, n'est que le point d'aboutissement nécessaire des conditions sociales générales, esquissées par M. Bouglé. L'idéal de l'égalitarisme serait atteint seulement quand les individus pourraient se remplacer, sans inconvénient, les uns les autres, quand chaque individu en vaudrait un autre. Or, c'est l'espoir qui illumine les socialistes modernes, et ils dirigent leurs efforts vers cet idéal qu'ils essayent de mêler à la réalité.

Les deux problèmes, la non-hérédité des caractères acquis et le mouvement égalitaire, sont si connexes, que c'est, au fond, la même question examinée à deux points de vue différents. L'indétermination physiologique, conséquence nécessaire de la non transmissibilité des qualités acquises, prépare bien, chez les individus, le terrain de l'égalité sociale. Elle est peut être la condition première de cette homogénéité profonde, cachée, qui fait la base de la socialité supérieure, dans les sociétés accrues. A son tour, le mouvement égalitaire, qui tend à soumettre tout le monde à des influences comparables et compliquées, n'est pas sans avoir un écho sur l'indétermination et sur la maléabilité des individus.

Et puis, le développement de la réflexion, que la dissolution des instincts rend nécessaire, n'est pas sans effet sur l'individualisme, sur la conscience extérieure, sur l'élévation des idées, des sentiments humanitaires, et sur cet état d'esprit que conçoit l'humanité, dont l'individu et l'égalitarisme social doivent émerger. De plus, cette centralisation, produit immédiat de l'accroissement et de l'unification de sociétés, et qui nécessite un pouvoir gouvernemental plus vigoureux, ne serait pas possible, sans cette souplesse et sans l'indétermination initiale des individus, qui est précisément l'effet du regrès de l'hérédité. Le pouvoir gouvernemental ne pourrait s'exercer que sur les individus assez assouplis, pour qu'ils n'y soient point sensibles. S'il est vrai que la force de l'autorité détermine l'égalité, le nivellement des individus, il est encore plus vrai que l'égalité des individus et leur nivellement est une condition de force pour l'autorité. Ainsi s'explique que dans les sociétés avancées, on supporte sans impatience tant de lois, qui enchainent les individus. C'est là un progrès effectif et continu du déterminisme social, qui se réalise, à mesure même que l'hérédité est tenue en échec, ou qu'elle regresse.

L'homme rendu indéterminé devient de plus en plus conscient, réfléchi, et en même temps de plus en plus susceptible d'être déterminé, dans ses actes, par ses semblables, d'une façon extérieure, par la suggestion, par l'éducation, par des arguments, etc... La détermination physiologique de nos actes s'évanouit progressivement et donne lieu à une détermination de plus en plus sociale. Plus on est souple, physiologiquement, plus on est accessible à la suggestion et à la détermination par autrui : plus nos concitoyens et nos voisins sont malléables, plus nous avons de force sur eux.

Or, nos semblablables et nos contemporains forment la société où nous vivons. Notre pouvoir sur eux témoigne de notre pouvoir sur la société. Les déterminer c'est être l'agent du déterminisme social, s'identifier plus ou moins avec lui. Par conséquent, comme cette indétermination des individus découle du développement du processus social, il s'ensuit que plus est avancé le processus de l'intégration sociale, plus aussi l'individu prend place au centre du déterminisme social, plus il s'identifie avec la société, plus il acquiert une sorte de toute-puissance sur elle.

Dans la troisième partie de notre étude, nous allons nous occuper, exclusivement, à voir de plus près, en quoi consiste cette puissance des hommes sur le déterminisme.

D'autre part, si on interprète bien l'idée qu'avec le progrès des sociétés, le côté homogène des individus augmente dans un sens, en même temps que leur côté différentiel s'approfondit, qu'est-ce que cela veut dire? Tout d'abord, ce double développement de la ressemblance des individus n'est possible que parce que l'univers intérieur psychique s'élargit infiniment. Le monde psychique doit s'étendre jusqu'à contenir en soi, d'une part, une somme grandissante d'éléments psychiques, communs avec ceux d'autrui et, d'autre part, un quantum d'éléments absolument personnels, différents et irréductibles. Ainsi, il se forme en nous une dualité bien marquée : l'un des deux termes représentant le côté social que nous avons en commun avec les autres, l'autre, absolument personnel et irréductible. Le progrès de l'un accompagne le progrès de l'autre, et puisque nous sommes civilisés et sociables, dans la mesure où nous sommes et devenons personnels, irréductibles et inversement, il s'ensuit que plus le côté que nous avons en commun avec les autres s'étend et s'identifie avec eux, plus le côté individuel s'étend aussi et devient irréductible. C'est à des conclusions pareilles qu'est arrivé M. Ratzenhofer, dans des recherches sociologiques bien connues en Allemagne(1).

Que s'ensuit-il? S'il est vrai que le côté commun est le côté social et qu'il forme, après tout, une partie de l'objet de la sociologie, tandis que le côté psychique, personnel, irréductible, forme l'objet de la psychologie, il s'ensuit alors qu'il n'y a plus de motif de concevoir une science de la psychologie, proprement dite, à côté de la sociologie. Et cela parce que, d'abord, le psychique commun, qui est en nous, forme déjà l'objet de la sociologie. M. Tarde ne nous dit-il pas que le psychique c'est du social intériorisé et que le social c'est du psychique objectivé, généralisé? Et puis, le psychique personnel, irréductible, on n'en peut plus

(1) Voir notamment à ce sujet *Soziologische Erkenntniss*. Leipzig, 1898, pp. 157, 113, 161, 331.

faire la science, puisqu'il est absolument personnel et irréductible.

On ne peut pas faire la science de l'individuel, de l'exclusif, de l'irréductible. Il se prête à la description, à la biographie, mais non pas à la science. Une science de la psychologie proprement dite, devant établir des lois, ne peut être faite qu'en retirant ce qu'il y a de général, de commun, dans les phénomènes psychiques que présentent les hommes. Or, ce qu'ils présentent, en commun, n'est plus individuel, c'est du social : en faire la science c'est faire de la science sociale, ou, tout au moins, de la psychologie sociale. En effet, ce qui est commun aux individus, cette partie, de plus en plus considérable d'actes et d'idées, qui s'identifient progressivement chez tous, cela ne devient-il pas des manières de penser ou d'agir ? Or, M. Durkheim l'a montré d'une façon magistrale, le fait social typique c'est précisément toute manière de faire et d'agir. Faire la science de ces phénomènes, communs à tous les individus, n'est-ce pas rentrer dans le domaine de la sociologie ? Par conséquent, s'il y a une science des lois psychiques, elle ne peut être que sociale, et s'il doit y avoir une science de la psychologie, elle ne peut être que descriptive, biographique ; de par la nature de son objet elle ne peut pas découvrir de lois, qui ne soient d'origine sociale.

Ce qu'on nous donne pour des lois psychologiques, proprement dites, ne peut être que des lois sociales, et, inversement, ce qu'on nous donne pour des lois sociologiques, ne peut être que les lois de phénomènes psychiques. Les lois sociales sont psychiques, en même temps, et inversement, mais seulement dans la mesure où l'individu s'identifie avec la société, seulement dans la mesure où les individus sont égaux, ou tendent à s'égaliser, entre eux, en s'égalisant ainsi avec la société. Et comme, d'autre part, la conscience proprement dite et la réflexion sont, elles-mêmes, les effets directs et exclusifs du processus social, les lois, qui régissent les phénomènes de la conscience, ne peuvent être que des lois sociologiques.

La seconde partie de notre étude, cherchera s'il en est ainsi et quelles sont les probabilités de cette conclusion. Pour le moment, nous devons nous arrêter un peu sur quelques-unes des objections capitales que cette conclusion peut soulever. Nous aurons à délimiter de plus près la portée de cette thèse.

CHAPITRE III

Réponse aux objections

S'il était vrai que les lois psychologiques ne fussent, au fond, qu'un aspect individuel des lois sociologiques, pourquoi eût-on inventé deux sciences ? Qu'est-ce qui a provoqué et fait persister cette grave erreur ? On aurait dû s'apercevoir plus tôt que les lois psychologiques sont, et doivent être, somme toute, identiques aux lois sociologiques. Si cette identité, pour profonde et cachée qu'elle soit, n'a encore été aperçue de personne, cela n'indiquerait-il pas qu'elle soit un peu chimérique, fausse, etc. ?.. La sociologie d'Auguste Comte répond à ce doute. Nous insisterons plus tard sur ce point.

Nous serions les premiers à reconnaître que cette identité des lois psychologiques avec les lois sociales est, en effet, un peu chimérique. Postuler, dans l'état actuel des sciences et du développement social, qu'il y a une parfaite identité entre les lois de la conscience et les lois de la société, c'est supposer, gratuitement, que le processus du développement social a atteint son terme.

Ce ne serait que dans ce cas extrême, en effet, que le mouvement social égalitaire aurait égalisé les individus et que l'hérédité des caractères acquis, en regressant à la limite, aurait réalisé l'homme complètement conscient et *tabula rasa*, c'est-à-dire tout à fait dépourvu d'aptitudes et de qualités spéciales innées, et devenu un être de réflexion et de raison.

C'est alors seulement qu'une partie considérable du psychique individuel serait identifiée chez tous les individus, et, dans la même mésure, c'est alors que le psychique serait identique au social, et par conséquent les lois sociologiques des lois psychiques et inversement.

Or, nous sommes encore très loin de là : l'état actuel des sciences sociales et de la psychologie peut nous en avertir. On ne peut constater l'identité ou la différence spécifiques entre les lois de la société et celles de la conscience, qu'à la seule condition qu'il existe d'abord des lois psychologiques et sociologiques exactes. Mais, y a-t-il une loi, une seule loi, exacte dans la psychologie et dans la sociologie ? Pour peu qu'on examine à fond, et un peu librement, l'état de ces deux sciences, on ne peut plus répondre affirmativement à cette question.

En psychologie, par exemple, M. Ribot nous dit qu'il ne connait plus de gens qui croient à la loi de l'association des idées. Sigwart, après avoir remarqué l'impossibilité de la mensuration des phénomènes psychiques, impossibilité, qui provient « en partie de la variabilité des sujets psychiques, en partie du développement individuel et des grosses différences qu'il entraine », conclut « qu'on ne peut pas toucher à des lois psychologiques générales » (1). Les lois de l'association des idées ne peuvent pas prétendre au titre de lois, car, dans les mêmes conditions, les associations sont très différentes, et leur degré de cohésion est très variable. Elles ne peuvent même prétendre être des lois

(1) *Die Logik*, II, p. 518.

hypothétiques partielles, car, les conditions dans lesquelles elles se réalisent, sont trop peu fixes et trop peu sûres (1). Wundt aussi compare l'histoire et la sociologie à la météorologie, tellement est prodigieuse, énorme la complexité des phénomènes de l'esprit, qui nous force de nous en tenir à la surface des phénomènes (2). Et cela provient, dit Wundt, du fait que sur le terrain des sciences de l'esprit, non seulement il y a des lois qui se contrecarrent, mais encore ces lois sont troublées par l'apparition de phénomènes irréductibles nouveaux (3). Ces phénomènes, quoique possibles à expliquer par le principe causal, ne peuvent pas être généralisés. Pour ce qui est de l'économie politique, M. Wagner arrive à des conclusions absolument semblables. Le caractère de loi exacte est exclu *à priori* pour les lois de l'économie politique ; sur ce terrain les lois sont exactes, seulement lorsque leurs conditions sont elles-mêmes régulières, formulables dans des lois, ce qui n'est réellement pas le cas, nous assure l'auteur (4). Il en est ainsi seulement parce que les motifs psychiques individuels qui déterminent les phénomènes économiques, sont trop complexes, multiples et différenciés pour être convertibles dans de simples formules.

En sociologie, MM. Tarde et Simmel ont la conscience la plus nette de l'impossibilité des lois sociologiques. Selon M. Tarde, la régularité de l'évolution des sociétés est en raison inverse de leur degré de réalité (5). Et M. Simmel insiste beaucoup sur l'infinité des combinaisons, que permet la vie sociale extrêmement complexe, au point que tous les phénomènes psychiques sociaux peuvent s'interpréter, d'une manière également acceptable, dans deux sens contraires l'un à l'autre (6).

(1) *Die Logik.*, p. 554.
(2) *Ibid.*, p. 52.
(3) *Ibid.*, pp. 143, 143.
(4) *Op. cit.*, p. 233.
(5) La Réalité sociale. *Rev. philos.*, 1901 (II), p. 466.
(6) *Uber Soziale Differentierung*, Leipzig, 1902, p. 4.

Dès lors, ne devient-il pas évident que si l'on ne s'est pas encore aperçu de l'identité profonde qu'il y a entre les lois psychologiques et les lois sociologiques, c'est uniquement parce que ces lois sont un peu inexistantes. Ce qui passe pour tel n'existe que pour les jeunes gens dans les collèges. Ces lois n'ont qu'une valeur éducative, à l'égal de la littérature et d'autres produits de pure fantaisie. Et, en effet, à parcourir les plus réputés des traités de psychologie, qu'y trouve-t-on, la plupart du temps? A coup sûr des descriptions littéraires des phénomènes psychiques, des sentiments, de l'imagination, de la mémoire, etc. : et bien des descriptions scientifiques d'une importante partie du corps, qui seraient mieux placées dans un traité d'anatomie ou de physiologie. Quant à des lois, il y en a bien, mais qui n'ont de valeur que pédagogique. L'absence de lois physiologiques proprement dites, exactes, autant que de lois sociologiques réelles, a laissé libre jeu à la fantaisie. Celle-ci n'ayant pas supposé l'identité profonde des deux sciences, pour remplir le vide de ces lois, a mis au monde, pour ces sciences, des lois nécessairement différentes pour la plupart, parce qu'elles sont forcément arbitraires, en grande partie. Cela suffisait, et suffit encore, pour qu'il y eût deux sciences différentes irréductibles. Il est même sûr que ces deux sciences continueront à être étrangères l'une à l'autre, aussi longtemps qu'on n'aura pas découvert un certain nombre de lois exactes, au moins aussi exactes que les lois de la nature.

La question la plus importante à élucider est de se demander pourquoi il n'y a pas encore une loi psychologique ou sociale exacte? Il nous semble que c'est bien là le point difficile. La manière dont on s'y prendra, pour répondre à cette question, révélera une façon utile de concevoir ces sciences, et même les chances de leur progrès prochain. Le fait incontestable, qui est l'absence des lois exactes en psychologie et en sociologie, comporte, à notre avis, deux explications : 1° l'état arriéré des deux sciences, soit à cause de leur état récent, soit à cause des difficultés de leur méthode, et de la complexité de leur objet ; ou bien 2° l'inexistence même de ces lois, dans la réalité effective des phénomènes. Comme des hommes de science, habitués aux sciences de la nature, auraient trouvé, dans cette seconde explication, quelque chose de monstrueux, on ne s'y est pas arrêté un moment. On a pris l'autre terme de l'alternative, en s'excusant de n'avoir pas de lois psychologiques, et encore quand on a bien voulu constater cette absence, par l'ignorance où l'on est encore de ces lois, attendu que ces sciences sont récentes. On ne doute pas qu'elles existent de toute éternité ; la difficulté des méthodes et la complexité des faits seules empêchent encore de les atteindre. Nous n'avons pas accepté la validité de ces excuses, et, conséquemment, dans les pages suivantes, on tâchera de montrer, tout au moins de rendre intelligible, qu'il pourrait bien y avoir d'autres motifs, qui justifient l'état actuel des sciences de l'esprit.

Quels motifs donne-t-on pour expliquer l'état arriéré des deux sciences ? D'abord on dit que ces sciences sont de date récente, est-ce un argument ? Evidemment, pour la psychologie il ne pourrait pas valoir, car elle est l'une des sciences les plus anciennes. Vaut-il donc davantage pour la sociologie ? Egalement non. Cet argument est donc faux dans les deux cas. Fût-il vrai, il n'en aurait pas plus de valeur pour cela, ainsi que nous allons le voir.

Sans doute, ni la psychologie ni la sociologie ne sont de date récente. La psychologie existait déjà du temps de Socrate, de Platon et d'Aristote ; et même, avant eux, les Sophistes étaient déjà psychologues. De la sociologie, le titre seul est récent : la substance des recherches sociologiques, tant politiques que morales, faisait l'objet d'études des Sophistes, de Socrate, de Platon, d'Aristote. Et encore, les recherches d'Aristote étaient-elles plus positives que beaucoup de recherches sociologiques contemporaines. L'argument est faux, constatons-le. Reste à se demander, ce qui a empêché ces sciences de progresser, en les forçant à piétiner sur place, à tel point que nous ne nous trouvons pas plus avancés depuis 25 siècles. Dans ce même intervalle de temps, il y a eu nombre de sciences naturelles, inconnues au temps d'Aristote, qui sont apparues successivement, ont fait des progrès considérables et établi même des lois exactes. C'est le cas de presque toutes les sciences naturelles. Il est sûr, *à priori*, qu'il a dû y avoir un empêchement essentiel qui a paralysé le progrès des sciences de l'esprit.

Alors même que les sciences sociales seraient de date récente, cela ne prouverait encore rien. Le cas de la chimie est là pour ruiner toute la force probante de l'argument. Les recherches chimiques, réellement scientifiques, sont contemporaines des recherches sociologiques, si nous remontons seulement jusqu'à Montesquieu, pour les dernières. Pourquoi les unes aboutirent-elles à des lois, et pourquoi n'en fut-il pas de même des autres? Comment se fait-il qu'il y ait aujourd'hui une science positive de la chimie, tandis que nous ne possédons aucune loi sociologique exacte?

Pour répondre à ces questions examinons, maintenant, cet autre argument: la difficulté des recherches sociologiques et psychologiques, venues de la complexité et de la mobilité indéfinies de leur objet. L'argument est décisif: il s'agit seulement de le bien interpréter.

Qu'est-ce, au juste, que la complexité et la mobilité indéfinies des phénomènes sociaux et psychiques? N'équivalent-elles pas à une sorte d'irrégularité? Or, cette complexité et cette mobilité excessives d'un ensemble de phénomènes, qui ne laissent entrevoir aucune régularité, n'indiquent-elles pas que ces phénomènes sont un peu *anomiques*, anarchiques dans leurs manifestations, c'est-à-dire qu'ils n'obéissent pas à des lois spéciales, formulables ?

Donc, parler de la complexité et de la mobilité excessives de la phénoménalité psychique et sociale, cela signifie, ou à peu près, que si les sciences de l'esprit sont encore restées trop en arrière, c'est parce que les lois respectives de leurs phénomènes n'existent pas effectivement. Sans doute, s'il est difficile de découvrir les lois existantes des phénomènes, il devient impossible d'en découvrir là où elles n'existent pas. Par conséquent, il ne serait pas impossible que l'échec, en psychologie et en sociologie, vînt du fait qu'il n'existe pas encore des lois effectives sur le terrain de ces sciences. Car, dire que cet échec provient de notre ignorance, et expliquer notre ignorance par la complexité mobile et irrégulière des faits, c'est dire, en effet, que notre ignorance a pour base l'absence même de ces lois. Une idée pareille est à la base de l'école inductive historique, en Allemagne, lorsqu'elle combat les prétentions du rationalisme. De l'avis de M. Schmoller, nombre de lois, ainsi dites économiques, ne sont aucunement des lois, au sens qu'a pris ce mot en logique. Cet auteur reconnait que même ces lois économiques, qui se rapprochent le plus du caractère des véritables lois (1), concernent exclusivement les problèmes les plus simples et les plus achevés de la science économique : l'échange, la valeur, etc... Par suite, on reconnaît implicitement que les matières sociales plus complexes ne sont pas susceptibles de lois, et qu'elles ne le sont pas en raison même de leur complexité.

Par conséquent, ce second prétexte du retard des sciences de l'esprit se réduit, à le voir de plus près, à l'argument que nous avons indiqué plus haut : l'absence de lois psychiques et sociales effectives. On se rend bien compte, d'ailleurs, de ce que cette thèse peut présenter de repoussant et de « monstrueux » pour

(1) Konrad. *Handwort*, vol. 7, p. 571.

les esprits très habitués aux sciences naturelles. Mais, cette répugnance tient, nous le pensons bien, à un malentendu. On confond la plupart du temps, et à tort paraît-il, l'idée de causalité avec l'idée de loi. On ne peut pas concevoir une causalité, qui ne soit pas formulable dans des propositions précises. Et lorsqu'on trouve des phénomènes dont on ne saisit pas la loi, on ne suppose pas, même un instant, qu'ils pourraient, après tout, en manquer. Au contraire, on continue à supposer la loi précise, formulable, et on attribue son absence à notre ignorance, dans l'espoir qu'elle se dévoilera tôt ou tard.

Il est vrai que cette attente s'est presque toujours vérifiée, dans les sciences de la nature, et c'est précisément ce qui donne beaucoup de poids à ce procédé de l'esprit; mais l'esprit n'en procédera pas moins de cette façon, alors qu'il se trouvera dans un domaine où les lois seront réellement absentes. Le cas des sciences naturelles, et la confusion qu'on fait entre la loi et la causalité, renforcent cette attitude de l'esprit. Du fait que la causalité est un principe inébranlable, — on le suppose lié à notre intelligibilité elle-même, — on déduit, sans plus, que les lois existent partout.

Pour ce qui est de la confusion de l'idée de cause avec l'idée de lois, on a déjà commencé à se détromper. On a vu qu'il peut y avoir une causalité, qui ne se laisse pas réduire à des formules de lois, qu'il peut y avoir des causalités irrégulières. Un ensemble de faits, nécessairement déterminé par des antécédents respectifs, peut bien ne pas suivre une série régulière dans son développement et dans sa manifestation; en d'autres termes, il peut bien être anomique. Ainsi, M. Tarde l'a très bien dit : « Ces soi-disant lois d'évolution du droit, de la religion, de la morale, de l'industrie, dans les divers peuples, obtenues par des entassements de faits ingénieusement rapprochés, ne s'appliquent qu'à des peuples sauvages et barbares. A mesure qu'on s'élève sur l'échelle de la civilisation, c'est-à-dire de la réalité sociale, il est à noter que la difficulté, sinon l'impossibilité, devient de plus en plus manifeste, de soumettre à un enchainement de phases *régulières* les transformations sociales ». Il peut y avoir une causalité irrégulière selon M. Tarde (1). « C'est un préjugé à la mode, suivant lequel les faits généraux de la vie sociale seraient régis par des mythes, appelés lois naturelles » (2). A ce sujet, M. Xénopol a émis des opinions absolument semblables. Il est vrai, dit-il, que les premières étapes du développement humain, lorsque ce dernier était encore enveloppé dans les langes de la matière, ont dû donc posséder le caractère universel pour ce qui regarde leur étendue dans l'espace. C'est cette ressemblance initiale qui a induit en erreur les sociologues, en leur faisant admettre l'idée, absolument fausse, d'un développement identique dans le courant de l'histoire qu'ils croient, pour cette raison, formulable en lois (3). M. Xénopol fait une distinction très heureuse entre la causalité des phénomènes et la régularité de leur manifestation. Il a bien fait voir que ce sont là deux choses distinctes, et que l'une ne suppose nullement l'autre (4).

Il en résulterait donc qu'il peut très bien y avoir causalité sans aucune régularité, et c'est ce qui arrive pour les phénomènes sociaux. Dans ce même sens, Wundt pense qu'il peut bien y avoir des faits individuels, effets d'une loi générale, mais qu'eux-mêmes ne peuvent pas être généralisés, puisqu'ils ne présentent point d'uniformité dans leur apparition (5). De plus, Wundt pense lui-même que plus les phénomènes sont différenciés, plus grande aussi sera l'impossibilité de découvrir les lois. De même, ces lois, à supposer qu'on les ait découvertes, n'auront quelque exactitude que si elles se limitent dans un espace et dans un

(1) Art. cité, pp. 461, 465.
(2) *Les lois de l'Imitation*. 1895, p. 131.
(3) *Le Caractère de l'Histoire*, Revue Philos., 1904, Jan., pp. 32. 40.
(4) *Les Principes fondamentaux de l'Histoire*, Paris, 1899, pp. 178, 200.
(5) *Die Logik* (II), pp. 143.

temps très restreint (1). Enfin, M. Weber a relevé très bien l'abus qu'on fait du mot loi, alors qu'on l'applique aux phénomènes psychiques. Nous ne sommes pas une série indéfinie de répétitions, nous changeons sans cesse, et cela exclut l'universalité nécessaire des phénomènes psychiques. S'il y a une loi psychologique c'est bien la « *répétition altérante*, mais, avec cette loi, nous voici transportés à l'antipode du concept de loi physique » (2).

Ce malentendu élucidé, examinons maintenant si notre attente, qui ne se dément pas dans le domaine des sciences de la nature, — encore qu'il n'existe pas de science de la météréologie, — peut être légitime sur le terrain des sciences sociales. Quoi qu'il en soit, il faut reconnaître qu'on est toujours trop empressé de faire passer dans les sciences sociales ce qui est vrai seulement pour les sciences de la nature. Dire, des phénomènes psychiques et sociaux, que ce ne sont pas les lois qui leur manquent, mais bien les recherches nombreuses et objectives, grâce auxquelles ces lois ne manqueront pas d'apparaître, n'est-ce pas induire, assez naïvement, des sciences naturelles aux sciences sociales ? Aussi, ne manque-t-on pas de rappeler que les lois de la nature, quoiqu'existant de toute éternité, ont été assez longtemps ignorées ; pendant tout ce temps la nature ne paraissait pas moins irrégulière que la société et que l'activité psychique ; personne pour cela n'a pourtant alors nié les lois naturelles, on aurait été convaincu d'erreur. Et cependant, voilà 25 siècles que le scepticisme, à l'égard des sciences sociales, dure sans se démentir.

Après tout, qui nous assure que nous serons dans l'erreur en appliquant *mutatis mutandis* aux sciences sociales l'argument valable dans les sciences naturelles, que l'ignorance des lois ne suffit pas pour conclure à l'absence de ces lois ? Qui nous assure

(1) *Die Logik*.
(2) *Diverses conceptions du mot loi*, Rev. Phil., 1894 (I), pp. 629, 630.

que dans la société il en soit comme dans la nature ? N'est-ce pas du contraire qu'on nous a convaincus depuis Auguste Comte jusqu'à MM. Durkheim et Simmel, jusqu'aux logiciens comme MM. Wundt et Sigwart et aux psychologues comme M. W. James ? Ce qui est caractéristique de la phénoménalité psychique et sociale, par rapport au reste de la nature, c'est que cette phénoménalité est plus complexe, changeante, variable, à tel point que les répétitions dans l'histoire et dans la vie consciente des hommes sont des choses inconnues (1).

Dans la nature, en général, tout revient, au contraire, avec une périodicité qui ne se dément jamais. Et cependant, dans cette nature même, il existe toute une partie qui échappe à la science : les phénomènes météréologiques. Et, par ailleurs, M. Boutroux l'a bien fait voir, les formules de la causalité ne sont jamais rigoureuses. En tant qu'absolues, elles sont en grande partie artificielles, elles éliminent toujours le facteur important de la contingence.

Lorsque de tous côtés il résulte que la variabilité et la complexité sociale excèdent infiniment la complexité de la nature, ne s'en suit-il pas que la contingence du monde psychico-social dépasse aussi la stabilité et l'uniformité, la causalité régulière qu'on attribuerait à la société ? Dans la nature, sans doute, c'est la nécessité, la causalité régulière, qui l'emporte (2) de là les lois naturelles, si relatives qu'elles soient par ailleurs. Mais, si dans la société c'est la contingence qui l'emporte, comment peut-on encore parler de lois sociales. Ne devient-il pas impossible d'induire de la nature à la société ? Il reste maintenant à indiquer pour quelles raisons vraisemblables il y a un excès caractéristique de contingence, et par suite de complexité

(1) Voir encore sur ce sujet : *Ludwig Stein*, Archiv. für syst. Phil. 1898, p. 200, 210. — *René Worms*, Annales du Congrès international de Sociologie, Paris, Giard, 1896, pp. 210, 211.

(2) Dithley, *op. cit.*, p. 43.

et de mobilité dans la phénoménalité psycho-sociale. Par là, nous espérons délimiter notre sujet de plus près et d'une façon plus précise.

CHAPITRE IV

La source des contingences sociales

Si ce ne sont pas les sciences de l'esprit elles-mêmes qui sont de date trop récente, ne serait-ce pas leur objet, la société et l'esprit ? On doit accorder au moins que l'absence des lois sociales exactes s'explique tout aussi bien dans cette dernière hypothèse, dont nous allons peut-être montrer la vraisemblance, que dans l'autre hypothèse, dont nous avons montré la fausseté.

Tout le monde se rend compte, d'une façon plus ou moins vague, que les phénomènes de conscience et les phénomènes sociaux sont les derniers venus, les plus récentes œuvres du grand mystère créateur de l'univers, et que leur histoire comme leur existence s'étend sur une moins longue période de temps. Mais, ce dont on ne se rend pas compte, c'est combien est court ce temps, par rapport à la longue durée des autres règnes de la nature. Et surtout, ce dont on ne se rend pas du tout compte, ce sont les conséquences considérables — tant théoriques que pratiques — que cette différence doit entraîner.

C'est peut-être parce que la nature est beaucoup plus vieille que nous, et a eu, dit M. Tarde, tout le temps voulu pour mener à cet état d'épuisement inventif toutes ses civilisations à elle, ses types vivants, qu'on remarque en elle cette fixité ou cette rotation sur place, dont on la loue si fort (1).

En effet, il se peut bien qu'il y ait des lois astronomiques, physiques, chimiques et même biologiques, attendu que les faits correspondants durent de toute éternité par rapport aux phénomènes sociaux. Le contraire serait inintelligible. Car, enfin, quels sont les âges du système solaire, de notre planète solidifiée et du phénomène de la vie sur la planète? Laissons de côté l'âge du système solaire, qui doit être un nombre de siècles incalculable et même celui de la terre qui est aussi incompréhensible.

Néanmoins, c'est entre 72.000.000 et 100.000.000 d'années, qu'on suppose qu'il est apparu une première forme de vie sur la planète; tandis que l'apparition de l'homme, à son origine la plus humble, ne compte pas plus que 300.000 ans. Quant à la société, qui commence avec l'histoire humaine, d'après les calculs les plus extrêmes, elle ne remonte pas à plus de 25.000 ans.

Il semble que chacun de ces règnes principaux de la nature a dû traverser deux phases bien différentes quant aux modalités de ses manifestations. La première phase, par laquelle ils ont passé nécessairement, c'est la phase chaotique de formation : l'époque anarchique, d'incohérence et d'indétermination. Le système solaire, autant que le globe terrestre et le règne organique, ont commencé par là. Toute cette époque est remplie par la réalisation de ce processus évolutif que la philosophie de Spencer et le darwinisme ont rendu populaire. Il est vrai que l'évolution du système solaire est plutôt du domaine de l'hypothèse, mais l'évolution géologique et surtout l'évolution des formes de la vie sont des hypothèses confirmées par tout le savoir exact.

Ainsi, si l'on admet l'hypothèse de Laplace, hypothèse qui se

(1) *Les Lois de l'imitation*, p. 130.

vérifie, en devenant très intelligible, dans le système de Herbert Spencer, le système solaire provient d'une nébuleuse. Selon ce dernier, il se serait formé « par intégration de matière et perte concomitante de mouvement. » Et cette double opération mécanique a déterminé la nébuleuse à passer « d'un état incohérent et diffus, de vaste étendue, à un état solide et cohérent ». C'est ainsi que se sont formés les satellites, les planètes, le soleil. « Les satellites de chaque planète ont formé, avec elle, un groupe équilibré ; les planètes et leurs satellites ont formé avec le soleil un groupe composé, dont les membres ont été plus fortement liés ensemble, que ne l'étaient les parties diffuses du milieu nébuleux, d'où ils sont sortis » (1).

Dans le cours de la formation du système solaire, le processus évolutif s'est accompli de telle sorte que la nébuleuse diffuse et irrégulière se concentrait, devenait en même temps plus multiforme et subissait des différenciations de plus en plus nombreuses. Bref, elle passait d'une homogénéité incohérente à une hétérogénéité cohérente. Or, le processus de différenciation et de complication a été complété par un processus de détermination. La matière confuse prend une forme de plus en plus définie ; l'ordre se substitue progressivement à la confusion. Et enfin à la complexité, à la *définition* et à la *régularité* des formes, s'est ajoutée la régularité des mouvements, la périodicité des systèmes rythmiques de mouvements. Ainsi les formes se définissent, et les mouvements complexes se régularisent, à tel point qu'on en peut calculer les résultats. Le domaine de la contingence est réduit, ici, à un minimum négligeable.

Il est évident que cet arrangement de la nébuleuse, en un système d'une régularité géométrique, a nécessité un intervalle de temps, qui dépassait peut-être tout ce que l'esprit humain peut concevoir. Il est sûr aussi, qu'avant la constitution définitive du

(1) *Les premiers principes*, Paris, Alcan, pp. 277-278.

système solaire, dans l'état qu'il persiste à conserver, tous les Képler, les Newton et les Laplace — fussent-ils omniscients — n'auraient pas pu découvrir les lois de la mécanique céleste et de la gravitation planétaire. La science de l'astronomie avait été impossible pendant tout le long de cette évolution solaire, et son exactitude idéale ne fait que reproduire la régularité effective des formes et des mouvements, que présente le système.

Il en fût de même de notre planète. Séparée de la masse solaire, elle traversa une évolution, qui fût en principe la même que celle du système entier. Son état chaotique se continua nécessairement pendant un intervalle de temps impossible à représenter. « L'histoire de la terre, dit Spencer, telle que la révèle la structure de sa croûte solide, nous ramène à cet état de fusion où aboutit l'hypothèse nébulaire ; et les changements dits ignés sont les suites de la consolidation progressive de la substance terrestre » (Pr. princ. p. 278.) L'évolution de la nébuleuse terrestre s'est faite de telle sorte que « sa structure est devenue plus complète, d'âge en âge, par la multiplication des couches qui forment sa croûte ; elle est devenue aussi, d'âge en âge, plus compliquée, par la complexité des combinaisons, qui composent les couches » (p. 298). Jusqu'à ce que la terre arrive à la forme qu'elle présente aujourd'hui, il lui a fallu, en plus, passer « à travers une suite de périodes dont les caractères ont été de plus en plus déterminés » (p. 324). Cependant, ces périodes sont de caractère absolument révolutionnaire : « les courants de matière, en fusion, sont bien liés à certains circuits, par les conditions de l'équilibre, mais s'ils ne peuvent rester fixes, d'une manière permanente dans leur direction, c'est parce qu'ils n'y sont point confinés par des bornes solides ». « Une solidification de la surface, même partielle, est évidemment un pas vers l'établissement des relations définies de position. Toutefois, avec une croûte mince, que des *forces pertubatrices rompent fréquemment et que déplacent toutes les ondulations des marées, la fixité de la position relative ne peut être que temporaire* » (p. 327). Cependant, à mesure que le refroidissement augmente, que la croûte s'épaissit, que des élévations et des dépressions plus grandes se forment, *il s'établit un arrangement des parties relativement fixes dans le temps et l'espace* » (p. 328).

Sans doute, les corps inorganiques, dont s'occupent les sciences de la physique et de la chimie, étaient à ce moment-là perdus, indifférenciés, parce qu'ils se trouvaient, sous forme incandescente, dans la masse intégrale du globe, et parce que, en état d'incandescence, leurs formes et leurs propriétés actuelles étaient aussi inconstantes. Pas plus que dés géologues, hypothétiques et omniscients, n'auraient pu, à cette date là, découvrir les lois de la stratification de la terre, et les formes successives des couches, les physiciens, les Archimède, les Gay-Lussac, les Ampère, les Lavoisier, Bertholet, etc., n'auraient réussi dans la recherche des lois physico-chimiques.

L'exactitude des lois, qu'ils ont découvertes, tient à ce que les lois étaient effectives dans la réalité, et qu'elles y étaient exactes, définies. L'effrayant intervalle de temps, que l'évolution terrestre a eu devant elle, pour se réaliser, d'une façon définitive, est bien le secret du succès de savants physiciens et de chimistes actuels. Ici également la part de la contingence est encore réduite à une sorte de minimum, un peu moins négligeable, il est vrai, que celui des lois astronomiques.

Enfin, depuis presque 100.000.000 d'années, la vie se déroule, sur la terre, tout d'abord informe, inconstante. La matière vivante, à son origine, aussi chaotique et informe que les autres règnes, a passé, sans doute, par la même phase d'évolution révolutionnaire. « La moitié de cette période a dû s'écouler avant qu'il existât de formes de vie ayant une consistance matérielle suffisamment ferme » (1). « Un tiers de ce qui reste de ce temps,

(1) Lester F. Ward, *La Différenciation et l'Intégration sociales*, Paris, V. Giard 1903, p. 28.

c'est-à-dire 12.000.000 d'années, s'était écoulé, avant que les animaux vertébrés fissent leur apparition. Un autre tiers, ou encore 12.000.000 d'années, s'est écoulé avant qu'il y eut les plus faibles traces de vie de mammifères, près du sommet du nouveau grès rouge, ou de la période triasique. Ce n'est que dans la période crétacée, qui a suivi la période jurassique, et qui a duré 3.000.000 d'années, que des formes de plantes ou d'animaux, ressemblant à celles qui dominent aujourd'hui, devinrent abondantes. La période tertiaire, estimée, elle aussi, à 3.000.000 d'années environ, se produisit, et c'est pendant cet espace de temps, relativement court, que toutes les grandes productions de la nature organique se sont développées (p. 29). »

Nul doute que jusqu'à ce que la matière vivante fût arrivée à se condenser, dans les formules définies et complexes d'espèces de plus en plus supérieures, il n'y ait eu des révolutions biologiques, comparables aux révolutions géologiques, d'où est résultée la stratification présente. La lutte pour la vie a dû supprimer violemment bien des espèces mal définies et mal adaptées aux conditions de la vie. A supposer un Linné, ou un Cuvier, dans la période jurassique « où la terre fut abandonnée aux amphibies et aux reptiles et à une végétation cryptogame et gymnosperme » (1), nous nous demandons si leur classification, pourtant scientifique, aurait été la même que celle qu'ils nous ont donnée pour notre époque. Un Baer, un Harvey, un Bichat auraient-ils pu faire leurs découvertes, aux périodes cambriennes siluriennes, avant que les vertébrés eussent fait leur apparition? Au moins, il est sûr que Darwin n'aurait pas pu écrire l'*Origine des Espèces*, alors qu'il n'y avait, sans doute, pas d'espèces, pendant ces 36.000.000 d'années hypothétiques, où l'on nous affirme qu'il n'y a pu avoir « ni formes, ni consistance matérielle suffisamment ferme ».

(1) L.-F. WARD, *loc. cit.*

Si les efforts d'un Bichat, d'un Harvey, d'un Cuvier, d'un Darwin ont été féconds, c'est parce qu'ils sont venus quelques millions d'années après que l'objet de leurs découvertes était effectivement et définitivement réalisé. Ici encore, la contingence, quoique un peu plus notable qu'ailleurs, n'excède pas la causalité régulière, fixe, rigoureuse. Les espèces, à ce qu'on nous assure (1), sont restées fixes, immuables depuis environ 7.000.000 d'années. Dans ces conditions, une science de la biologie est très possible. Aussi, les progrès de la physiologie ne sont-ils pas faits pour nous surprendre.

Quant au règne social, dont l'origine ne remonte pas au delà de 25.000 ans, pour prendre un chiffre extrême, cette période a-t-elle suffi pour que l'évolution sociale fût à son terme? Est-ce que pour le règne social, cette phase initiale, chaotique, anarchique, irrégulière est finie? La Société, est-elle dans cette phase comparable à celle, où se trouve le système solaire, les cristaux, ou, tout au moins, les espèces animales à jamais fixées? Cette époque de révolutions, de changements, de formations sociales provisoires, est-elle finie? On serait tenté de le croire, à entendre certains sociologues et non des moins remarquables. Voilà des questions que la sociologie naturaliste ou positive néglige de poser. Ainsi, Spencer lui-même continue à considérer cette question comme résolue affirmativement, et, supposant l'évolution sociale aussi avancée que celle des minéraux et des plantes, il se propose de faire la science naturelle et positive des sociétés. Il est étrange combien la réalité sociale est méconnue et oubliée précisément par ces savants mêmes, qui se flattent de s'en tenir aux faits et qui supposent la société, comme une réalité à jamais définie et fixée, en ses traits éternels; il ne resterait plus qu'à en faire la science éternelle et positive. Les phénomènes sociaux s'enchaî-

(1) L.-F. WARD, *loc. cit.*

nent, pour cette sociologie, d'après des formules à jamais stables et définitives ; ce n'est que l'état actuel arriéré de nos connaissances qui nous les cache.

Mais, pour peu qu'on examine, dans un esprit plus libre de toute *fantasmagorie* naturaliste et d'idée préconçue, le spectacle que présentent nos sociétés, et pour peu qu'on prête l'oreille à certaines maximes libérales, on ne tardera pas à se convaincre que les sociologues naturalistes ont bien tort. Ce n'est pas la régularité, la soumission aux lois, l'amour de l'ordre et de l'exactitude, qui règnent autour de nous, qui inspirent nos contemporains. On verra plutôt que les esprits sont tellement étrangers à l'ordre, à la régularité, que rien ne les délecte autant que certains jeux de hasard et d'imprévu.

Cela ne voudrait-il pas dire qu'il s'en faut encore de beaucoup, que l'époque des Newton, des Gay-Lussac et des Bertholet de la sociologie soit arrivé? N'est-ce pas là la preuve, au contraire, que nous nous trouvons encore précisément dans cette période d'effervescences, de révolutions continuelles, d'anarchie chaotique, d'anomie, de tous les événements qui ont été, à n'en pas douter, caractéristiques des époques de formation, dans tous les ordres fondamentaux de la nature? Conçoit-on des scrupules, des doutes là-dessus? On n'a qu'à rapprocher le chiffre qui représente l'âge probable de la société de celui qui exprime l'âge hypothétique de la vie. Entre 750.000 siècles et 250 siècle, la différence est écrasante.

Nous espérons même pouvoir prouver que nous ne nous trouvons pas encore, à l'heure qu'il est, à la fin de l'évolution sociale, dans cette époque où l'objet des sciences sociales, s'étant fixé, une fois pour toutes, rend la science exacte possible. Nous n'avons qu'à nous demander où nous en sommes du processus d'intégration sociale? En effet, seule la formule générale, indéfinie, de ce processus peut être conçue comme réelle, exacte ; le processus de la condensation, de la différenciation et de la détermination formelle des mouvements nébulaires eût été vrai, effectif, avant même la réalisation du système solaire, où il aboutit.

Sans doute, pour nous rendre compte, approximativement, à quel stade de la réalisation du règne social nous nous trouvons, à l'heure actuelle, nous n'avons qu'à examiner à quelle étape du processus social nous sommes arrivés. Pour arriver à établir par à peu près où nous en sommes, il faut répondre à des questions comme les suivantes : Est-ce que toutes les sociétés se sont réunies dans une société universelle ? Est-ce que tous les segments sociaux se sont évanouis dans la société intégrale ? Les lignes de démarcation, les barrières sont-elles disparues ? A vrai dire, il s'en faut encore de beaucoup. Nous en sommes très loin. On peut le constater, rien qu'à regarder une carte géographique quelconque.

Cependant, on a déjà fait beaucoup dans ce sens là. Si le point de départ a été ce nombre infini de petites unités sociales, fermées en elles-mêmes (Spencer, Gumplowicz, Ward) errant à travers les espaces, sans aucune organisation intérieure définie, nous sommes aussi très loin de cet état de choses. On s'en convaincra également à une simple inspection de la carte politique de la planète. Lentement, mais progressivement, nous voyons, à travers l'histoire, les petites provinces, les villages et les villes, qui forment d'abord autant de sociétés indépendantes, renoncer à leur indépendance, bon gré mal gré, s'unir les unes aux autres, fusionner ensemble et fonder une société de plus en plus large, volumineuse, unifiée. L'histoire de la France, depuis *Louis XI* surtout, l'histoire de la Russie depuis *Pierre le Grand*, l'histoire de l'Allemagne depuis *Frédéric II*, ainsi que celle de l'Italie depuis *Victor Emmanuel II*, celle de l'Angleterre moderne et celle de l'Espagne, du temps de la Renaissance, en sont des exemples, pour ne parler que de l'histoire la plus positivement connue. A présent même, sous nos yeux, nous voyons des tendances, très

7

réelles et très actives, d'intégration sociale, en Amérique, Macédoine, etc.

Sur les traces de l'intégration sociale, politique, nous apercevons l'intégration économique. Cependant, très souvent, les rôles se renversèrent et, plus d'une fois, ce fut l'intégration économique, qui précéda et détermina l'intégration politique. Actuellement, il semble bien que l'intégration des relations économiques est beaucoup en avance sur l'intégration politique. Les *affaires*, les grandes entreprises sont déjà depuis longtemps internationales, mondiales. Aussi, les économistes, comme Adolphe Wagner, parlent-ils d'une *Weltwirtschaft*. Le caractère même de l'école de Manchester était l'internationalisme. Pour les socialistes, les relations économiques, de même que celles de la politique, doivent être internationales. Or, n'est-ce pas là une preuve que l'économie *nationale* n'est pas la forme dernière de la vie économique, et que le terme final, la formule dernière des relations économiques doit être la *Weltwirtschaft*.

L'économie mondiale devançant l'intégration sociale, universelle, lui marque la voie. En même temps que les relations économiques universalisées, les conquêtes intellectuelles, scientifiques et artistiques se glissent à travers les murs, qui séparent encore les sociétés, et poussent les nations les unes envers les autres. Les réseaux d'une société universelle enlacent les unités sociales de toutes les façons, et les serrent, de plus en plus, pour les contraindre à se fondre. C'est là une constatation, qui tend à devenir un lieu commun. Aussi, lentement, mais sûrement, le *processus du développement social s'achemine vers son point d'arrivée*. Le résultat immédiat, mais à coup sûr provisoire, est la complexité irrégulière, mobile, anomique, que nous constatons, et qui ne fait que s'accroître, à mesure même que l'intégration sociale, politique et économique font des progrès. C'est donc bien là la source de la contingence des phénomènes sociaux, de la causalité sociale, irrégulière, qui dépasse infiniment la causalité régulière.

Lorsque, comme on le voit de nos jours, de grandes sociétés renfermées en elles-mêmes, et réfractaires aux rapports avec les sociétés progressives, sont ouvertes au commerce, par la voie violente des armes, leurs richesses, tant naturelles qu'humaines, isolées et comme cachées, sont par cela même versées dans le courant économique. La colonisation, les explorations découvrent, chaque jour, des pays inconnus, des peuples et des forces naturelles vierges, qu'on ne cesse de faire entrer dans la circulation universelle. Jour par jour, toutes ces forces économiques sociales, naturelles ou humaines, de tous les coins du monde, viennent sans cesse grossir le flot déjà formidable du courant social mondial. Aujourd'hui on connaît, à peu près, les forces productrices, naturelles et humaines ; on tâche, et même avec succès, jusqu'à un certain point, de prévoir l'état du marché de l'année qui suit. Si demain un peuple nouveau ou des sociétés nouvelles, des forces naturelles et humaines, sur lesquelles on ne compte pas, sur lesquelles on ne peut compter, sont découvertes pour être mêlées au marché général, toutes les prévisions seront déjouées. Il y a des kracks, des faillites et une mobilité vertigineuse des rapports et des conditions des hommes.

De leur côté, les sciences et leur application ne cessent pas de compliquer la vie sociale et économique, par la découverte de forces naturelles inconnues. Du jour au lendemain, une découverte scientifique et ses applications immédiates peuvent bouleverser tout l'arrangement existant du système économique, d'une façon plus profonde, plus radicale même que des dizaines de guerres douanières ou militaires. L'évolution lente, imperceptible, inconsciente, est devenue de nos jours impossible.

On nous dit que la tâche des temps modernes est de prendre la révolution comme méthode et ensuite de la pacifier en la méthodisant. Le régime le plus adéquat à la vie sociale contemporaine doit être une révolution méthodique et pacifique. La science est forcément révolutionnaire par ses applications pratiques. L'intégration sociale politique est également révolutionnaire, car on n'y aboutit, le plus souvent, qu'au prix de ces crises convulsives, comme les guerres (Ex. : l'intégration de l'Allemagne et de l'Italie).

C'est donc une époque de révolution que nous traversons, une époque d'évolution aiguë, forcément révolutionnaire, parce que les transformations sont subites, incohérentes, sans transition prévisible. Du seul fait qu'on ne peut déterminer, à l'avance, ni les découvertes scientifiques, ni leurs applications pratiques, ni la portée sociale et économique de ces applications, ni même les guerres douanières ou militaires, ou les intégrations sociales que l'avenir s'est réservées, il s'ensuit que l'enchaînement des phénomènes sociaux jure avec la régularité, et prend nécessairement le caractère révolutionnaire. Cela fait que les prétentions du socialisme scientifique, de la sociologie naturaliste et positive deviennent absolument illusoires. Dans cet état de la société, découvrir des lois exactes, positives, comparables aux lois de la nature, c'est une présomption gratuite. Pour découvrir les lois exactes de la société encore faut-il qu'il y en ait.

S'il y a cependant une science sociale et économique, elle ne peut être qu'une œuvre éphémère, parce qu'elle est provisoire, valable tout au plus pendant un demi-siècle. C'est ainsi que la doctrine d'Adam Smith eut sa raison d'être, et sa grandeur aussi, à une époque où la grande industrie ne faisait que commencer. Les transformations techniques, que la puissance de la vapeur détermine dans l'industrie productrice et dans celle du transport, dépassent déjà la doctrine de Manchester. Puis, ce fût le tour du marxisme qui, basé sur l'étude de la réalité contemporaine, fait entrevoir la déchéance des doctrines libérales, et par ses critiques en hâte le discrédit. Mais voilà que l'électricité commence à s'introduire dans l'industrie pour remplacer la machine à vapeur, et on nous dit déjà que le marxisme se désagrège. On ne parle maintenant que de la dissolution du marxisme. On démontre, de tous les côtés, que les évènements récents contredisent le socialisme scientifique. C'est le tour du socialisme d'Etat, ou du socialisme réformiste, sorte de compromis, où le socialisme transgresse avec le libéralisme. C'est parce que l'application des courants électriques permet de décentraliser la production, de retransporter le travail au sein de la famille, que la propriété prend la forme de société d'actionnaires et se morcelle.

Ce ne sont pas seulement les découvertes scientifiques et pratiques qui déjouent les constructions théoriques les plus ingénieuses sur la société, mais encore les événements de l'intégration politique et économique. La théorie du *libre échange*, par exemple, est une conception si fragile que son sort dépend, en Angleterre même, de quelques simples faits extérieurs. Selon qu'il y a des pays, comme l'Allemagne et les Etats-Unis, où l'industrie prospère ou non, le *libre échange* est ou non une théorie vraie en Angleterre. Il est une vérité seulement jusqu'au jour où la concurrence américaine ou allemande en démontre la fausseté. Aussi, voyons-nous, de nos jours, que cette vérité vacille et n'est plus loin de se trouver fausse, puisque les pays du continent sont devenus industriels.

Ces progrès, tant scientifiques que politiques, qui constituent autant de révolutions sociales, font que tout équilibre d'une forme sociale, à un moment donné, doive être renversé, bouleversé le moment d'après. Dans ces conditions, tout devient provisoire et imprévu. Ce qui était vrai hier ne l'est plus complètement aujourd'hui, et demain ne le sera plus du tout. Chaque moment d'intégration sociale détruit l'équilibre atteint, introduit l'anarchie dans l'ensemble, rend la prévisibilité impossible, entretient et exalte l'irrégularité et l'anomie sociale. A cet égard, même la sociologie positive a dû reconnaître qu'entre des changements successifs de la Société il n'y a pas de lien causal. « L'état antécédant ne produit pas le conséquent. » Aussi, dans ces conditions, toute prévision est-elle impossible (1). C'est là la source inépuisable de la contingence sociale.

Et, en effet, imagine-t-on ce qu'aurait pu être la science économique et sociale du temps du système économique de la *maison* ou même de la *ville* de l'antiquité greco-romaine, ou du Moyen Age. A supposer qu'à ce moment là il y eût eu des sociologues positivistes, du socialisme scientifique, des économistes scrupuleux, ils n'eussent pas manqué, à l'exemple des savants contemporains, de croire faire de la science exacte et définitive et de découvrir des lois sociales et économiques naturelles, immuables comme celle de la physique, etc... C'est avec raison que M. Ott a objecté aux économistes qu'ils ont trop voulu pouvoir regarder les choses *sub specie æternitatis*, et qu'ils ont, par suite, une tendance à considérer l'état actuel comme définitif dans ses principes essentiels (2).

Les économistes du Moyen Age auraient pensé, sans doute, comme on le pense encore aujourd'hui, que s'ils n'ont pas découvert les principes scientifiques de la plus-value, de la concentration des capitaux, et de l'accroissement du prolétariat, résultant de l'introduction des machines dans les fabriques, c'est faute d'études objectives nombreuses et prolongées. Si dans le régime de l'économie des villes du Moyen Age (Stadtwirtschaft) il n'avaient pas découvert la loi du *libre échange*, ils eussent été en droit de croire, comme on le pense de nos jours, que c'est parce que la science économique est encore de trop récente date,

(1) Ainsi, d'après M. Schmoller, « si les lois sociales ne sont pas des lois exactes elles sont, cependant, des formules valables dans une forme de civilisation déterminée, pour certaines classes déterminées. » Ce qu'on donne pour des lois économiques naturelles et par suite éternelles « reposent, dit M. Schmoller, sur la fiction d'une forme de culture immuable. » (Konrad Wörterb., t. 7, p. 576). Rappelons ce que M. Boutroux nous dit des lois psychologiques, même les plus générales, savoir « qu'elles sont relatives à une phase de l'humanité. » (*Contingence des lois de la nature*, p. 123).

(2) *Op. cit.*, pp. 34-35, 62-63.

et parce qu'on manque de recherches positives « se tenant exclusivement aux faits ». Qui ne voit pas que la science positive, dans ce règne économique donné, aurait été la négation systématique, radicale de tout l'avenir économique et de toutes les lois économiques et sociales en puissance ? Heureusement, on ne l'a pas fait alors, parce que ces sciences n'existaient pas ; mais c'est ce que le socialisme scientifique positiviste, et c'est ce que la sociologie et la morale positives, de nos jours, semblent entreprendre.

Nous ne voyons pas comment l'étude, fidèle jusqu'à la servilité, des faits sociaux existants pourrait rendre définitive la science sociale, au moins aussi définitive que les sciences de la nature, attendu que c'est la forme sociale — la réalité qu'elle étudie, — qui n'est pas définitive. Comment découvrir les lois d'une réalité en formation ? Les lois effectives sont, en réalité, difficiles à découvrir, comment prétend-on découvrir les lois inexistantes ? On cache cet insuccès sous l'argument, devenu banal, mais valable, en matière de sciences naturelles, que les études et les recherches positives, en matière de faits sociaux, manquent. Or, M. Wagner nous assure qu'en économie sociale, même la plus grande perfection de la méthode ne sert à rien, pour tourner la difficulté (1). N'est-il pas évident que l'étude des faits pourrait nous donner, tout au plus, ce qui constitue un semblant de loi pour le moment actuel, et pour le passé, mais qu'elle ne nous dit rien sur l'avenir ? Celui-ci sera formé d'autres faits, qui n'auront presque rien de commun avec le présent, parce que nous traversons une époque de formation, de révolution, d'anarchie, où les changements sont toujours irréductibles les uns aux autres. Les lois sociales de l'avenir ne peuvent pas être découvertes, par induction ; tout au plus, pourrait-on, dans ce but, avoir recours à la déduction. C'est ce que Stuart Mill a entrevu, quand il a donné

(1) *Lehr-und Handbuch der Politischen ekonomie*, I, p. 241.

à la déduction le pas sur l'induction, dans les sciences de l'esprit. Karl Marx a fait de même dans son système dialectique, et c'est cette même conception qui distingue les deux économistes allemands, bien connus, Menger et Wagner. Les lois existantes d'une réalité effective peuvent se découvrir, en effet, par la méthode inductive: les lois inexistantes, ou en voie de se constituer, d'une réalité en formation, ne peuvent se découvrir d'aucune façon, elles peuvent être devinées, anticipées, je dirai même créées, par une sorte de dialectique de déduction ou de spéculation purement logique.

C'est ce qui a déterminé un certain nombre de bons esprits à repousser les lois naturelles, dans la société, et à refuser de souscrire à une causalité précise, formelle dans les phénomènes de l'esprit, pour n'y reconnaître qu'une certaine régularité (Regelmässigkeit). Sigwart admet bien dans la morale une sorte de lois, qui ne sont que la description de la régularité d'un fait quelconque ; mais il faut remplacer l'idée de cause proprement dite par celle de but et l'idée de loi par celle de norme ou règle (1). Wundt est de la même opinion que Sigwart, car il pense que l'*activité finaliste n'est qu'une forme spéciale de la causalité et peut bien remplacer celle-ci,* dans la phénoménalité psychique du monde moral. De même, aux yeux de ce dernier, l'idée de norme, quoi qu'elle ne vaille pas pour l'histoire, est à sa place, dans la sociologie, qui ne découvre pas seulement des lois, mais aussi des normes pratiques (2). De plus, la norme est, de l'avis de cet auteur, la source même des lois. Or, nous retrouvons une opinion analogue chez M. Boutroux qui pense que « l'homme connaît la nécessité, sous une forme différente, des conditions de l'expérience, sous la forme du devoir » (3). Et d'ailleurs la causalité physiologique et même physique, qu'est-ce, sinon des régula-

(1) *Op. cit.*, p. 573.
(2) *Logik*, II, p. 153.
(3) *Op. cit.*, 155.

rités fixées « des habitudes qui ont pénétré de plus en plus profondément dans la spontanéité de l'être » (1).

Mais, il est certain, il ne peut pas y avoir une science exacte du devenir; il n'y en a que de ce qui est effectué. C'est ce qui fait que les lois sociales, juridiques ou morales sont plutôt des *velléités* de lois. En un mot, ce sont des lois qui tendent à être des lois, dans le sens propre du mot, sans y parvenir. Cet état de choses se traduit dans le fait que le droit et la morale présentent leurs lois, sous forme de desiderata, d'injonctions, d'impératifs. Les propositions éthico-sociales ne disent pas *ce qui est*, comme celles des sciences naturelles, mais *ce qui doit être* ; elles ne sont pas indicatrices, mais impératives ; elles expriment non pas l'être (ein Sein), mais le devoir (ein Sollen) (2).

C'est là une preuve que les lois éthico-sociales sont provisoires et en formation. Leur *nécessité objective de se réaliser s'exprime en fonction des efforts humains faits pour les accomplir.*

L'équilibre dernier des sociétés, permettant l'apparition des lois sociales stables, fera peut-être que les lois sociales cesseront d'être impératives et, à l'exemple des lois de la nature, seront simplement indicatrices. Il est évident aussi que la causalité sociale et psychique ne prendra de formes régulières, ne deviendra formulable dans des lois précises et exactes, qu'alors seulement que le processus de l'intégration sociale aurait touché à son terme final. Car, à cette limite, lorsque toutes les sociétés humaines auront versé dans la société universelle, lorsque toutes les forces humaines et naturelles auront formé un flot formidable et unique, un dernier équilibre aura été atteint, qui n'aura plus à craindre d'être bouleversé par une intégration ultérieure.

Sans doute, c'est à cette seule condition que les choses sociales

(1) *Logik.*, p. 167.

(2) Paulsen, *Ethik. T.* p., 14. Voir encore à ce sujet : Simmel, *Einleitung in die Moralawissenchaft*, I, *passim* ; — Sigwart, *Logik*, II,732 ; — Bernheim, *Lehrbuch der historische Methode* Leipzig, 1889, p. 91 ; — Beaussire, *L'Indépendance de la Morale*, Rev. Phil., 1884 (II), pp. 127-128.

deviennent prévisibles. Par là, une des principales causes de la contingence sociale sera éliminée. Les luttes des classes, résultat de la distribution inégale des richesses, où aboutit le processus économique anarchique, actuel, seront finies aussi. On aura connu alors toutes les forces humaines, productives et consommatrices, l'offre dans son ensemble, la demande dans son entier, et on pourra toujours équilibrer l'un et l'autre pour atteindre à une harmonie réelle, — choses impossibles à concevoir de nos jours, lorsque, à chaque moment, des peuples nouveaux, des forces naturelles nouvelles entrent en circulation pour révolutionner le cours des affaires. — De même la paix qu'on souhaite vainement, dan le régime actuel des sociétés nationales, enflées d'orgueil et prêtes à tout moment à éclater en guerres, soit militaires, soit surtout économiques, sera réalisée à ce moment. Ainsi, les révolutions politiques, sous cette forme, disparaîtront ; une autre cause principale des contingences sociales se sera éliminée d'elle-même. « L'humanité, de l'avis de M. Xénopol, semble s'acheminer vers un état final, où les éléments contingents perdront leur influence prépondérante qui retournera aux masses » (1).

Même les découvertes scientifiques et leurs applications pratiques cesseront de former une source de trouble et de contingence sociale. On peut bien supposer que, jusqu'à cette date, les sciences seront déjà arrivées à découvrir toutes les lois et toutes les forces de la nature; cette nature, limitée aux confins de notre planète, si riche qu'elle soit, n'est pas infinie. Les lois et les forces naturelles connues et toutes les applications possibles réalisées, rien ne pourrait plus intervenir, dans l'équilibre social atteint, pour le renverser de nouveau. Ainsi, on aurait un premier équilibre définitif, stable, une première causalité régulière, et il est probable que c'est alors seulement que l'époque de la sociologie et de la morale positives sera atteinte. Il est vrai que

(1) *Les Principes fondamentaux de l'Histoire*, p. 165.

la société sera immobilisée, fixée, au moins aussi fixée et immobile que les espèces zoologiques. Le progrès ultérieur, non seulement ne sera plus possible, mais il ne sera plus nécessaire.

Cet état final hypothétique n'a rien d'illogique. Au contraire. La société humaine universalisée sera isolée, hermétiquement close, soustraite à toute perturbation. Car ses confins étant ceux de la planète, où y aurait-il encore des germes et des forces incidentes, qui la pénétreraient pour la bouleverser de nouveau? Elle présentera donc les *conditions d'un laboratoire de science physico-chimique, où les lois, étant isolées, dans leur fonctionnement, s'accomplissent dans toute la pureté et l'exactitude de leurs formules idéales*. On peut donc espérer que la contingence sociale sera de la sorte absolument exclue.

Cette liaison logique, nécessaire, *à priori*, entre la causalité sociale régulière et la société universalisée et par là forcément isolée, peut être même confirmée *à posteriori*. Tout d'abord, le cas de la société chinoise est une illustration très expressive et remarquable de la vraisemblance empirique de cette théorie. Ce qu'on appelle la « chinoiserie », le « mandarinat », le « maniérisme chinois », figé, immobile, on a tâché de l'expliquer de mille façons, sans réussir. Personne n'a cependant vu, au moins, d'une façon nette et claire, que ce n'est pas le pouvoir personnel, surhumain, du législateur Confucius qui a figé le peuple chinois dans des formules indéracinables. La force législatrice de Confucius, l'immutabilité des formes de la vie chinoise sont le fait de ces *murs chinois* gigantesques, qui ont hermétiquement isolé la Chine du reste du monde social. L'arrêt de l'intégration sociale, l'arrêt de la formation sociale, causé par l'isolement artificiel de la société, a réalisé ici cette harmonie, cette stabilité, qui n'a été connue nulle part. La contre-épreuve de cette explication s'accomplit sous nos yeux. Maintenant que la Chine est ouverte au processus d'intégration sociale, va-t-elle continuer à conserver les formes sociales immuables, qu'elle garde depuis des milliers d'années, ou bien l'ère de la révolution s'est-elle déjà ouverte en Chine, avec les événements qui inaugurèrent notre siècle.

Bien plus, la conception socialiste de la société, qui veut exclure le hasard, la contingence, et introduire dans la société une harmonie désirable, est étroitement liée à l'idée d'une société universelle. L'idée même des états nationalistes est incompatible avec la doctrine socialiste. A ce point de vue, il semble qu'avec le socialisme les hommes sont arrivés à la pleine connaissance du processus de l'intégration sociale. Les historiens, comme Mommsen, ont déjà consacré et les sociologues ont précisé et expliqué ces vues.

Le mouvement social égalitaire, qui est en même temps le *leitmotif* le plus précieux de la démocratie socialiste, étant, à son tour, nécessairement lié au sort de la société universelle, comme M. Bouglé nous l'a fait réellement voir, n'aurait touché à son terme qu'au moment même où la société universelle serait réalisée. Mais la conséquence de cette universalisation, c'est que les deux côtés de la nature humaine seront de plus en plus nettement distingués. Le côté personnel, irréductible, deviendra de plus en plus profond, avec le développement de l'intérieur de la personnalité humaine, conséquence nécessaire de l'intégration et de l'unification sociale; mais aussi, le côté commun, social, sera de plus en plus ample, ce qui est bien possible, étant donné que le côté psychique des individus s'enrichira indéfiniment.

Cette égalité idéale des individus, ne contredisant pas la différence irréductible de ceux-ci, que M. Bouglé explique théoriquement, sociologiquement, et dont les socialistes ont fait l'idéal à réaliser, par leurs efforts pratiques, confirme encore l'idéal de la morale Kantienne : l'impératif catégorique. Ne retrouvons-nous pas, dès lors, dans cet idéal socialiste, qui veut modifier la nature humaine, au point qu'un individu humain en vaille un autre, et qu'un homme remplace l'autre, sans dommage et sans difficulté, une expression, en d'autres termes, de l'impératif catégorique? En effet, que signifie la formule « agis de telle façon que le principe de ton acte puisse être érigé en loi universelle » sinon que les actes doivent être uniformisés, et même tous les actes? Ou bien, pour exprimer la même idée dans les termes de la sociologie positive de M. Durkheim, c'est dire que tout *faire* et tout *penser* des individus doivent être des manières *de faire et de penser*. Il est vrai que ce état de choses n'a été que partiellement atteint, jusqu'à présent, s'il l'a été, en Chine.

CONCLUSION ET CONSÉQUENCES DU PREMIER LIVRE

En fait, l'égalité des individus se réalise ; en théorie, elle est logiquement nécessaire. Or, cette égalité progressive, ayant touché à son terme, poussera à l'extrême, et le côté personnel irréductible, et le côté commun de la psychologie individuelle. Si par un côté, et assurément le plus important de la vie, le faire et le penser de l'individu deviennent des manières de faire et de penser, ou des « principes de conduite universelle », par un autre côté son faire et son penser deviennent absolument originaux, irréductibles à ceux d'un autre. D'où il suit qu'au fur et à mesure que le processus social s'accomplit, et que par suite le mouvement égalitaire fait des progrès, le psychique, par son côté commun, réductible, seul susceptible d'être formulé dans les lois, se confond avec la matière même de la sociologie. En d'autres termes, la psychologie, dès qu'elle formule des lois, s'identifie avec la sociologie. D'autre part, le psychique, dans sa partie purement individuelle, irréductible, se refuse à toute science générale, est incompatible avec l'idée des lois et ne peut faire que l'objet de descriptions biographiques (1). Bref, on pourrait bien conclure de tout cela que la psychologie, en tant que science, est une science sociale (2). Nous allons voir dans la seconde partie quelles probabilités soutiennent cette thèse.

Remarquons, avant de passer plus loin, que l'absence de lois, tant psychiques que sociales proprement dites, rend la solution de notre problème presque impossible. L'absence de lois psychiques et sociales positives ne fait qu'exprimer qu'on en est encore au stade peu avancé du processus social et du mouvement égalitaire (3) qui en découle. Donc, puisqu'il n'y a pas de lois positives et exactes, psychiques et sociales, et puisque le côté commun des individus n'est pas encore nettement distingué du côté personnel, ne se trouvant pas encore assez avancé, il est encore aujourd'hui impossible d'identifier le psychique et le social. Nous devons nous contenter de simples indications encore, de probabilités d'à peu près.

Le manque de causalité sociale régulière, autant que l'absence d'égalité entre les individus sont dus à la crise, à l'état de formation du progrès, de la réalité sociale. Le progrès, au moyen duquel cette réalité sociale s'effectue, demande qu'il y ait des différences essentielles entre les individus. Les uns étant les initiateurs d'une forme sociale nouvelle, sont, de toute nécessité, supérieurs à la moyenne et par suite en diffèrent radicalement ; de là leur supériorité extrême, leur pouvoir sur la masse. Cette différence et ce pouvoir sont la conséquence fatale du progrès.

(1) Qu'appelle-t on d'ordinaire psychologie individuelle ? L'étude d'ordre général abstraite... Y a-t-il, dès lors rien de moins individuel qu'une semblable psychologie? R. Worms : (*Psychol. ind. et coll.* Rev. int. de Soc., 1899, p. 270).

(2) C'est ce dont M. Gustave Tosti s'est bien aperçu. Psych.-Review. 1898, p. 351.

(3) D'ailleurs le manque de lois sociales et psychiques veut dire au fond le manque d'égalité entre les individus, car le manque d'égalité entre les individus ne veut-il pas dire complexité changeante, différente avec chaque moment, avec chaque individu, et incompatible avec l'idée de lois, puisque non susceptible d'être exprimée dans les lois.

Ils ne cesseront qu'avec le progrès. Cela veut dire exactement que l'individu ne peut pas encore s'identifier avec la société parce qu'il doit nécessairement, très souvent, dépasser la société, la moyenne, afin de réaliser le progrès et d'entraîner ses semblables avec lui. Ce sera l'objet de la troisième partie. Nous aurons à voir là le processus plus précis des relations nécessaires entre l'individu et la société, le rôle de celui-ci dans la société, l'évolution de ces relations.

Par contrecoup, ressortira aussi de là la confirmation de ce que les recherches, résumées dans la seconde partie, nous donneront d'un peu plus précis. Les questions étant si connexes, on peut légitimement s'attendre à ce qu'une lueur de vérification surgisse de chacune pour se réfléchir sur l'autre. Rappelons, dans ce but, que ce qui résulte de cette première partie, ce qui paraît d'une importance capitale et de toute rigueur scientifique, ce qui est rassurant pour la sociologie, c'est bien ce qu'on a appelé le *processus d'intégration sociale*.

LIVRE II

LES RAPPORTS ENTRE LA PSYCHOLOGIE ET LA SOCIOLOGIE

Que l'invidu conscient soit conditionné et déterminé par son milieu social, c'est là presque un lieu commun depuis ces derniers temps. Mais personne n'entreprend d'analyser l'objet de cette thèse et d'en tirer les conséquences, qui seraient remarquables. En effet, si l'individu conscient est déterminé par son milieu, il suit de là que le concept d'individu conscient, ou, plus exactement de conscience, doit être rapproché de celui de société, ou bien que celui-ci doit se fondre dans celui-là. Mais alors, la science de la psychologie ne doit-elle pas elle-même se fondre dans la sociologie ?

On n'a pas encore recherché si, en effet, ces deux concepts, et par suite ces deux sciences se ressemblent, se rapprochent ou s'identifient à ce point. Et, cependant, c'est bien là un excellent moyen de contrôle pour éprouver la vraisemblance, la vérité même de la théorie du milieu social.

En dépit des difficultés de la question, dans l'état actuel de nos réflexions, pour essayer de mettre là un peu de clarté, nous examinerons si ce qu'on nous propose comme lois psychologiques ressemble et s'identifie à ce qu'on nous propose également comme lois sociologiques, et ainsi nous verrons bien si en effet l'individu dérive de la société, dans quel cas il devrait la réfléchir et par suite la reproduire, tout au moins, dans ses traits essentiels. Nous comparerons les différentes fonctions psychiques, avec les fonctions sociales, qui paraissent leur être correspondantes; c'est peut-être là la meilleure façon de sortir des vagues spéculations générales et qui restent infructueuses dans ce domaine.

Considérons d'abord, en gros, l'état de la question, les arguments et les objections théoriques qu'on a trouvés pour et contre notre théorie.

CHAPITRE PREMIER

Raisons générales

Une des plus grosses conséquences de l'idée que l'individu réfléchi serait le produit du milieu social, n'est-ce pas l'idée que la psychologie elle-même, science de l'individu, doit être envisagée comme subordonnée à la sociologie? Auguste Comte, le fondateur de la sociologie, ne reconnaissait pas la psychologie parmi les sciences fondamentales. Il en avait attribué l'objet en grande partie à la physiologie.

Cette partie de la psychologie, qui s'occupe spécialement des fonctions psychiques inférieures, correspond aujourd'hui à la psycho-physiologie des Fechner et des Wundt. Or, la psycho-physiologie s'occupe non seulement des premières formes de la vie psychique, des reflexes, de la sensitivité et de la sensibilité, mais aussi des conditions physiologiques de toutes les fonctions psychiques, même supérieures. S'il est intéressant et nécessaire de connaître les conditions physiologiques de la vie mentale, encore doit-on ne pas oublier qu'elles n'épuisent pas toute la causalité des phénomènes psychiques. Auguste Comte s'en est bien aperçu, et il créa la sociologie pour étudier les sociétés, à côté et en même temps que l'esprit humain et son progrès dans l'histoire.

Par là, il identifia l'étude psychologique des fonctions mentales supérieures avec la sociologie : « L'esprit humain, dit-il, ne peut à son tour se développer que par la société elle-même dont l'essor est réellement inséparable de celui de l'intelligence » (1). Cela parce que « sous quelque aspect que l'on étudie... les divers âges de la société, on trouvera constamment que le résultat de l'évolution consiste... surtout à développer, par l'exercice, les facultés les plus éminentes, soit en diminuant l'empire des appétits physiques, soit en excitant les fonctions intellectuelles, même les plus élevées... En ce sens, le développement individuel reproduit les principales phases du développement social » (2).

La théorie de Comte sur la « marche simultanée de l'esprit et de la société » dérive de la conception qui lui est chère, et d'après laquelle « le point de vue humain de toute nécessité doit être social ». « Sous l'aspect statique, aussi bien que sous l'aspect dynamique, l'homme proprement dit n'est qu'une abstraction » (3). Il n'y a de réel que l'humanité, surtout dans l'ordre intellectuel et moral. En un mot, l'individu humain, moral et intellectuel, est

(1) *Cours de philosophie positive*, Paris, 1864, t. IV, p. 481.
(2) *Ibid.*, p. 446.
(3) *Ibid.*, t. VI, p. 590.

le produit de la société. Il s'ensuit que le psychique réfléchi, qui dépasse la simple sensation, doit, aussi bien que le moral, être l'objet d'une science sociale et historique, proprement dite. Si l'intellect est, au même titre que le moral, un produit de la société, la partie de la psychologie, qui s'occupe des fonctions intellectuelles, doit logiquement être une science purement sociale et ainsi Comte a supprimé la psychologie de sa hiérarchie des sciences.

Si, depuis lui, la sociologie ne s'en est pas tenue là, c'est que Stuart Mill, se replaçant à l'ancienpoint de vue pré-sociologique, ou anti-sociologique, a déplacé de nouveau le principe de l'explication sociale et psychique, et l'a reporté encore de la société à l'individu. Il a fait ainsi de la psychologie la base même des sciences sociales, et lui a donné ou rendu, par là, l'importance que Comte lui avait déniée. Herbert Spencer, autant que Stuart Mill, a contribué à séparer la psychologie individuelle de la sociologie ; lui aussi a également mis le principe de l'explication des phénomènes mentaux dans la nature de l'individu comme individu, et surtout dans la nature purement physiologique. Ni Spencer, ni Mill n'ont tenu compte de la profonde intuition révélatrice d'Auguste Comte : que l'individu est une abstraction, si on le conçoit en dehors de la société, et qu'il est le produit proprement dit de la société.

Les raisons ne manquent pas pour revenir à Comte, reprendre sa thèse, et l'éprouver en la rapportant aux progrès des sciences sociales et de la psychologie depuis lui. En fait, notre thèse est en substance, ici, la même que celle de Comte. La sociologie la plus récente aussi bien est orientée comme la sienne. Pourtant, personne encore n'a osé faire de la psychologie une science sociale, personne n'a osé encore la supprimer, comme Comte. Aussi, les diverses conceptions de la sociologie semblent s'être condamnées à n'être qu'un tissu de contradictions : la sociologie de MM. Tarde et Espinas, aussi bien que la manière dont Wundt conçoit les rapports entre la psychologie et les sciences sociales. En relevant leurs contradictions et leur inconsistance, nous mettrons en lumière la nécessité logique, inéluctable, où elles se trouvent d'aboutir à la thèse comtiste.

M. Tarde, tout d'abord, paraît avoir pris au pied de la lettre les critiques que Stuart Mill a adressées au comtisme. Pour lui aussi, le phénomène social dérive du phénomène psychique, comme celui-ci dérive du phénomène biologique, mais aussi il diffère essentiellement du phénomène psychique. Cependant, « le phénomène social est tout psychologique en ce qu'il a d'*essentiel* » (1). Le problème du *moi* et de l'esprit social est peut-être le plus propre à relever les contradictions où tombe M. Tarde en adoptant le point de vue de Stuart Mill. Il admettra bien, en effet, que l'esprit social est une réalité, « qu'il existe un moi national ». Mais ce moi-là n'est pas différent du « moi des nationaux » (2). Cette contradiction ressort tout le long du livre si remarquable de M. Tarde sur la logique sociale. L'auteur y affirme, tantôt que « la logique et la téléologie individuelles sont distinctes de la logique et de la téléologie sociales », tantôt qu'elles se complètent l'une l'autre, « car le point de vue individuel se complète par le point de vue social » (3). Mais, après avoir fait la preuve de leur distinction essentielle, M. Tarde n'a d'autre ambition que de démontrer leur identité. « La logique sociale et la logique individuelle tendent à se réunir, jusqu'au jour lointain où la première ne sera plus qu'un prolongement extra-individuel de la seconde, et la seconde qu'une réduction de la première ». Il dit même que « la tendance est de faire en sorte que les deux logiques se réduisent à une seule et qu'il n'y

(1) *Etudes de psychologie sociale*, Paris, 1898, p. 11.
(2) *La Réalité sociale*, Rev. philos., 1901, p. 476.
(3) *Logique sociale*, Paris, Alcan, 1898, p. 75.

ait plus analogie seulement, mais identité entre les catégories de l'une et de l'autre confondues » (1). C'est que pour M. Tarde, l'antithèse des deux logiques paraît bien être provisoire, effet d'une crise propre au développement social.

Mais la contradiction devient aiguë et frappante dans le système de M. Tarde, en ce qui concerne la différence établie entre le psychique et le social. En effet, qu'est-ce qu'un fait social, selon M. Tarde? un fait psychique individuel, projeté à l'extérieur, et de la sorte objectivé, puisqu'il est reproduit dans une généralité quelconque (2). Mais, à son tour, le fait psychique, qu'est-il? un fait social devenu intérieur, assimilé, car « si les choses sociales commencent par être extérieures, à chaque nouveau venu, elles entrent réellement en lui, à mesure qu'il s'y incorpore et finissent par être ce qu'il y a de plus intime et de plus propre » (3).

En d'autres termes, la différence entre le social et le psychique est de telle nature que le social est du psychique extériorisé, et le psychique, du social intériorisé.

De quel droit dire alors, avec Stuart Mill, que le psychique est la base du social? Bien plus, M. Tarde fera un pas encore plus décisif vers la théorie de Comte, lorsqu'il dira que « la sociologie est le microscope solaire de la psychologie », et que « les catégories individuelles apparaissent de plus en plus comme étant elles-mêmes sociales au premier degré » (4). N'est-ce pas là admettre, en d'autres termes, la thèse chère à Comte que l'histoire et la société sont l'appareil qui agrandit les phénomènes de l'esprit humain pour en rendre plus accessible l'étude détaillée, et que le développement individuel reproduit le développement social? La sociologie de M. Tarde, en tant qu'elle s'oriente dans

(1) *Logique sociale*, p. 79.
(2) *Etudes de psychol. sociale*, p. 47.
(3) *Ibid.*, p. 73.
(4) *La Réalité sociale*, Rev. Philos., 1901, p. 477.

le sens de Stuart Mill, tombe dans des contradictions insurmontables, dont elle ne peut sortir qu'en identifiant avec Comte le psychique avec le social. Aussi, la sociologie de M. Tarde ne fera-t-elle qu'évoluer nécessairement vers cette inter-psychologie, où les points de vue individuel et social se pénètrent de la façon la plus heureuse. C'est peut-être sur le terrain de cette psychologie inter-individuelle que l'identité des deux sciences, encore listinctes, sera accomplie.

Tel est encore le cas de M. Espinas, bien que sa conception de la sociologie soit différente de celle de M. Tarde. M. Espinas n'est pas du tout partisan de la sociologie psychologique. Tout au plus accordera-t-il à celle-ci que « la psychologie prépare l'avènement de la sociologie » (1). Mais, si la psychologie précède et rend possible la sociologie, nous pourrions croire que les formes les plus élevées de la vie psychique fussent les éléments, et le point de départ de la sociologie. La conscience individuelle et la personnalité consciente seraient les facteurs initiaux de la conscience sociale.

Cependant, c'est précisément le contraire que nous affirme M. Espinas. A son avis, l'apparition des fonctions psychiques supérieures n'est plus concevable en dehors de la société. Il en est ainsi de tous les phénomènes psychiques, qui dépassent la perception. Bien plus, la conscience individuelle non seulement n'est pas la source de la conscience sociale, mais c'est plutôt la « conscience individuelle qui doit beaucoup à la conscience sociale ». Et il en est forcément ainsi puisque « c'est par le devenir de la conscience collective, au sein de laquelle *toutes nos facultés proprement humaines sont écloses*, que s'expliquera le développement de l'esprit individuel » (2).

(1) *Etre ou ne pas être, ou du postulat de la sociologie*, Rev. phil., 1901 (I), p. 452.
(2) *Id.*, p. 453.

N'est-ce pas dire là absolument le contraire de ce que M. Espinas nous disait d'abord ? Ainsi, ce n'est pas la psychologie qui précède et rend possible la sociologie ; mais c'est bien cette dernière qui précède et prépare celle-là. L'auteur soutient donc deux thèses qui se détruisent l'une l'autre, et il n'est dans le vrai ni quand il affirme la priorité de la psychologie, ni quand il démontre la priorité de la sociologie. Lui-même ne dit-il pas que « à partir de l'invention du langage, la part qui vient de l'action sociale dans la formation de la personnalité est tellement considérable qu'il devient difficile de délimiter les domaines respectifs de la psychologie et de la sociologie » (1). Impossible, plutôt que difficile, et le contraire nous eût surpris, le psychique et le social sont deux aspects du même fait ; rien de plus naturel que la sociologie se confonde avec la psychologie.

Comme Auguste Comte, M. Espinas est parmi les sociologues contemporains qui se sont rendu compte nettement « que dans la société humaine c'est l'ensemble des relations domestiques, juridiques, économiques qui fait que chaque homme est ce qu'il est. C'est sa situation et son rôle dans cet ensemble qui le définit » (2). Il s'en suit alors qu'il faut concevoir la psychologie ou bien comme un simple aspect des sciences sociales, à la façon de Comte, ou bien la concevoir comme une science supérieure à laquelle la sociologie aboutit, et non pas celle où elle prend son point de départ. L'individu conscient est le point d'arrivée de la société.

En Allemagne, M. Wundt est de ceux qui ont le plus accepté du point de vue de Comte. La personnalité individuelle ne saurait jamais être détachée de ses rapports avec le milieu spirituel, puisqu'elle est déterminée par celui-ci dans ses actions, tout comme elle l'influence. C'est déjà là adopter un point de vue

(1) *Etre ou ne pas être, ou du postulat de la sociologie*, p. 467.
(2) *Ibid.*,

comtiste. Mais Wundt complète et précise les données de Comte : il pose comme un double principe pour les phénomènes de l'esprit : 1° leur interprétation subjective ; 2° leur « dépendance du milieu social » (1). En démontrant que l'interprétation subjective doit être intégrée par l'interprétation sociologique, il a démontré par cela même que la psychologie, pour être une science, doit de toute nécessité se compléter par la sociologie. D'autant plus que ces deux interprétations portent sur les mêmes faits considérés seulement de deux points de vue différents (2).

Cependant, Wundt n'en continue pas moins à sous-entendre une psychologie générale indépendante et même « suprà-ordonnée » à la sociologie, ou bien à la « psychologie sociale » comme il dit souvent. Mais, sur ce point, son attitude est loin d'être précise et stable. Ainsi, il dira « qu'il n'est pas permis de considérer la psychologie individuelle comme une science générale à laquelle la psychologie sociale se rapporterait comme une science appliquée, comme c'est le cas des autres sciences sociales. Au contraire, on ne doit pas perdre de vue que la psychologie sociale est en même temps la source de la connaissance des régularités des lois psychiques, de sorte que c'est la psychologie individuelle, de son côté, qui pourrait être envisagée comme « une application de la psychologie sociale » (3). Et il n'en pourrait pas être autrement, parce que « aussi loin que la psychologie sociale pourrait découvrir des lois, celles-ci ne seront que de simples applications des lois générales déjà connues par la psychologie individuelle » (4).

Cette confusion revient fatalement dans la pensée du grand logicien, comme elle revient dans celle de MM. Tarde et Espinas. Elle indique, tout simplement, que la séparation de la psychologie individuelle et sociale est factice et n'est pas même justifiée

(1) *Die Logik*, II° édition, t. II, pp. 27-28.
(2) *Ibid.*
(3) *Ibid.*, p. 233.
(4) *Ibid.*

par le procédé de l'abstraction scientifique. De fait, comme on vient de le dire, tour à tour la sociologie individuelle est aussi bien une application de la psychologie sociale que celle-ci est une application de celle-là.

Il en est ainsi du moment que « l'individu et la société sont des termes corrélatifs qui se supposent réciproquement ». En ce cas « la psychologie sociale, d'après son contenu, ne doit pas signifier quelque chose de différent de la psychologie individuelle, mais seulement une certaine manière abstraite d'observation qui complète cette dernière » (1). Par conséquent « la psychologie proprement dite se complète seulement par la réunion de la psychologie sociale avec la psychologie individuelle, parce que la première ne fait que rechercher les phénomènes, l'apparition et le développement des propriétés psychiques, dont les conditions sont liées à la vie psychique » (2). Maintenant s'il était vrai que tous les phénomènes psychiques généraux, susceptibles d'être érigés en lois, sont sortis de la voie en commun — ce qui nous paraît bien évidemment être le cas — que reste-t-il de la différence qu'on postule entre une psychologie sociale et une psychologie individuelle?

Chez tous ces penseurs, la tentative, faite pour établir un rapport *défini* entre la psychologie et la sociologie, aboutit à une *confusion* ou à un renversement des termes : le psychologique devient social, et le social psychologique. Les deux termes peuvent se remplacer l'un l'autre ; n'est-ce pas là la preuve qu'ils sont liés par un rapport d'équivalence, et Comte a eu bien raison de faire disparaître la psychologie dans la sociologie. Sous peine de se contredire et de se détruire elles-mêmes, les diverses conceptions de la sociologie doivent reprendre la thèse défendue, dès le commencement même, par le fondateur de cette science.

(1) *Die Logik.*, p. 132.
(2) *Ibid.*

C'est ce qu'a bien compris M. de Roberty, qui se dit à bon droit « positiviste corrigé ». Sa sociologie, outre qu'elle contient tout ce qu'il y a de remarquable dans les diverses conceptions examinées, nous paraît d'une solidité logique plus exempte de contradictions et plus rassurante. « La psychologie, nous dit-il, pourrait être regardée comme une dépendance, un prolongement, de la sociologie, et comme une étude qui ne saurait devenir une science bien constituée » (1) que lorsque la sociologie aura atteint son plein développement. Dans ce sens précis, il nous dit encore que « le phénomène social se confond avec le phénomène mental », et que « la psychologie est une science hybride, concrète et abstraite à la fois ».

M. de Roberty prend une attitude encore plus précise, et éclaire beaucoup la thèse de Comte, quand il parle d'une « sociologie descriptive qui doit confondre ses limites avec celles qu'on assigne d'habitude à la psychologie ». « La sociologie proprement dite est une science abstraite par rapport à laquelle la psychologie, à laquelle celle-là fournit la base, n'est qu'une science concrète déduite » (2). Le caractère essentiellement descriptif qui lui appartient, dès aujourd'hui, la psychologie est destinée à le conserver toujours, en tant que science complémentaire et concrète. Les idées et l'évolution des idées forment tout le contenu et la seule matière de la sociologie. Nous trouvons donc confirmées par M. de Roberty les conclusions précédentes, où il nous paraissait que, forcément, la psychologie, ayant le psycho-individuel irréductible pour objet, ne peut être qu'une science de description, de biographie.

Quoiqu'il en soit, il reste vrai pour tous les sociologues que l'homme réfléchi, raisonnable, est au terme et non pas au commencement de la vie sociale. Pour eux, le psychique réfléchi,

(1) *Sociologie*, Paris, Alcan, 1893, p. 188.
(2) *Const. de l'Ethique*, Paris, Alcan, 1900, p. 62. — *Le Bien et le Mal*, 2e édit., 1896, p. 26. — *Nouveau programme de sociologie*. Alcan. 1904, pp. 41-42.

dans ses formes supérieures, est le produit réel de la vie sociale; mais ils n'en continuent pas moins de renverser les termes de la réalité et de supposer que c'est le social et la société qui constituent le produit de la vie psychique. Aussi mettent-ils la psychologie avant la sociologie. S'ils voulaient se concilier avec les faits et la logique, ils seraient amenés à faire l'inverse. Mais puisque cela leur paraît, à juste titre, impossible, aussi impossible que le paraît à la logique le fait de ranger la psychologie avant la sociologie, pourquoi ne pas les identifier? Le psychique est une conséquence de la vie sociale; n'est-il pas, par cela même, un phénomène social, et ne s'aperçoit-on pas qu'il est à la fois cause et effet de la vie sociale? « La plus grande partie de la mentalité individuelle est, dit M. Worms, un produit de l'existence collective. Même les facultés réputées les plus personnelles, sens et intelligence, émotion et volonté, ne se créent que par la vie sociale. Toute psychologie est donc à la fois individuelle par un côté et collective par un autre, et il n'y a pas à distinguer entre les deux psychologies (1) ». Cependant, M. Worms admet encore une psychologie proprement dite, indépendante de la sociologie. — Accorder ces thèses sociologiques avec elles-mêmes et avec les faits, c'est prouver, indirectement, la vraisemblance de la nôtre.

Sans sortir encore des généralités et de la dialectique qu'elles comportent inévitablement, avant de voir, de plus près, quelles sont les relations des fonctions mentales avec la vie sociale, considérons quels peuvent être les rapports de la conscience réfléchie avec l'organisme humain.

Sans doute, ce n'est pas dans notre siècle de psycho-physiologie qu'on serait porté à négliger ce fait évident : que la conscience est la manifestation adéquate de l'organisation de notre corps.

(1) *Psychologie collective et individuelle*. Rev. Intern. de Soc., 1899, pp. 522-[illegible].

Au contraire, on pourrait plutôt exagérer la part qu'on attribue au physiologique. En effet, en science psycho-physiologique, on a toujours pensé que la conscience est la fonction et le produit naturel et exclusif de la matière organique vivante. Les phénomènes physiologiques, d'après cette science, épuiseraient, à eux seuls, toute la causalité de la vie psychique. On pense, et avec raison, que tout phénomène psychologique a sa condition d'existence dans des phénomènes physiologiques déterminés. Bien plus, on croit que toute l'activité psychique se ramène à l'action réflexe. On veut, en un mot, que le psychologique s'évanouisse dans le physiologique. Cependant nous devons observer, avec M. Boutroux, « qu'on a introduit artificiellement la conscience dans le fait organique d'où il s'agit de la déduire » (1). Par suite, au lieu de l'expliquer, les conditions physiologiques supposent tout simplement la conscience à chaque pas. En réalité, ce qu'on prend pour elle, ce sont ses conditions physiologiques qui peuvent bien faire un tout complexe, réductible à des éléments, mais ce n'est pas là la conscience.

La tentative faite pour expliquer les phénomènes psychiques au moyen de leurs conditions physiologiques, est vaine pour beaucoup de raisons. D'abord, reconnaissons avec M. Boutroux que « la conscience n'est pas un développement, un perfectionnement, même des fonctions physiologiques... C'est un élément nouveau, une création. L'homme qui est doué de conscience est plus qu'un être vivant... et plus qu'un organisme individuel : la forme dans laquelle la conscience est superposée à la vie est une synthèse absolue, une addition d'éléments radicalement hétérogènes » (2). Loin que ces conditions physiologiques puissent en dévoiler tout le secret, il resterait à voir « si ces conditions n'ont pas été présentées par la conscience elle-même » (3). La

(1) *De la Contingence des lois de la nature*, Paris, Alcan, 1908, p. 101.
(2) *Ibid.*, p. 103.
(3) *Ibid.*, p. 101.

différence entre les êtres qui possèdent un système nerveux complexe et ceux qui n'en ont pas, est une différence de degré, tandis que la conscience, dont l'apparition coïncide avec le système nerveux, est une faculté supérieure à toutes les fonctions vitales, « Dès lors, n'est-il pas permis, se demande M. Boutroux, de penser que si la conscience apparaît toujours, lorsque certaines conditions physiologiques sont posées, c'est qu'elle-même pose ces conditions, sans lesquelles elle ne pourrait se manifester. Si l'aurore annonce le soleil, c'est qu'elle en émane » (1).

M. Sigwart, le logicien allemand très connu, établit les mêmes rapports entre le psychique et le physiologique. Il démontre que les phénomènes physiologiques, loin de suffire à expliquer leurs concomitants psychologiques, sont le plus souvent expliqués par ces derniers (2). Dans une publication antérieure (3) nous avions fait voir qu'il y a des règles et des lois sociales, des situations sociales qui nous déterminent de l'extérieur, par la connaissance que nous en prenons. De sorte que nos actes et notre attitude, pour être des phénomènes physiologiques, déterminés par des processus physiologiques et physico-chimiques, n'en sont pas moins provoqués et déterminés aussi par ces actes de conscience. Nous avons établi que ce sont bien eux qui provoquent et déterminent les processus physiologiques nécessaires, et non pas les processus physiologiques qui provoquent et déterminent ces actes de conscience. Nous avons montré que la conscience emprunte cette force déterminante à la force des circonstances sociales qu'elle représente.

Voilà une manière d'expliquer physiologiquement la conscience qui n'aboutit pas. Y en aurait-il une autre? Il reste encore vrai, pense-t-on, que la conscience se retrouve dans chaque

(1) *De la Contingence des lois de la nature*, p. 186.
(2) *Die Logik*, II passim.
(3) Le Problème du Déterminisme social. Paris. Éd. de *la Grande France*, 1903.

élément physiologique, dans la cellule par exemple, à l'état rudimentaire. Avec M. Boutroux, nous répliquons que tout ce qu'on peut accorder aux êtres inférieurs c'est la sensation, la pensée et la tendance pure et simple, « considérées comme susceptibles d'exister sans être perçues par un moi » (1). Or, ainsi, réduite à sa valeur réelle, la conscience, qu'on attribue aux êtres supérieurs, présente avec la conscience humaine plus qu'une différence de degré : ce n'est plus un moi concentrant en lui et comparant une multiplicité et une diversité ; c'est un agrégat de sensations conscientes, sans lien entre elles. Ces consciences élémentaires ne contiennent même pas « le germe de l'unité qui caractérise la conscience personnelle » : et, alors, comment peut-on concevoir que celle-ci puisse résulter de celle-là ? En définitive, « la conscience qu'on attribue aux cellules n'a qu'une ressemblance de nom avec la conscience personnelle ». Dès lors, ne vaut-il pas mieux « écarter un mot qui peut entraîner une confusion, et dire qu'il s'agit simplement de sensations, de pensées, et de tendances inconscientes » (2) ?

« Il reste donc bien établi, conclut M. Boutroux, avec une grande pénétration, que la conscience personnelle n'est pas inhérente à tous les êtres vivants, mais n'existe que là où nous voyons une organisation physiologique spéciale » (3). Mais si on ne peut admettre que les propriétés vitales, condition de la conscience, ne sont pas explicables entièrement par les lois générales de la vie, il est vraisemblable que la conscience elle-même, ou un autre principe supérieur, intervient dans la réalisation de ces propriétés.

Pour M. Boutroux, « la création de l'homme, être conscient, ne s'explique donc pas par le seul jeu des lois physiques et physiologiques, sans intervention d'un principe supérieur ». Et alors,

(1) *Op. cit.*, p. 108.
(2) *Ibidem*, p. 108, 110.
(3) *Ibidem*, p. 111.

toute la question se réduit à savoir d'où vient ce principe supérieur, qui doit s'ajouter à la vie pour provoquer l'apparition de la conscience ? Et, si elle ne s'explique pas par le seul jeu des lois physiques et physiologiques, quelles sont les lois spéciales, les autres lois qui président à sa création ? Si le corps humain, avec sa constitution, ne suffit pas pour rendre la conscience intelligible, attendu que lui-même la postule souvent, qu'y a-t-il au delà du corps humain, qui puisse fournir une explication du phénomène de conscience ?

La réponse à ces questions est-elle si difficile ? Au-dessus de l'individu, au-dessus de son organisation physiologique, la société, l'organisation sociale se présentent par rapport à la vie comme un monde indépendant, *sui generis*. Elle prend l'importance d'un règne nouveau, comparable au règne de la vie.

D'autre part, les sociologues nous apprennent que chez les hommes, par le simple fait qu'ils vivent en société, dans ce règne *sui generis* « une vie nouvelle, *sui generis* elle aussi, se surajoute à celle du corps. Plus libre, plus complexe, *plus indépendante des organes* qui la supportent..... on reconnaît à cette description, dit M. Durkheim, les traits essentiels de la vie psychique » (1). Qu'est-ce à dire, sinon que c'est en effet la vie sociale qui serait la source d'où jaillit la conscience ? Par suite, si les conditions physiologiques n'expliquent pas les phénomènes de la conscience, ne serait-ce pas que les conditions sociales pourront les expliquer ? La socialité serait ainsi ce *principe supérieur* que M. Boutroux exige pour l'explication de la conscience ; et, par suite, ce seraient les lois de la vie sociale qui présideraient à la création de la personnalité, du moi.

Cette hypothèse est appuyée par M. Durkheim. « La grande différence, dit-il, qui sépare l'homme de l'animal, à savoir, le plus grand développement de la vie psychique, se ramène à celle-ci :

(1) E. DURKHEIM, *De la division du travail social*, pp. 386-387.

sa plus grande socialité » (1). Par suite, si on peut attribuer aux animaux un moi et de la conscience, celle-ci serait chez eux un produit de leur propre vie sociale rudimentaire ; leur conscience varie avec leur socialité. La forme rudimentaire de leur société se réfléchit, comme dans un miroir, dans la forme rudimentaire de leur conscience. Ainsi, la société donnerait toute l'explication causale de la conscience. En outre, si la conscience se manifeste au moyen de phénomènes physiologiques, ces phénomènes organiques, qui s'accompagnent de conscience, sont transformés et comme spiritualisés par la vie sociale. Car, « dans les sociétés supérieures, — M. Durkheim l'affirme — c'est l'organisme qui se spiritualise ». « Le progrès (social), dit-il encore, aurait donc pour effet de détacher... la vie de la matière, de la spiritualiser par conséquent..., en la rendant plus complexe » (2). Donc, « quelque progrès que fasse la psycho-physiologie, elle ne pourra jamais représenter qu'une fraction de la psychologie, un aspect, puisque la majeure partie des phénomènes psychiques ne dérive pas des causes organiques » (3).

M. Durkheim confirme encore la thèse de M. Boutroux, en disant que : « le grand service que les philosophes spiritualistes ont rendu à la science a été de combattre toutes les doctrines qui réduisent la vie psychique à n'être qu'une efflorescence de la vie physique ». Il ajoute aussitôt que « tous ces faits dont on ne peut trouver l'explication dans la constitution des tissus dérivent des propriétés du milieu social » (4).

Ne s'ensuit-il pas que la vie psychique ne peut dériver en général que des propriétés du milieu social ? Ce sont précisément les conclusions de MM. Gumplowitz et B. Kidd (5).

(1) *De la division du travail social*. p. 387.
(2) *Ibidem*, p. 375.
(3) *Ibidem*, p. 389.
(4) *Ibidem*.
(5) Voir Gumplowicz, *Précis de sociologie*, pp. 275-290. — B. Kidd, *L'évolution sociale*, trad. française, Paris, 1896, pp. 236-261.

Mais de quelle manière la conscience peut-elle dépendre de ces propriétés du milieu social ? Sans doute comme la vie dépend de l'organisme et des substances physico-chimiques qui le composent ? *A priori* on peut dire que la conscience est indépendante de ses conditions physiologiques, puisqu'elle ne s'y réduit pas, de la même manière que la *vie manifestée dans la cellule* est indépendante des substances chimiques C, Ph, Az, O, H., qui composent la cellule, puisqu'aussi bien elle ne s'y réduit pas. Pas plus que la vie ne dépend directement d'aucun de ces corps chimiques, la conscience ne dépend directement d'aucune des conditions physiques. Elle est originale, nouvelle, irréductible à la vie, de même que la vie est originale, irréductible à la matière brute. Mais, à l'exemple de la vie qui est le produit d'une synthèse de corps auxquels elle ne se réduit pas, la conscience est le produit d'une synthèse de corps d'hommes ; et, comme telle, ne se réduit pas aux corps composants de cette synthèse qui forme justement la société. Et, encore, de même que les propriétés de la vie — à ce qu'on assure — dépendent de la morphologie de la cellule-synthèse, de même les propriétés de la conscience doivent dépendre de la morphologie de la société-synthèse. C'est la façon d'être sociale qui détermine la conscience, car « à une structure économique de la société correspond une forme déterminée de la conscience », selon Marx.

La thèse comporte des difficultés que ne manqueront pas de faire ceux-là mêmes qui nous l'ont suggérée. On admettrait plutôt que le *quid proprium* de la conscience se réduise exclusivement à ses conditions physiologiques, qu'à ses conditions sociales, car on a toujours dit le contraire de ce que nous proposons. Romanes, Darwin, dira-t-on, s'en sont tenus aux faits ; et pourtant ont-ils jamais vu dans la conscience autre chose qu'un phénomène physiologique ? Mais, aussi, les faits ne disent-ils pas souvent ce qu'on leur fait dire, et ce qu'on leur fait dire tient à certaine manière de voir courante, qui, pour être répandue dans le monde des savants, pourrait n'en être pas moins mal fondée et d'origine arbitraire.

Pour M. Durkheim « il serait exagéré de dire que la vie psychique ne commence qu'avec la société » (1). L'origine de la conscience est toujours, selon lui, l'organisme humain, quoique les spiritualistes aient eu raison de combattre cette hypothèse. Si on ne la repousse pas, c'est peut-être qu'il serait difficile, sans elle, de se représenter les rapports sociaux antérieurs et en dehors de la vie psychologique. Les liens qui unissent entre eux les individus ne peuvent être que du psychique, à base physiologique. Par suite, on croit, de toute nécessité, que la société suppose le psychique, loin de l'expliquer.

Cette objection-là n'est pas invincible. L'enfant, dès sa naissance, est déjà en société au moins physiologique avec le monde avec ses générateurs d'abord, et même avec l'humanité. Selon M. Espinas, les liens sociaux psychiques sont le produit d'une évolution ultérieure ; ils sont, tout d'abord, des liens physiologiques.

Des circonstances fortuites, d'un autre ordre que l'ordre physiologique, pourraient établir un rapprochement entre les hommes, et par suite, un rapport entre eux, extérieur comme le rapport physiologique, aucunement psychique, mais qui le deviendrait lui aussi par la suite. Le rapport physiologique ou mécanique, extérieur, aboutit toujours à un rapport psychique, parce qu'il n'en est que l'intériorisation. M. Tarde, qui a fait du psychique le phénomène générateur des sociétés, n'en a pas moins reconnu qu' « il y a déjà lien social là où il n'y a rien de psychologique » (2). C'est pour M. Durkheim qu'il sera difficile d'admettre que le lien social puisse être autre chose que du psychique. Est-ce parce qu'il conçoit le phénomène social comme n'ayant rien de commun avec le phénomène psychique ?

(1) *De la division du travail social*, p. 387.
(2) *Art. cité* pp. 461-462.

La vie est étrangère aux corps chimiques ; on admet pourtant qu'elle se dégage de leur contact. Est-il plus difficile de reconnaître que le psychique, qui n'est pas inhérent aux individus, se dégage de leur société ?

De même que, seule la synthèse de la cellule communique la vie aux corps chimiques qui la composent, de même seule la société-synthèse des hommes produit la conscience et la communique aux hommes. On comprend bien le phénomène de la vie, émergeant d'une synthèse chimique. Pourquoi ne comprendrait-on pas également la conscience émergeant de la société-synthèse? Le mystère n'est insurmontable, semble-t-il, que pour le sociologue; pour le physiologue,ceci déjà n'est plus un mystère.

Une autre difficulté de notre thèse tient à la confusion qu'on fait entre les conditions essentielles d'un phénomène et ses conditions secondaires. Les conditions essentielles d'un phénomène sont celles dont l'absence entraîne l'absence du phénomène lui-même. Les conditions secondaires seulement étant données, le phénomène lui-même peut très bien faire défaut. La vie sociale, par exemple, est une condition essentielle de la conscience, et la vie biologique en est une condition secondaire. La vie biologique, dans l'écrasante majorité de ses cas, ne s'accompagne pas de conscience. Au contraire, chaque fois que la société est donnée, la conscience ne manque pas d'apparaître. La conscience est un accident par rapport à la vie, comme la société elle-même ; au contraire, elle est, par rapport à la société, un effet nécessaire.

La société est encore une condition essentielle de la conscience, parce que, du simple fait de son existence, elle suppose la vie biologique elle-même, sans que celle-ci suppose à son tour la société. Il est évident que la société est la condition, non seulement essentielle mais unique, en un sens, de la conscience, puisqu'elle contient déjà en soi la condition secondaire qu'est la vie biologique.

Si on ne fait pas ces distinctions subtiles, mais très nécessaires, on attribue souvent aux conditions secondaires ce qui n'est propre qu'aux conditions essentielles. On a trouvé comme condition de la conscience la vie biologique ; et on n'a plus cherché si on ne lui en découvrirait pas bien d'autres encore, inaperçues et qui, pourtant, pourraient être plus importantes, voire essentielles. On s'en est tenu à la thèse de la conscience, produit des conditions physiologiques.

M. Boutroux nous dit, à ce sujet, que « chacun des mondes semble dépendre étroitement des mondes inférieurs, comme d'une fatalité externe, et tenir d'eux son existence, ses lois... Cependant si l'on soumet à un examen comparatif les concepts des principales formes de l'être, on voit qu'il est impossible de rattacher les formes supérieures aux formes inférieures par un lien de nécessité... Le lien des uns par rapport aux autres apparaît comme radicalement synthétique » (1). Preuve bien évidente que le monde de la conscience ne peut jamais être réduit au monde de la vie. M. Boutroux le dit très expressément : « Au-dessus de la vie elle-même et sur les fondements qu'elle lui procure, s'élève la conscience... Encore subordonnée à des conditions, et dépendant à ce titre des mondes inférieurs, la conscience a, néanmoins, une large part d'existence propre » (2).

Mais ce monde supérieur à la conscience ne serait-il pas celui de la société ? A la vie biologique, M. Durkheim rattache la société ; M. Boutroux, la conscience. Le philosophe et le sociologue vont jusqu'à se servir souvent des mêmes termes.

La philosophie spiritualiste, confirmée par la sociologie, ne reste pas étrangère aux thèses de la sociologie. Au moins chez M. Boutroux, c'est même là qu'en dernier ressort elle paraît

(1) *Op. cit.*, pp. 132-133.
(2) *Ibidem*, p. 142.

fonder ses explications. « La fin pour laquelle l'homme est né et la fin de notre nature humaine n'est pas une idée pure et simple, dont l'homme n'ait sous les yeux aucune expression visible. Elle trouve un commencement de réalisation dans les sociétés organisées, où les lois, les mœurs, la conscience publique mettent la vertu en honneur et flétrissent l'abaissement moral » (1). « Spontanément subordonnée à la société, la liberté humaine s'exerce sur l'âme et sur la nature. » Le secret de la puissance que la société procure à l'homme, tient à ce que « la société est une hiérarchie morale et possède, à ce titre, une unité supérieure. »

Elle donne de la puissance à l'homme parce qu'elle coordonne ses actes. Voilà le fait. Nous en avons aussi une contre-épreuve : que l'homme s'isole, c'est-à-dire dans l'hypothèse qu'il donne à sa vie un but moins élevé ; sa liberté intérieure diminue d'autant : n'est-ce pas un fait encore et qui confirme le premier ? Le solitaire qui se retire au désert de sa Thébaïde, pour approfondir sa conscience, ne la diminue-t-il pas plutôt ?

M. Boutroux irait jusqu'à admettre que la société est « ce principe supérieur qui tire la matière de l'état d'enveloppement et lui fait mettre au jour ce qu'elle cache ». N'est-ce pas reconnaître là implicitement, que c'est la forme sociale, les rapports sociaux qui développent la vie psychique et morale et la superposent à la vie organique ?

Certains sociologues sont plus hardis. M. Simmel identifie l'idée de société avec l'idée de Dieu, les rapports entre Dieu et l'homme avec les rapports entre la société et l'individu conscient. L'âme ou l'esprit de l'homme sont l'émanation de la substance divine, disent les théologiens en leur langue ; en langage sociologique, les rapports seraient de même nature entre l'individu et le milieu social. « L'individu se sent en effet lié à quelque chose

(3) *Op. cit.*, pp. 162-163.

d'universel et de plus haut, d'où il dérive et où il retourne, auquel il se sacrifie et dont il attend sa libération et son relèvement, dont il diffère et avec lequel cependant il est identique ». « Je ne doute pas, dit M. Simmel, que tous ces sentiments se rencontrent dans l'idée de Dieu comme dans un *focus imaginarius*, se laissent ramener au rapport qu'a l'individu avec son espèce » (1). Ou, plus exactement encore, « Dieu est la personnification de la communauté conçue comme la législatrice des individus » (2).

Mais, si la société, réalité effective qui se cache sous le symbole de Dieu, façonne l'individu à son image, en quoi consiste ce façonnement ? L'individu physiologique est, il est vrai, dans la société, comme un simple facteur composant dans une synthèse quelconque. Quelles sont les modifications qu'il subit, qui le façonnent à l'image de la société et le rendent propre à manifester des phénomènes de conscience ? Ce qui, dans l'individu transformé par la société, constitue la vie psychique, procède-t-il visiblement de la société, comme on imagine l'esprit sorti de la divinité ? Et de quelle manière se fait la procession ?

Sans doute, d'une façon générale, on peut concevoir que cette synthèse d'individus qu'est la société n'est pas sans provoquer une propriété originale, irréductible aux propriétés de ses composants ; toute synthèse est un acte de création originale.

Wundt érige ce fait en « principe heuristique » *Schöpferische Synthese*. Nous avons vu que la création originale de la synthèse-société ne pourrait être que la conscience. Un coup d'œil conjectural sur ce qui se passe dans l'acte de la synthèse, fournit des réponses à notre question.

Dans l'existence de tous les jours, la vie d'un homme se décompose et se pulvérise en une infinité d'actions de tous genres qui se répercutent, directement ou indirectement, dans ses con-

(1) *Einleitung in die Moralwissenschaft*. Berlin 1892. I. p. 445.
(2) *Ibidem*, p. 448.

temporains. Ce processus de décomposition, de pulvérisation et de répercussion se répète, identique pour tous les individus qui composent un milieu social quelconque. Ce milieu de vie collective devient, de la sorte, un immense réservoir où s'est déposée la vie pulvérisée de tous les membres de la société. Dans la cornue, de même se décomposent deux ou trois substances mélangées pour obtenir, par synthèse, un corps original.

L'homme, dont l'activité se dépense en une infinité d'actes atomiques déposés dans le réservoir commun de la vie collective, par un processus inverse, puise aussi, lui-même, selon les circonstances, à cette même vie collective universelle. Chacun apporte sa propre contribution et, en échange, reçoit de la substance de tout le monde. Il reçoit sa part, *multipliée plusieurs milliers de fois*. Au moyen du peu qu'il a donné de son individualité, il participe à l'individualité de tous. Aussi, dans la mesure même où il puise dans cette vie universelle du milieu social, il s'universalise ; ou bien, inversement, la vie universelle du groupe s'individualise en lui. Telle, chaque molécule d'un corps qui se décompose dans la cornue libère ses atomes, et en envoie, d'elle-même, à toutes les autres molécules dont, à son tour, elle en reçoit. De sorte que, de simple et homogène, elle devient complexe et composée et manifeste des propriétés nouvelles.

L'homme vivant en société, par cela seul qu'il participe à la vie collective universelle et s'assimile cette vie collective, se complique et s'universalise, en même temps que la vie universelle s'individualise en lui. Il en ressort plus complexe, transformé parce qu'il est universalisé ; la vie collective en le pénétrant et en l'universalisant le transfigure. Sur sa nature purement individuelle et physiologique s'est greffée ainsi une vie nouvelle de second ordre, d'origine sociale (1), d'essence universelle. C'est la

(1) DILTHEY considère, à juste titre, les manifestations de la vie sociale, comme une réalité de second degré. Les concepts sociologiques, par rapport à ceux de la psychologie, sont également des idées du second degré (*op. cit.*, pp. 51-56).

vie consciente. Rien de plus naturel qu'il s'identifie avec la société par ce qu'il tient de la société ; rien de plus logique que la conscience reproduise ainsi dans l'individu le schema de la structure sociale ; et comme ceci est d'essence universelle, ce ne peut être justement que ce qui, dans l'individu, est susceptible de science.

En résumé, la thèse de la conscience, considérée comme un produit et une image de la société, se soutient par des raisons vraisemblables et solides. C'est faute de l'entendre bien qu'on l'attaque. Tandis que la sociologie et la psychologie contemporaines continuent de s'entre-détruire, notre hypothèse présente un équilibre logique définitif, où peuvent se concilier les thèses vraies, différentes et jusqu'ici contradictoires. Elle corrige et complète ce qu'ont d'exagéré et de faible les explications physiologiques de la conscience. Elle réfute le matérialisme naïf et superficiel. Elle offre une base sociologique solide au spiritualisme et affermit ainsi cette philosophie.

Peut-on admettre que dans l'homme la vie consciente et l'apport du milieu social coïncident ? Est-il vraisemblable que la structure et les lois de la conscience reproduisent la structure et les lois de la société ? Voilà ce qui va nous préoccuper dans les pages suivantes.

CHAPITRE II

Les conditions de fait de l'apparition de la conscience

L'observation expérimentale conduit les psychologues à penser que les conditions essentielles et primordiales de la conscience sont l'intégration et la différenciation, ou bien la relativité et la totalisation des phénomènes psychiques. Ces deux conditions sont présentées comme des lois primaires de la vie psychique : loi de l'*activité synthétique* et loi de la *relativité* de la conscience.

Quelle est l'origine et, par suite, la raison de ces deux lois ? La société présente-t-elle des fonctions ou des lois qui puissent correspondre à ces deux lois de l'esprit ? Comment s'établirait la correspondance ?

§ I. — LA DIFFÉRENCIATION PSYCHIQUE. — LA FACULTÉ DISCRIMINATIVE

Le phénomène interne, indéfinissable, qu'est la conscience, surgit de l'inconscience, dans ces conditions précises : lorsque les états psychiques sont nouveaux, lorsqu'ils sont complexes, différents ou contraires, et toutes les fois qu'il y a interruption d'une tendance ou d'une habitude. Non seulement la conscience apparaît toutes les fois qu'une de ces conditions est donnée, mais encore ses modalités sont liées étroitement aux modalités de celles-ci. Le degré d'intensité, de précision, de lucidité de la conscience est étroitement lié au degré de complexité, de nouveauté, de différence ou d'opposition que présentent les états psychiques donnés.

Herbart avait réduit le mystère de la genèse de la conscience au conflit des représentations. Le phénomène de la conscience résulte, d'après lui, de la mécanique des représentations, selon laquelle tout événement interne se résout dans les rapports que les représentations ont entre elles. Ces rapports peuvent être des rapports d'opposition ou de parenté. Les représentations opposées s'arrêtent l'une l'autre, et de là résulte la conscience, tandis que les représentations homogènes fusionnent. Déjà Hobbes disait que : sentir continuellement une seule et même chose et ne rien sentir du tout, cela revient exactement au même.

Des psychologues plus récents et des plus remarquables, quoiqu'appartenant à des écoles psychologiques différentes de celle de Herbart, arrivent à des conclusions pareilles. « D'après une loi générale de notre constitution mentale, nous dit Bain, le changement d'impression est essentiel à la conscience sous n'importe laquelle de ses formes. » Il y a des exemples très remarquables qui prouvent qu'une action, toujours constante, ne produit aucun effet sur les sens. Exemple : le mouvement de la terre sur son axe... la pression de l'air sur la surface du corps » (1).

Telle est aussi l'opinion de M. Höffding : « C'est par les changements qu'elle éprouve que la conscience s'éveille de l'état de dispersion. Quand elle est éveillée, c'est par les oppositions et les changements qu'elle s'affine et s'élève » (2).

« Au contraire, un état complètement uniforme et toujours le même, a une tendance à supprimer la conscience. Les impressions uniformes provoquent l'assoupissement. Plus on éloigne le changement et la diversité, plus la conscience fait place à l'inconscient » (3).

La nouveauté d'une action autant que celle d'une excitation externe, ont parfaitement la même influence sur l'apparition de la conscience. Le premier acte, la première impression que nous recevons excite notre attention et, par suite, notre conscience, d'une manière particulièrement forte. La connaissance que nous en prenons est autrement vive que celle que nous prenons des actes et des impressions habituelles. Par suite, la répétition et l'habitude qui en découlent ont pour effet d'effacer complètement la conscience. « Les mouvements qui étaient primitivement fondés sur une intention consciente, peuvent, dit Wundt, après une

(1) *Emotion et volonté*, trad. française. Paris. Alcan 1885. pp. 530-531.

(2) *Esquisse d'une Psychologie fondée sur l'expérience*, trad. française. Paris, 1900. p. 59.

(3) *Ibidem*, p. 58.

répétition fréquente, être parfaitement opérés d'une manière inconsciente » (1). Et Bain dit que « le choc émotionnel ne se produirait pas s'il n'y avait pas, à l'extérieur, quelque passage brusque d'une circonstance ordinaire à une circonstance extraordinaire » (2).

Il en est de même de toute activité à laquelle nous sommes contraints, de l'accomplissement d'une action qui contrarie une tendance spontanée de notre nature ou une habitude quelconque. Chaque acte d'adaptation à une condition nouvelle, qui est en opposition avec nos tendances, demande un effort hésitant et conscient. La plupart du temps, c'est bien là la source de notre vie consciente. Le peu d'accord entre nos habitudes, une fois acquises, et les formes d'activité que les circonstances de notre vie ultérieure nous imposent, sont autant d'occasions où le phénomène de la conscience se manifeste nécessairement. Jusqu'à ce qu'une organisation ultérieure de la nouvelle forme d'activité la rende automatique, la conscience l'accompagnera fidèlement. Enfin la complexité de l'activité et des états psychiques a le même effet que la variété et la différence, que l'opposition et la nouveauté. D'ailleurs, cette dernière condition n'est que la somme de celles-ci.

On ne conteste pas que la relativité des représentations de la vie consciente est une loi essentielle de l'esprit. Nous savons les conditions de la conscience ; quelle est leur origine, quelle est leur source ?

1° *Ces conditions sont-elles données dans le milieu physique ?* — Est-ce le milieu physique qui présente les conditions de changements d'opposition, de nouveauté et de complication nécessaires, pour que le phénomène de la conscience accompagne nos états

(1) *Eléments de psychologie physiologique*. trad. française. Paris, Alcan, 1886, t. II p. 471.
(2) *Op. cit.*, p. 81.

psychiques ? M. Durkheim a distingué trois sortes de milieux ambiants pour l'homme : l'organisme, le monde extérieur, la société. Sans doute, l'organisme est un milieu qui peut s'exprimer en fonction des deux autres. Tout l'intérêt porte sur le milieu physique et social. Lequel des deux présente les conditions qui déterminent l'apparition de la conscience? M. Durkheim répond : « le monde physique depuis le commencement de l'histoire est resté sensiblement le même, si du moins on ne tient pas compte des nouveautés qui sont d'origine sociale » (1). Et, en effet, le milieu cosmique ne change pas du jour au lendemain, au cours d'un siècle, ni au cours de l'histoire. La température, par exemple, est restée dans les mêmes limites de variabilité ; la pression atmosphérique à la surface de la terre est, de tous temps, la même : la configuration du ciel qu'on contemple et de la terre qu'on habite, le soleil et la lune, tout est resté de même. — Lucrèce, déjà, le signalait. — Cette uniformité relative du milieu cosmique n'a donc pas pu être le stimulant efficace qui produit le phénomène de la conscience. Pas plus qu'il ne présente de changements, le milieu cosmique ne présente de phénomènes nouveaux. Les éclipses lunaires et solaires, les comètes, les tremblements de terre sont des événements cosmiques trop rares, ils ne peuvent être une condition de variété qui suffise pour éveiller la conscience. Ensuite, de même qu'il n'y a plus rien de nouveau sous le soleil, il n'y a plus rien non plus qui se complique dans le monde physique ; sauf les complications que l'homme et la société lui imposent.

Les phénomènes et les conditions du monde physique contrarient-ils nos tendances et interrompent-ils nos habitudes, ce qui éveillerait encore la conscience ? Pas davantage, ou du moins d'une manière trop sporadique. Si nous nous en tenions exclusivement là, nous serions, pour la plupart, des automates purs et

(1) *De la division du travail social*, p. 389.

simples. Il est évident que les conditions physiques, par le simple fait de leur permanence, ne peuvent interrompre nos habitudes. A leur première apparition, l'homme fit attention, les choses se répétèrent ensuite, et toute impression répétée finit dans l'inconscience. Nos habitudes sont très souvent l'effet de cette permanence du milieu physique, et, comme telles, ne changent qu'avec les changements de milieu. Or, ces changements cosmiques n'arrivent pas.

Quant aux tendances innées, instincts ou autres, et qui constituent les traits spécifiques de la race humaine, ils pourraient encore moins être contrariées par les conditions du milieu physique. Les traits physiologiques caractéristiques de notre race sont les effets de l'adaptation profonde et définitive aux conditions d'existence qui nous sont offertes par le milieu cosmique inaltérable. S'il est vrai, comme on le pense depuis Lamark et Spencer, que les espèces sont dérivées les unes des autres par un processus d'adaptation de plus en plus complète aux conditions de l'existence, l'homme, avec sa constitution physique, ne serait donc que la forme de la vie la mieux adaptée au milieu cosmique.

Il faut donc chercher ailleurs que dans le milieu physique, la nouveauté, la variabilité, la complexité et enfin l'opposition des conditions qui puissent provoquer l'apparition de la conscience. Ce n'est pas que les phénomènes de la nature nous laissent indifférents, que nous n'en prenons pas connaissance et qu'ils tombent dans l'inconscient. Les impressions qu'ils font sur nous ne sont presque jamais inconscientes, et cela non pas parce qu'ils provoquent notre conscience par eux-mêmes, mais parce que nous sommes conscients en dépit d'eux-mêmes. La conscience a d'autres conditions qu'il nous faut précisément trouver. Ce ne sont pas eux qui l'ont éveillée. La preuve, c'est que les animaux, en face de la même nature et vivant dans les mêmes conditions physiques que l'homme, n'ont pas la conscience proprement dite ; ou, s'ils ont une sorte de conscience, c'est quelque chose de rudimentaire et d'imperceptible. Si la conscience était, d'une manière générale, l'effet des impressions que le milieu physique provoque dans l'organisme, pourquoi les animaux, soumis au même régime cosmique, ne l'auraient-ils pas ?

Dira-t-on qu'il faut tenir compte de la différence de constitution organique entre l'homme et eux ? Rappellera-t-on que si l'animal ne prend connaissance et n'est pas conscient des phénomènes de la nature, sur lesquels, alors même qu'il en prendrait quelque connaissance, il ne réfléchira cependant pas, c'est que la plasticité, l'impressionnabilité humaines lui font défaut ? Cela ne fait que déplacer la solution. Car encore faut-il chercher pourquoi l'homme a plus de souplesse et plus d'impressionnabilité. La conscience et la souplesse organique des hommes sont une seule et même chose exprimée en deux langages. Ni l'une ni l'autre ne peut s'expliquer par les conditions du milieu physique, car alors pourquoi les mêmes conditions ne l'ont-elles point provoquée dans l'organisme animal ?

Par quel mystère ont-elles déterminé la plasticité des uns et la rigidité des autres ? Ou bien qu'y a-t-il en plus chez les hommes pour rendre compte de cette différence ? Par nature, l'organisme humain devrait être aussi rigide que celui des animaux ; et, alors, qu'est-ce qui a contribué à le rendre souple, impressionnable et, par cela même, conscient ? De quelle nature peuvent être ces conditions supplémentaires ?

2° *Ces conditions sont-elles d'origine sociale ?* — La condition essentielle qui établit la différence entre l'homme et les animaux, vient de ce que l'homme vit et se développe dans des sociétés grandissantes, énormes, tandis que l'animal est la plupart du temps isolé, ou bien vit en bandes, de tout temps stationnaires et très restreintes. Pour l'homme, dans le cours de l'histoire, et grâce à ce processus d'intégration dont nous nous sommes occupé dans la première partie, il se forme, à côté et au-dessus du milieu physique, un nouveau milieu dont l'importance dépasse infiniment celle du milieu cosmique. Apparu dans ce milieu, l'homme tel que l'adaptation au milieu cosmique et l'évolution purement physiologique l'ont modelé, doit s'adapter à ce nouveau milieu. Les conditions dans lesquelles se fait cette nouvelle adaptation historico-sociale sont de nature, à ce qu'il semble, à rendre compte des phénomènes d'assouplissement que nous avons signalés.

Quelles sont ces nouvelles conditions et comment l'homme se comporte-t-il vis-à-vis d'elles ? Pour s'adapter à ce milieu social, l'homme a dû forcément s'assouplir et pour cela perdre de sa rigidité organique. Et comme le milieu social s'est augmenté, presque sans cesse, dans le cours de l'histoire, la nécessité de s'adapter à ce milieu grandissant est devenue de plus en plus inexorable, elle aussi. Graduellement, la rigidité organique cédait la place à une plasticité de plus en plus grande.

En effet, M. Simmel conclut de l'extension des groupes ou des cercles sociaux, à la différenciation de plus en plus profonde des individus. Il établit comme une sorte de rapport nécessaire entre l'extension du groupe et la différenciation des individus. Plus les groupes sociaux sont individuels, restent étrangers, irréductibles les uns aux autres, plus aussi les hommes sont homogènes, semblables entre eux ; moins par suite ils sont individuels ; à mesure qu'ils se pénètrent et se désindividualisent, les individus se différencient davantage. De plus, avec l'augmentation des sociétés, apparaissent en elles des cercles sociaux différents et ayant des intérêts contraires. Et, comme les individus entrent forcément dans ces différents cercles, comme il y en a qui appartiennent, en même temps, à plusieurs de ces cercles, non seulement ils se différencient progressivement, mais encore ils se compliquent d'autant. Au contraire, si les groupes sociaux sont très restreints et fermés, les individus sont très semblables

les uns aux autres. On comprend, alors, quelle uniformité doit régir les petits groupes que forment les animaux et la variété considérable, qui résulte de l'accroissement illimité des sociétés humaines.

Pour M. Durkheim, lorsque les segments sociaux perdent leur individualité et que les cloisons qui les séparent deviennent plus perméables, la division du travail apparait. Elle est aussi l'effet de l'accroissement du nombre des individus qui composent la société. Aussi, a-t-on cru pouvoir établir une sorte de rapport nécessaire entre la densité et le volume de la société et la division du travail. La division du travail entraîne la différenciation des conditions sociales et, par cela même, la différenciation des individus. Cette différenciation est directe et immédiate, mais il y en a une autre qui est indirecte, sans être moins importante. C'est celle que M. Durkheim explique par l'effacement de la conscience sociale (1). A mesure même que le volume et la densité des sociétés augmentent, la conscience sociale se relâche, sa tyrannie se dissout et la spontanéité de l'individu est de moins en moins étouffée ou gênée. L'originalité se donne libre carrière, elle peut aller même jusqu'à la bizarrerie.

Une autre conséquence de l'accroissement de la société en volume et en densité, autant que de la division du travail, c'est que la concurrence, la lutte pour la vie devient de plus en plus ardente. De là, la nécessité de s'ingénier, d'inventer et de différer par suite. D'après M. Durkheim, par conséquent, le développement social aboutit, par plusieurs chemins, à la différenciation de plus en plus profonde des individus, au développement de l'individualisme, de l'originalité.

Parmi les économistes, M. Karl Bücher, a examiné lui aussi, du point de vue exclusivement économique, les effets de l'exten-

(1) *De la division du travail social*, pp. 313-335.

sion des groupes sociaux. Il a surtout insisté sur les transformations sociales qui dérivent du passage du système économique de la communauté de la ville (Stadtwirtschaft) au système de l'économie politique ou nationale (Volkswirtschaft). La conséquence la plus notable de cette transformation étant l'apparition de la grande industrie, les autres conséquences dérivent de celle-ci. Parmi les effets de la grosse industrie, le plus important est, sans doute, la division du travail qui, scientifiquement analysée, présente cinq formes différentes. La différenciation est poussée si loin par l'essor de la grande industrie, que la spécialisation est devenue extrême. M. Bucher compte, en Allemagne seulement, 4.785 métiers spéciaux dans l'industrie et 1.674 dans le commerce, en tout 6.459 métiers. « Conformément à ces tâches si spécialisées, chaque individu serait déterminé physiquement, intellectuellement, et moralement, d'une certaine manière spéciale » (1). Les différences qui en résultent entre les individus, sont donc, et deviennent au fur et à mesure, de plus en plus nombreuses et irréductibles.

On peut conclure que, plus le milieu social s'accroît, plus il se présente dans des conditions opposées aux conditions du milieu physique. Le simple fait que la vie d'une multitude de petits cercles, communautés ou groupes sociaux, verse dans une seule société, complique la manière de vivre à l'intérieur de cette société. Car, toutes les manières de faire, de produire, de penser, de croire, sont mises en circulation au sein de la nouvelle formation. Elles s'y accumulent, s'altèrent, et il en résulte une variété, une multiplicité, une complexité d'actions qui jurent avec l'immobilité et la monotonie relatives du milieu cosmique.

Ainsi, les conséquences de la vie sociale élargie sont précisément celles que la psychologie reconnaît indispensables et suffisantes pour déterminer l'apparition du phénomène de la cons-

(1) *Op. cit.* pp. 145-146.

cience. En un mot, le développement du milieu social a pour conséquences nécessaires la différenciation des individus, la mobilité ou l'instabilité des rapports inter-individuels, l'originalité des activités, etc. Et, par-dessus tout, c'est la lutte vive, la concurrence ardente entre les individus, effet immédiat du développement du milieu social, où vit l'individu, qui excite aussi la conscience.

Lorsque les inventions, qui constituent les progrès techniques ou intellectuels de toutes sortes, deviennent la nécessité de tous les moments, afin de pouvoir vivre, il faut nécessairement que les tendances et les habitudes soient interrompues à chaque pas. Quelque chose de nouveau se produit-il dans la nature : c'est un cataclysme ; dans la société, le nouveau est loin d'être anormal ; il semblerait plutôt que ce soit la condition même de la vie, dès qu'il y a lutte pour la vie. L'immobilité et l'uniformité du monde cosmique disparaissent dans la société, où la variété prend de plus en plus sa place. Conséquemment, les conditions déterminantes de la conscience se multiplient à chaque moment. Le flot ininterrompu de la vie psychique consciente et réfléchie que nous sommes, se renouvelle incessamment.

La sociologie de M. Durkheim est confirmée par la psychologie de M. Höffding, qui constate « que la vie consciente naquit et se développa pendant la lutte des êtres vivants pour l'existence, lutte féconde en oppositions tranchées et en grands changements » (1). Donc, la nécessité de s'accommoder aux conditions variables et multiples de la vie sociale, est bien la cause de l'apparition de la conscience.

Pour les psychologues en général, la conscience vient de l'adaptation au milieu physique, autant qu'au milieu social, et puisqu'elle est pour eux « un don original de la vie » et que

(1) *Op. cit.* p. 60. Voir aussi Sergi : *L'origine dei fenomeni psichici*. Milano, 1885, pp. 219-321.

l'esprit apparaît en même temps que la vie (c'est l'opinion de Romanes et, après lui, de Baldwin), ils ont pu confondre le développement de la conscience avec le développement de la vie proprement dite, et ne plus faire de distinction entre la vie et la vie consciente. Cette thèse est si peu soutenable que M. Baldwin ne manquera pas d'ajouter que « la vie est une variation extraordinaire de la nature, surtout alors qu'elle est le véhicule de l'esprit » (1). N'est-ce pas une preuve que la vie, en elle-même, et dans la généralité des cas, est aussi étrangère à l'esprit que la matière inorganique ?

Cependant, les psychologues mêmes ne sont pas d'accord entre eux. Ainsi, Romanes considère la contractilité des tissus, qui permet l'adaptation, comme l'extérieur de l'esprit et l'indice de la conscience. M. Baldwin ne pense pas comme Spencer, Bain et Romanes que les adaptations opérées par l'individu réussissent à expliquer la conscience. A son avis, ce sont les habitudes ancestrales, dont l'individu a hérité, qui doivent être contrariées pour que la conscience surgisse.

Les psychologues ne font aucune différence entre l'adaptation au milieu physique et l'adaptation au milieu social. La conscience, pour eux, est *indifféremment* le produit de l'une ou de l'autre. Or, l'origine de la conscience, sinon son développement, ne saurait plus être attribuée à des influences exercées par le milieu physique. En effet, nous avons établi que le milieu cosmique est, pour ainsi dire, constant, invariable. D'autre part, nous avons établi aussi que la constitution organique de l'homme est précisément le résultat de l'adaptation à ce milieu. L'adaptation, une fois faite et consolidée dans des habitudes désormais invariables, il ne saurait plus être question d'adaptations nouvelles ; ce milieu ne change plus. Désormais, la stabilité est par-

(1) *Le développement mental chez l'enfant et dans la race*, trad. française, Paris, 1897, p. 191.

tout, dans la nature et dans l'homme adapté. Si on constate encore des adaptations, des changements, ils ne peuvent venir que du milieu social; or nous avons établi que c'est lui qui, par sa variabilité et par la lutte pour la vie qu'il développe, nécessite l'adaptation. Désormais, on ne saurait chercher d'explication à la conscience que dans ces adaptations aux conditions sociales. La conscience ne peut être le produit que du milieu social, exclusivement. Cependant, les formes inférieures de la vie, non encore adaptées au milieu physique, au moment où elles s'adaptent aux conditions physiques, ne manifestent pas de phénomènes de conscience. Car, pour attribuer la conscience aux mouvements physiologiques des êtres inférieurs, suffit-il qu'ils rappellent ceux qui sont réellement accompagnés de conscience chez l'homme? Ce serait nous embarrasser d'un terme inutile que de donner à ces phénomènes inférieurs le nom de conscience cellulaire, sub-conscience, etc.

D'autre part, nous ne voyons pas comment le simple contact avec le milieu cosmique pourrait faire de nous des êtres conscients, et surtout conscients de nous-mêmes. Nous ne pouvons retrouver dans ce milieu notre propre image, encore moins la compléxité et la variabilité des phénomènes qui sont les conditions indispensables de la conscience. Il est vrai, cependant, qu'entre la variabilité du milieu social et celle du milieu physique, il n'y a, d'une part, qu'une différence de degré, mais, d'autre part, il y a une différence de nature qui consiste en ce que, dans le milieu humain, qui est à proprement parler le milieu social, nous sommes en rapport avec des êtres qui nous ressemblent, tandis que, dans le milieu physique, nous sommes en face de phénomènes qui nous sont complètement étrangers.

Nous n'insistons pas ici sur ce dernier aspect de la question; nous l'examinerons ultérieurement. Pour le moment insistons seulement sur cette différence de degré entre la variabilité des deux milieux.

Si le psychologue la retenait, peut-être serait-il conduit à rapprocher les conditions de la conscience des modifications que l'homme ou l'animal subit en s'accommodant à la société.

La conscience commence quand les phénomènes vitaux, accessibles aussi à l'influence du milieu physico-chimique, reçoivent l'influence du milieu social. Deux observations pourraient appuyer cette proposition.

a) Quand on veut expliquer l'origine de la vie, on remarque que le passage entre les phénomènes inorganiques et les phénomènes de la vie est imperceptible ; entre les deux espèces de phénomènes il n'existe qu'une différence de degré, laquelle s'accompagne, néanmoins, d'une différence de nature. Il en est de même quand on veut expliquer l'origine de la conscience. C'est une question de plus ou moins de variabilité des conditions externes ; on comprend donc bien qu'un certain degré de variabilité s'accompagne de conscience et qu'à partir seulement de ce degré de variabilité, la conscience devienne possible. Lorsque la différence entre la stabilité relative du milieu physique et la mobilité du milieu social est si frappante, comment pourrait-on hésiter à déterminer d'après cette remarque, la limite entre la conscience et l'inconscience ? Continuer à considérer l'esprit comme contemporain de la vie, en faire comme une qualité naturelle de la vie, sous prétexte qu'il n'y a pas de différence nette entre ces deux manières originales de l'être, c'est comme si on refusait de distinguer la matière vivante et la matière brute, sous prétexte qu'on ne peut pas préciser où commence la vie, où finit la matière brute. Dire que la conscience est une qualité naturelle de la vie, ce serait dire aussi que la vie est une qualité naturelle de la matière. Cela est vrai dans un sens général, mais cela ne nous dispense pas de chercher à préciser dans quelles conditions la vie comporte cette qualité naturelle de conscience. C'est par exception, et rarement que la matière brute se vivifie, devient vivante; c'est aussi par exception que la vie devient consciente. Donc, en un certain sens, il est vrai de dire que la vie est étrangère à la matière, que celle-ci ne l'implique pas du tout naturellement, pas plus que la vie n'implique naturellement la conscience et l'esprit. L'objet précis de la biologie et de la psychologie n'est-il pas de déterminer délicatement dans quelles conditions spéciales la matière devient vivante et la vie devient consciente. C'est là le problème biologique, c'est là le problème psychologique. C'est donc dans ces conditions spéciales, que la société crée à la vie, que celle-ci peut s'accompagner de conscience.

b) N'est-il pas significatif que la différence psychique très remarquable entre l'homme et les animaux est en rapport étroit avec la différence qu'il y a entre la société où vivent les animaux et la société où vivent les hommes ? L'intensité de la conscience humaine (1), la supériorité de l'esprit de l'homme sur celui des animaux se trouve justement mesurée par le développement de la société humaine, comparée aux sociétés animales. La supériorité de l'esprit humain, par rapport à celui des animaux, tient à ce que la société humaine est infiniment plus étendue, compliquée, variable, mobile, que les sociétés animales.

M. Espinas, dans son livre classique sur les sociétés animales, a montré les relations intimes du psychique des individus avec la société qu'ils forment. Il incline, il est vrai, à voir dans le facteur psychique, la cause du lien social. Cependant, dans ce même livre, comme ailleurs aussi (2), M. Espinas a montré que la base du lien social est plutôt organique et qu'au commencement, surtout, elle est exclusivement organique. Donc, le facteur psychique

(1) « L'une des grandes capacités par lesquelles l'homme est tenu comme essentiellement différent des animaux, est celle de la conscience de soi-même, ou la connaissance de soi-même comme penseur. » W. James : *op. cit.* t. II, p. 358.
(2) *Art. cité.*

n'est pas la condition du lien social, il en est forcément l'effet. Cela n'empêche pas que le psychique, d'abord résultat de la vie sociale, soit devenu ensuite cause de sa cause, chose parfaitement intelligible ; effet du lien social, il continue à remplacer ce lien et à s'identifier avec lui, alors que la communauté biologique se dissout. Par conséquent, s'il y a un rapport étroit entre le psychique et la société, c'est parce que le psychique dérive des rapports sociaux ; c'est parce qu'il est provoqué par ceux ci. « L'individualité capable de réfléchir sur elle-même vit dans une société déjà développée et par cette société même » (1).

Cette thèse serait confirmée par M. Espinas qui, nous l'avons déjà vu, ne peut concevoir le développement de l'être réfléchi que comme un produit de la société. De même M. Durkheim dit clairement que la vie collective n'est pas née de la vie individuelle, mais que c'est, au contraire, la seconde qui est née de la première. « L'individualité personnelle..... s'élabore au sein d'un milieu social préexistant, elle en porte nécessairement la marque » (2). On comprend alors que les sociétés animales, humbles et incohérentes, n'aient pas pu déterminer chez les animaux une conscience forte, un esprit vigoureux et réfléchi. Cette parfaite concordance entre le développement social et le développement psychique nous paraît confirmer suffisamment la thèse que d'autres voies aussi rendaient déjà fort acceptable.

Comment ce lien causal, incontestable, entre la conscience et le social, peut-il s'établir en fait ? En face des choses de la nature, l'homme ou l'animal se trouvent devant des amis ou des ennemis immobilisés. Ils n'ont qu'à les éviter pour échapper à leurs influences nocives. Ils ne se hasarderont pas à passer un fleuve où ils pourraient se noyer, ou à se laisser tomber au fond

(1) Marcel Bernès. *La Morale au point de vue sociologique*, *Revue Internat. de Soc.* 1896, p. 592.
(2) *De la division du travail social*, p. 310.

d'un précipice. Les gestes de défense contre ces périls sont très simples et négatifs. Il ne leur est guère plus difficile ni plus compliqué de profiter des influences qui leur sont favorables, ou d'atteindre les biens de la nature. Les fruits des arbres et les plantes nutritives, autant que les animaux, dont on doit tirer la subsistance, tout cela peut être pris sans efforts compliqués et systématiques. La nature ne nous dispute pas trop ses avantages, les arbres ne s'opposent pas à ce que nous cueillions leurs fruits.

En face de ces premières nécessités, soumis à ces influences, l'homme ne se trouve pas encore dans les conditions difficiles, qui déterminent l'apparition de la conscience.

Il en est autrement lorsque l'homme ou l'animal ne se trouve plus isolé, ou presque, en face de la nature, mais placé au sein d'un groupe social, qui s'accroît, et en concurrence avec les semblables de son groupe et avec des groupes étrangers. Cette fois les ennemis, qui sont des êtres vivants, ne peuvent pas être évités passivement. Tandis que l'opposition de la nature n'est pas inévitable, les oppositions de nos semblables, si elles se transforment en poursuites, ne peuvent plus être évitées. Les choses qui nous sont hostiles dans le monde physique, immobile, ne sont jamais que des obstacles ; on tourne l'obstacle. Ce qui est hostile dans le monde social vous fait la chasse ; ce qui nous fait obstacle nous résiste activement, nous attaque ; l'opposition devient une lutte. Si la lutte finit, l'homme, lorsqu'il ne tue pas son semblable, se l'asservit. Par là, la lutte s'étend, se prolonge et devient méthodique. Le vaincu sera gêné et ébranlé continuellement dans son existence. Cette gêne et ce conflit brutal, cette opposition continuelle, poursuivie et extérieure, à cause même de son prolongement et de sa complication systématique, commence à s'intérioriser.

Tous les conflits sur un objet quelconque prennent la forme d'une opposition, d'une dualité inévitable, dont on ne peut sortir qu'après une lutte plus ou moins longue. Dans cette lutte violente, pour la première fois l'homme est forcé de se rendre compte qu'il a des semblables, qui ont des prétentions analogues et des forces égales aux siennes. Le conflit extérieur, violent sans doute, laisse des traces à l'intérieur. Il peut se répéter entre les mêmes hommes, et les traces s'approfondissent d'autant.

A chaque occasion de dispute, les conflits de deux hommes se répètent, et ces combats extérieurs répétés sont autant de limitations réciproques. L'homme est ainsi forcé de se replier sur soi-même ; il descend en lui-même ; il trouve, dans son intérieur, l'écho du conflit extérieur. C'est là l'origine de la conscience, de la réflexion. A partir de ce moment l'homme est double. Si l'on ajoute encore que le vainqueur forcera le vaincu à travailler pour satisfaire à ses nécessités, on a par là une nouvelle source de phénomènes conscients, de formation intérieure consciente. « L'esclave qui travaille et crée des choses, se crée lui-même, dit Hégel commentant le proverbe : *Die Furcht des Herren des Weisheit Anfang ist* (1). La présence du vainqueur auprès du vaincu est effective et permanente en son cœur. La lutte est intérieure, en même temps qu'extérieure, car les rapports extérieurs finissent par s'intérioriser. L'opposition intérieure, qui en résulte chez chacun des antagonistes, est le premier degré de la réflexion, de la conscience proprement dite, et par suite, de la raison délibérative et libératrice aussi.

L'homme et l'animal, tant qu'ils n'ont contre eux que la nature, ne se dédoublent pas ; la nature ne poursuit personne, elle fait opposition ; l'homme peut éviter facilement ses obstacles et rester ainsi un être absolument irréfléchi, inconscient. Il perd cette insouciance, cette irréflexion, dès qu'il entre en conflit avec ses semblables, Ce conflit fait que l'homme est pénétré par l'homme, que l'homme s'installe dans l'homme ; puisque

(1) Hegel, VII, I § 432 pp. 277-279.

l'homme ne peut plus échapper à son semblable. Même s'il le pouvait, la lutte serait si longue, si violente, que l'écho en serait persistant.

Ou bien, si l'asservissement est l'issue de la lutte, l'opposition extérieure se double d'une opposition intérieure, et les deux se renforcent l'une l'autre. Si l'on veut bien considérer qu'en société le conflit ne se présente que rarement sous la simple forme du duel, mais qu'il est collectif, on comprendra alors que l'opposition extérieure se complique, ce qui fait que l'opposition intérieure se complique aussi infiniment.

De là surgissent les luttes internes dans chaque membre de la société, et par suite, l'opposition que se font les états internes ne fait que reproduire les oppositions que se font les individus comme particuliers ou comme classe. Or, ces oppositions intérieures, psychiques, sont précisément l'élément indispensable à l'apparition de la conscience.

Si la société est plus étendue ou si elle augmente, cette opposition, tant sociale que psychique, augmente elle aussi, car la lutte pour la vie — M. Durkheim l'a démontré — devient plus ardente. De même que les conflits deviennent plus sensibles, ils deviennent plus compliqués à cause de l'augmentation des concurrents. Or, parallèlement à l'augmentation sociale, nous savons que l'hétérogénéité, l'opposition et le conflit des intérêts et des qualités personnelles de l'individu s'accentue. L'originalité devient de plus en plus un facteur nécessaire qui se produit nécessairement et doit se produire. Or, l'opposition, la complication, la différenciation et la nouveauté sont justement les conditions déterminantes de la conscience dans l'organisme humain ; ce sont elles qui le spiritualisent. Bref, après le conflit que, seule, la vie sociale peut nous donner, le développement social nous donnera progressivement toutes les autres conditions qui semblent nécessaires et suffisantes pour stimuler l'apparition de la conscience, au point de la rendre intense, vigoureuse, efficace.

Il est vrai qu'une fois la conscience formée, les phénomènes de la nature commencent à attirer notre attention, malgré leur peu de variété et d'opposition. La preuve qu'il en est bien ainsi, c'est que la beauté de la nature n'a été reconnue que très tardivement, lorsque la conscience a été assez avancée et affinée.

Toutes ces conditions de la conscience, et, par suite, de l'esprit, ne sont que les conséquences immédiates de cet aspect général du processus de l'intégration sociale : la différenciation intérieure des sociétés, au fur et à mesure que s'accomplit l'intégration sociale.

Ainsi, cette « loi générale constitutive de l'esprit » : la différenciation des impressions nécessaire à l'éveil de la conscience, se trouve être le pendant de cette autre loi également générale constitutive de la société : la différenciation sociale.

Le progrès des sociétés consiste dans la différenciation de plus en plus profonde des individus, dans l'individualisme, nous dit M. Bouglé. Or, qu'est-ce que l'individualisme? sinon l'éveil d'une conscience individuelle, vigoureuse et étendue, qui a précisément pour conditions stimulatrices celles-là mêmes qu'engendre la différenciation sociale ; il est donc évident que la loi de la différenciation psychique — la faculté de discrimination — est le résultat et le pendant du processus de la différenciation sociale. La conscience et la société, confondues à ce point de vue, sont régies par la même loi.

§ II. — L'ACTIVITÉ SYNTHÉTIQUE OU TOTALISATRICE DE LA CONSCIENCE

Si la différenciation et la multiplicité des états d'âme sont nécessaires pour stimuler l'apparition de la conscience, encore faut-il remarquer que celle-ci n'apparaîtrait jamais si ces états d'âme étaient absolument hétérogènes, disparates et incompatibles. D'ailleurs, ces conditions, que nous venons d'examiner, sont encore un peu extérieures ; elles ne nous donnent pas ce qu'il y a de plus intime dans la conscience. Elles constituent seulement un aspect de l'activité de l'esprit. Afin de saisir la réalité complète de notre conscience, il faut déterminer l'aspect complémentaire. Les phénomènes de la vie ne sont accompagnés de conscience que, lorsqu'à côté d'une hétérogénéité et d'une diversité profondes, ils présentent aussi, par un autre côté, une homogénéité et une unité aussi profondes.

1° *L'état de la question en psychologie.* — On doit caractériser la conscience, d'après Höffding, par « une unité qui n'exclut pas la diversité et la multiplicité ; ou, inversement, par une multiplicité qui n'exclut pas l'unité... La faculté de saisir simultanément un ensemble composé de parties diverses suppose que l'unité et la diversité ont toutes deux leur valeur » (1). Bain conçoit et caractérise la conscience de même. Pour lui, la ressemblance des phénomènes éveille la conscience, au même titre que leur différence : « Nous prenons toujours, dit-il, le mot ressemblance dans l'acception qui lui a déjà été donnée, similarité dans la diversité ». « Les deux grandes relations fondamentales sont la différence et la ressemblance » (2).

Aux yeux de Wundt, la connexion interne, la continuité et la liaison des états sont la condition de la conscience. Plus précisément encore : « La conscience avec ses états multiples et cependant unis étroitement est, pour notre conception interne, une unité, analogue à celle qu'est l'organisme corporel pour notre conception externe ». Mais, qu'est-ce que cette continuité de la conscience? « C'est la formation des liaisons entre les représentations » ou « un groupe permanent de représentations. » Et lorsque « le groupe permanent de représentations est envisagé

(1) *Op. cit.* p. 61.
(2) *Op. cit.* pp. 535-550.

comme dépendant immédiatement ou médiatement de notre volonté, nous donnerons à ce groupe le nom de conscience de soi-même » (1). Cependant, le mystère de ces liaisons ou groupements permanents de représentations repose, en dernière analyse, sur l'association qui, d'après Wundt « est la base fondamentale la plus essentielle du phénomène de l'unification » (2). Mais Wundt trouve, pour sa part, « qu'il y a une condition sans laquelle ni une association de représentations, ni la conception de cette association, en qualité de processus interne, ne seraient perceptibles pour nous. Cette condition est l'*aperception* que nous sentons immédiatement comme une activité interne et par laquelle nous transmettons alors le caractère de l'activité interne au contenu de ce qui est aperçu. En cela, l'aperception est en même temps la fonction constante qui, au milieu de l'alternance des représentations, est sentie par nous comme concordante ». « La caractéristique ultime, irréductible, et finalement, la seule est l'activité unissante de l'aperception » (3).

Dans le même sens, M. Ribot dit que « le moi est une coordination. Il oscille entre ces points extrêmes où il cesse d'être : l'unité pure, l'incoordination ». Ou, plus précisément, « l'unité du moi, c'est la cohésion pendant un temps donné d'un certain nombre d'états de conscience » (4). M. Pierre Janet, pour sa part, trouve que « l'activité de la conscience, si nous cherchons à nous représenter sa nature, est avant tout une activité de synthèse, qui réunit des phénomènes donnés, plus ou moins nombreux, en un phénomène nouveau, différent des éléments » (5). Même les formes morbides de la conscience présentent ce caractère d'activité synthétique, et c'est bien cette propriété essentielle de la conscience qui se trouve à la base de ce que M. Janet appelle

(1) *Op. cit.* t. II. pp. 215-216.
(2) *Ibidem*, p. 353.
(3) *Op. cit.*, p. 344.
(4) *Maladies de la Personnalité*. p. 170.
(5) *L'automatisme psychologique*. Paris 1899, p. 483.

« l'automatisme psychologique. » La conscience, conclut-il, est donc bien, par elle-même, dès ses débuts, une activité de synthèse (1).

D'après William James, ce qu'il y a « d'essentiel à tout être pensant c'est cette manière de réunir des choses dans l'objet d'un seul jugement ». Pour James, l'identité personnelle, le processus interne, n'est cependant pas cette forme synthétique tout simplement, mais « c'est le sens d'une certaine ressemblance perçue par la pensée dans les choses, car l'identité personnelle, c'est la ressemblance personnelle *personal sameness* ».

D'autre part, la façon dont le psychologue américain explique la liaison synthétique des idées se rapproche beaucoup de celle de Wundt. « Il n'y a pas, dit-il, plusieurs coexistences d'idées ; la notion de pareille chose est une chimère. Quelles que soient les choses pensées, reliées entre elles, elles sont pensées.... dans une unité, dans une seule pulsation de subjectivité, dans un seul sentiment ou état d'âme (2). » « Dans chaque conscience personnelle, la pensée est sensiblement *continue*. C'est un courant, un flot de pensées » (3). Mais de quelle manière, enfin, arrive-t-on à concevoir cette unité de la pensée, ce flot ? Selon James, la conscience n'est qu'une succession de pensées périssables, mais chargées de la fonction de s'approprier ou de rejeter les nouvelles données.

L'appropriation ou l'omission de nouveaux éléments se fait selon qu'ils sont adéquats ou non aux anciennes données périssables » (4). De quelle façon s'accomplit cette appropriation ? « la pensée du dernier moment, dont se compose le moi, passe à la pensée du moment suivant, ce qu'elle appelle le sien. Ainsi les pensées successives doivent hériter les unes des autres ».

(1) *Ibidem*, p. 485.
(2) *Principles of Psychology*, 1re édition, t. I, p. 278.
(3) *Ibidem*, pp. 237, 238.
(4) *Ibidem*, p. 341.

Qu'on ne demande pas la raison de cette hérédité curieuse, car, s'il doit y en avoir une, elle doit être dans le sens total du monde (1).

Il y a, dans ces différentes manières d'envisager la question, deux éléments, qui sont communs ; *l'activité synthétique du moi* et la *ressemblance.* L'unité de la conscience, le moi, paraît être tantôt un processus original synthétique, totalisateur, tantôt le résultat de la ressemblance des états d'âme. Tandis que James insiste surtout sur la ressemblance, Wundt dérive cette même ressemblance de l'activité croissante de l'aperception.

C'est Höffding qui accentue le plus l'activité synthétique : » « En nous, dit-il, chaque élément de la conscience n'est pas isolé, mais ils sont tous dans une connexion plus ou moins étroite ».

Dans des termes encore plus précis, on nous dit que l'unité intime sans analogue dans la sphère de notre expérience, qui relie ses divers éléments est la manifestation typique de la conscience. Cette unité contient le germe de l'idée du moi. « La représentation du moi ne peut être conclue que de la nature et des conditions générales de la conscience », et cela parce « qu'elle se fonde sur une activité toujours continuée et répétée : sur l'activité synthétique que toute conscience suppose » (2).

Cependant, l'auteur est loin de tirer cette synthèse de l'association des états d'âme, qui se trouvent séparés réellement entre eux, car la synthèse consciente ne peut pas naître par la seule association des parties séparées. Höffding introduit, par conséquent, lui aussi, l'élément de la ressemblance. En cela, il donne raison à Hume qui réclamait « un élément constant pour fonder la représentation du moi ». Pour Höffding, « l'unité qui se révèle dans la connexion intime que forme la vie consciente, est

(1) *Ibidem*, p. 401.
(2) *Op. cit.* p. 178.

par elle-même purement formelle. Elle est la condition de toute conscience ; mais chaque conscience individuelle a, en outre, une unité réelle. La forme de la conscience est commune à tout être conscient ; la nature particulière de l'individu consiste dans le contenu déterminé que l'unité formelle enserre. Ce contenu ne peut pas varier à chaque instant. Il faut qu'il y ait un ensemble fixe et dénominateur des sensations, représentations, dans et par lesquelles, l'individu puisse se reconnaître » (1).

Comme on l'a vu, Wundt et James ont mis également en évidence, quoique d'une façon moins explicite que Höffding, ces deux éléments : l'activité synthétique et la ressemblance, qui s'appuient l'une sur l'autre, afin de composer l'harmonie de la conscience. Car, quand même l'activité synthétique du moi rapprocherait, par sa simple forme, les idées les plus disparates, la conscience ne serait pas pour cela réelle. De là la nécessité que les états d'âme, au moins quelques-uns, soient constamment semblables. Quel est le rapport effectif entre ces deux éléments, lequel des deux est plus fondamental ? Les psychologues ne se le demandent même pas. Ils n'établissent, paraît-il, aucune liaison nécessaire entre ces deux éléments. Et, cependant, on aurait dû remarquer qu'on ne peut prendre connaissance de la similitude de deux choses, si ces choses ne sont pas rapprochées l'une de l'autre. C'est donc l'activité synthétique qui est l'élément essentiel de la conscience, car cette activité seule peut rapprocher les états d'âmes, afin qu'ils puissent être comparés. Ensuite, si la similitude des états est réelle, l'unité formelle du moi prend un contenu réel, elle devient effective et forte. Remarquons, en passant, que les éléments de la psychologie, même expérimentale, se trouvent confirmer pleinement la manière dont Kant avait conçu la nature de la conscience et de la raison. Kant caractérisait la conscience, en l'appelant synthèse, « puisque dans chaque état

(1) *Ibidem*, p. 179.

une multiplicité d'éléments se trouvent liés en une unité et une cohésion ». Pour lui la synthèse provenait « d'une fonction aveugle, quoique indispensable de l'âme, sans laquelle nous n'aurions absolument aucune connaissance, mais dont nous ne prenons vraiment conscience que rarement ».

Cette activité synthétique de la conscience est, d'après Kant, la source des catégories de l'entendement. Or, parmi ces catégories, il comprend celles de causalité, de similarité, de différence. C'est-à-dire que les états d'âme sont liés entre eux, d'après leur différence ou leur ressemblance.

2° *Les conditions réelles de l'activité synthétique.* — Reste à nous demander maintenant quelles sont les conditions de cette activité synthétique de la conscience et de la ressemblance des états qu'elle réunit ? La question peut paraître de peu d'utilité à ceux qui disent qu'il est impossible de se rendre compte des conditions dernières des choses simples. On affecte de négliger les conditions de l'activité synthétique de l'esprit, par la simple raison qu'il y a là une donnée élémentaire qui, si elle explique toute la phénoménalité psychique, ne peut être expliquée elle-même par rien d'autre, sans qu'on tombe dans la métaphysique, ou sans qu'on « paye son tribut à la *psychologie* » (1). Cependant, Wundt cherche aussi à réduire l'unité des phénomènes conscients à l'unité organique des corps. « La corrélation absolue entre le physique et le psychique suggère l'hypothèse suivante : ce que nous appelons l'âme est l'être interne de la même unité, unité que nous envisageons extérieurement, comme étant le corps qui lui appartient (2).

Il est vrai que chez Wundt il est encore difficile de décider si c'est l'unité de la conscience qui dérive de l'unité organique du corps, ou inversement. Telle est encore la manière très prudente,

(1) Wundt, *op. cit.* (II) p. 344.
(2) *Ibidem*, 526.

dont Höffding envisage les rapports entre l'unité de l'esprit et l'unité organique du corps. « Entre l'activité de la conscience et les fonctions du système nerveux nous trouverons une grande abondance de traits parallèles » (1). Ainsi, la grande valeur du système nerveux vient de ce qu'il met toutes les actions en harmonie, et de ce qu'il sert d'organe central de liaison aux diverses parties de l'organisme, et rend possible, en face du monde extérieur, un système clos de manifestations.

La conscience s'acquitte à sa manière de la même tâche. Elle unit ce qui est épars dans le temps et l'espace » (2). Or, ajoute-t-il « il faut admettre que les divers parallèles que nous venons d'instituer ont une valeur réelle : il doit y avoir une liaison intime entre la vie consciente et l'encéphale ». Après avoir prouvé qu'il existe une connexion étroite entre le développement parallèle du cerveau et de la conscience, chez l'homme et chez les animaux, l'auteur conclut à l'hypothèse de *l'identité* des deux termes. Cette hypothèse consiste à dire que « ce qui agit dans les phénomènes matériels est de telle nature qu'il s'exprime en même temps d'une manière corrélative, en tant que conscience » (3). Conséquemment, la psychologie et la physiologie ne peuvent pas être réduites l'une à l'autre... ces deux sciences concernent le même objet considéré sous deux aspects différents.

Cependant, l'attitude réservée de ces deux psychologues est absolument intenable. En effet, puisque les phénomènes psychiques ne peuvent se manifester qu'au moyen du corps, qui est un organisme, et par suite une unité centralisée, rien de plus simple que la conscience, quelle qu'en soit la nature en elle-même, présente cette forme d'activité synthétique. C'est parce qu'elle doit s'exprimer au moyen de ce système nerveux centralisé,

(1) HÖFFDING, *op. cit.* p. 63.
(2) *Ibidem.*
(3) *Op. cit.* p. 86.

qu'elle est synthétique, dans son activité. En un mot, la forme de la conscience doit nécessairement reproduire la forme synthétique, intégrante de l'organisme.

C'est ce qui a été parfaitement saisi par M. Ribot. « Le consensus de la conscience, étant subordonné au consensus de l'organisme, le problème de l'unité du moi, selon M. Ribot, est, sous sa forme ultime, un problème biologique. A la biologie d'expliquer, si elle peut, la genèse des organismes et la solidarité de leurs parties. L'interprétation psychologique ne peut que la suivre » (1). « C'est l'organisme, et le cerveau, sa représentation suprême, qui est la personnalité, » parce que « c'est sur cette base physique de l'organisme que repose, d'après notre thèse, ce qu'on appelle l'unité du moi, la solidarité qui relie les états de conscience » (2).

Si intelligible que soit la théorie de M. Ribot, elle présente des côtés très attaquables. Aucun des grands psychologues ne s'y est arrêté, malgré tout ce qu'elle a de séduisant. Ainsi Höffding, comme nous venons de le voir, et Wundt, comme nous allons le voir, se gardent bien d'affirmer la thèse de M. Ribot. Wundt incline plutôt envers l'animisme et James se déclarera franchement partisan du spiritualisme.

A) Les conditions de l'activité synthétique de la conscience sont-elles organiques, c'est-à-dire physiologiques ? — D'abord, toutes les espèces animales supérieures se caractérisent par une unité organique parfaite, sans que, pour cela, leur conscience soit comparable à celle des hommes. Et, même chez les hommes, l'unité organique est loin d'être la juste expression de leur modalité de conscience. Il faut donc autre chose au-dessus de l'unité organique. Il est donc possible de concevoir que la constitution et la situation centrale de l'encéphale, loin d'être la condi-

(1) Ribot. *Maladies de la Personnalité.* Paris, Alcan, 1885, p. 171.
(2) *Ibidem*, p. 93.

sion exclusive de l'unité de la conscience, pourraient nécessiter elles-mêmes une explication. Les choses reviennent au même que ce soit la conscience même, qui, par son activité synthétique ait créé l'encéphale, ou bien que ce soit l'encéphale qui, centralisateur par nature, ne fasse que modifier à son image le monde psychique, qui s'exprime par lui. Par suite, l'une ou l'autre des deux hypothèses est également intelligible. Nous devons les examiner plus en détail, pour voir laquelle des deux pourrait présenter le plus de vraisemblance.

Voyons d'abord l'hypothèse, qui considère l'encéphale comme un organe central, et dont la fonction est inhérente à sa nature, à la nature de l'organisme. Dans cette hypothèse, on ne pourrait expliquer la nature de l'encéphale et de sa fonction qu'en tant que provoquée par l'adaptation au milieu cosmique. Cependant, dans le milieu cosmique, nous ne voyons nulle part ces phénomènes centralisés, qui puissent donner naissance à cette fonction centralisatrice (1).

De plus, on a émis l'idée que le cerveau n'est pas indispensable à la vie organique, que, par rapport à la vie, on pourrait considérer le cerveau comme un luxe (2). On est allé encore plus loin : le cerveau serait plutôt un organe gênant pour la vie.

Malgré ce qu'il peut y avoir de hasardé dans cette thèse, il n'en est pas moins vrai que les nécessités constantes de la vie animale pourraient être convenablement satisfaites par les centres inférieurs de la moelle épinière ou par les lobes du cervelet. La preuve qu'il en pourrait être ainsi, c'est que l'encéphale ne se développe que dans les espèces les plus élevées sur l'échelle zoologique. Dans les espèces inférieures, il est clair que l'adaptation

(1) Dans le monde physique il n'y a pas de hiérarchie ni de processus synthétique centralisateur, auquel l'organisme aurait dû s'adapter au moyen de l'encéphale.

(2) N. Vaschide et Vurpas. *Essais sur la psychologie des monstres humains*. Paris 1903, Rudeval, pp. 47-48.

au milieu cosmique s'est presque satisfaite des centres nerveux inférieurs ; elle n'en est que plus stable et plus sûre. Ce n'est que dans les espèces supérieures qu'il y a eu nécessité d'un organe central supérieur.

Mais, chez ces derniers, qu'est-ce qui a provoqué la création de ce nouvel organe ? Est-ce toujours le milieu cosmique ? Il ne nous semble pas, puisque ce monde est le même que pour les espèces inférieures. Mais pourquoi ne pas voir que l'encéphale semble être l'organe le plus récemment développé, et qu'il est développé surtout chez les espèces supérieures, lesquelles vivent dans des sociétés d'autant plus larges et cohérentes que les espèces sont plus élevées. On pourrait alors concevoir que l'homme ou l'animal des espèces supérieures a dû s'adapter, par surcroît, au milieu social, comme il s'était adapté au milieu cosmique. Il devient, ainsi, intelligible que le cerveau soit un organe surajouté, issu du développement anormal des derniers centres de la moelle épinière et provoqué précisément par la nécessité qu'a sentie l'homme de s'adapter aux conditions nouvelles que lui a faites le milieu social.

Il s'ensuit alors que le cerveau est un luxe, par rapport au milieu physique ; mais qu'il est un organe de première nécessité, par rapport au milieu social : « La vie sociale, a-t-on pu dire, est réductible à l'action du cerveau » (1). Il reste à voir, ensuite, si le milieu social présente ces traits caractéristiques de l'encéphale et de sa fonction, ceux-là mêmes que le milieu physique ne peut présenter.

Pas plus que la hiérarchie des organes ne peut expliquer l'activité synthétique de la conscience, elle ne peut pas non plus expliquer le second élément essentiel de la conscience ; les états psychiques semblables qui forment ce groupe permanent, base de la continuité du moi. Comme on l'a bien observé, il n'y a pas de

(1) Marcel Bernès, *Programme d'un cours de sociologie*. *Revue Intern.* 1895, p. 103.

« connexions organiques connues qui puissent faire comprendre comment deux idées semblables peuvent s'appeler l'une l'autre, par le seul fait de leur ressemblance » (1). En effet, nous ne voyons pas de quelle manière l'encéphale peut réunir en groupe les idées ou les impressions, d'après leur ressemblance. En outre, cette ressemblance, qui fait l'unité du contenu de la conscience individuelle, ne peut dériver non plus de l'unité ou de la continuité organique. A ce point de vue, la continuité de l'organisme n'a pas plus de valeur que l'unité de la température, ou de la pression atmosphérique. De même, on ne pourrait vivre psychiquement et garder l'unité de son moi, à une pression atmosphérique, égale à celle qu'il peut y avoir à une hauteur de 30.000 mètres.

On ne peut pas non plus conserver l'unité de la conscience à une température de 80°. La nécessité de l'unité ou de la continuité organique, n'a donc pas plus de valeur, pour l'unité de la conscience, que l'unité de la température, ou de la pression atmosphérique. Qu'on observe, de plus, que l'unité organique ne fait, d'ailleurs, qu'exprimer cette uniformité du milieu cosmique, et qu'elle a pour base, précisément, cette unité et cette uniformité cosmique. Les ressemblances que présente le monde physique ne sont pas suffisantes, pour former le contenu de l'unité réelle du moi. Si, en effet, le milieu cosmique procure le groupe d'impressions constantes et permanentes, nécessaire à la continuité du moi, ces impressions sont toutes objectives, étrangères au moi. Il ne peut pas s'y retrouver et s'y reconnaître.

Pour que l'unité organique puisse expliquer la continuité de la conscience, — quoiqu'elle en soit une base indispensable, car on ne pourrait pas concevoir une conscience cohérente dans un organisme dont l'équilibre est rompu, — il arrive que c'est l'unité logique de la conscience qui contribue à maintenir l'équi-

(1) DURKHEIM. *Représentation individuelle et représ. collective*; *Revue de Métaphysique*, 1898, p. 291.

libre, l'unité organique. Il y a, toutefois, des cas où l'incohérence psychique, loin de dériver d'un équilibre organique, peut, au contraire, jeter le désarroi dans cet équilibre. Une nouvelle, dont l'objet est exceptionnellement réjouissant ou triste. si elle est reçue d'une façon complètement inattendue, peut déséquilibrer l'esprit par la folie d'abord. et. ensuite, rompre même la continuité organique. M. Alfred Binet, dans son livre sur la *suggestibilité*, montre que les expériences de suggestibilité hypnotique arrivent très souvent à détruire l'équilibre mental et à désagréger l'unité psychique. Or, physiologiquement parlant. il n'y a rien de dérangé par ces expériences. Le nombre des personnes qui ont perdu leur esprit. dans telle ou telle circonstance, est considérable. Des faits analogues arrivent sous nos yeux et ils ne sont pas rares. Qu'est-ce à dire. sinon que l'unité de la conscience détermine souvent l'unité organique, au lieu d'être elle-même déterminée par cette dernière.

Non seulement la continuité organique ne fournit pas l'explication suffisante de l'unité de la conscience, mais encore si elle est portée à un terme supérieur, l'organisme étant dans un équilibre plus parfait, rend la conscience impossible. Ainsi l'unité de l'organisme, pour peu qu'elle soit plus avancée. est la négation même de la conscience. Et c'est M. Ribot. lui, qui tire la synthèse de la conscience du processus intégrateur organique. qui appelle notre attention sur l'antagonisme qui existe entre l'unité organique et la conscience. Il exprime cet antagonisme dans ces termes. La parfaite unité de conscience, lorsque tout converge physiquement et mentalement. exclut le sentiment de la personnalité. Par suite, le maximum d'organisation correspond au minimum de conscience. Il faut donc que l'équilibre soit un peu rompu pour que la conscience ait lieu (1).

D'accord avec ces faits, se trouve encore l'opinion récente que

(1) *Maladies de la Personnalité*, 1885, p. 170.

la conscience, les analyses mentales sont nocives à la santé et entravent la vie biologique, que la vie proprement dite se comporte mieux lorsqu'elle n'est pas accompagnée de réflexion. Cette thèse, écho un peu lointain de la philosophie de Rousseau, n'est pas sans contenir une part de vérité. Elle est au moins une preuve indéniable que la pensée n'est pas inhérente à la vie ; qu'elle est d'abord un accident, par rapport à celle-ci, et le produit progressif d'une évolution ultérieure, supérieure à la vie.

Cette opposition entre la vie animale et la vie consciente se manifeste encore d'une autre manière. Précisément, ceux qui, comme M. Ribot, veulent expliquer le psychique par le physiologique, finissent précisément par le nier au lieu de l'expliquer. Ils en font une réalité épiphénoménale, c'est-à-dire illusoire, irréelle, une sorte de fantôme inutile, qui assiste vainement les processus physiologiques qu'elle a pour base. Telle est la thèse de Huxley soutenue même par M. Ribot et reprise récemment par M. le Dantec. Tous, ayant voulu expliquer le psychique par le physique, ont réduit à zéro la réalité effective phénoménale de la conscience. Pour eux, la conscience n'a aucune efficacité sur les choses, elle est un pur épiphénomène. N'est-ce pas là, enfin, une preuve décisive qu'à prétendre réduire la conscience au phénomène de la vie, on ne peut aboutir qu'à la nier effectivement ?

Il faut donc ou bien admettre une existence, une réalité originale à la conscience et accepter alors la thèse spiritualiste, ou bien nier tout simplement la conscience en se la représentant, sous l'image contradictoire, monstrueuse de l'*épiphénomène*. Voilà le dilemme que M. Durkheim propose aux psychologues ; les plus réservés d'entr'eux ne choisissent pas encore ; les plus hardis penchent visiblement vers le spiritualisme ou vers l'animisme.

Cependant, ceux mêmes qui n'ont guère de sympathie pour le

spiritualisme sont loin d'accepter la théorie de la conscience épiphénomène. Ils ne trouvent pas irréels les phénomènes de la conscience. « Au contraire », dit M. Höffding, « la théorie de la connaissance nous mène à considérer les phénomènes de conscience comme les faits les plus fondamentaux de notre expérience, puisque le point de vue objectif implique toujours le point de vue subjectif. De ce point de vue la conception la plus naturelle serait celle qui regarde la vie psychique comme l'essentiel et l'activité cérébrale qui lui correspond comme la forme donnée sous laquelle elle se manifeste à l'intuition sensible » (1). Wundt conclut absolument de même quand il examine le rapport du physique au psychique : « Une étude plus approfondie de l'histoire de l'évolution psychique doit nécessairement arriver à l'opinion opposée à cette autre opinion, aujourd'hui très répandue, qui voit dans l'organisation physique la cause de l'organisation psychique... Nous sommes contraints d'admettre que le développement psychique n'est pas la cause, mais plutôt l'*effet* du développement physique » (2).

Le psychique aurait ainsi une existence effective ; il faut cependant bien qu'il se construise un organe adéquat afin de pouvoir se manifester extérieurement. La question revient à demander lequel du violon, ou bien de la nécessité esthétique que l'homme a senti de jouer du violon, a été cause de l'autre ? Dans ce cas précis et concret, il n'est pas douteux que c'est le goût de la musique qui a créé le violon, son instrument. N'en serait-il pas de même du cerveau ? N'est-il pas l'organe que le psychique s'est créé pour se manifester extérieurement ?

Il est vrai que pour un observateur superficiel et naïf, non seulement, à l'origine même, c'est le violon qui a déterminé le goût du musicien, mais puisque, de fait, les accords, les rythmes sont exprimés, exécutés comme on dit, par le violon, on pourrait

(1) *Op. cit.* p. 86.
(2) *Op. cit.* t. II, p. 519.

faire dépendre la musique même de la construction matérielle du violon. Bois, cordes, archet, etc., contiendraient tout le secret des sons harmonieux. L'artiste serait ainsi un témoin inutile, inactif, ou, tout au moins, se livrerait à un jeu de gestes inefficaces, quoique adéquats et parallèles aux mesures et aux tons.

Si grossière qu'elle soit, cette comparaison montre l'erreur des partisans de la conscience épiphénomène. C'est afin d'échapper à cette erreur grossière que James se déclare spiritualiste et Wundt animiste. Pour ce dernier, « la supposition que le psychique a créé le corps rend compréhensible le fait de la *finalité* de tous les phénomènes de la vie, fait qu'on ne peut rejeter malgré toutes les négations anti-téléologiques de la biologie actuelle » (1). Mais le fondement de cette formalité, c'est qu'une partie des phénomènes de la vie, les actions volontaires et conscientes émanent immédiatement des motifs dirigés vers un but.

Pour James, le sentiment, qui coexiste avec l'action de la cellule cérébrale, réagit dynamiquement sur cette action, en la fortifiant ou en l'inhibant, alors l'attention (qui est l'équivalent de la conscience) est en partie une cause. Il va même jusqu'à dire, avec Kant, que le corps est « non la cause de notre pensée, mais une condition restrictive qui est nécessaire pour la vie animale et temporelle ; il est un empêchement pour la vie purement spirituelle » (2). Ce qui détermine James à « se compter parmi les spiritualistes, ce sont des raisons éthiques » (3).

Or, le monde éthique est le monde de la finalité. Par conséquent, ces deux psychologues remarquables s'adressent tous les deux au monde de la morale qui est à proprement parler le

(1) *Op. cit.* t. II, p. 519.
(2) *Human Immortality*, voir compte rendu de la *Revue Philos.* 1899 (I) p. 199.
(3) *Principles of Psychology*, I, p. 459-460.

monde social. Telle est aussi l'opinion de M. F. Masci, lorsqu'il a dit que « l'identité du type corporel ne suffit pas pour maintenir la conscience de l'unité personnelle. La mémoire et les *facultés pratiques* complètent l'idée de personnalité » (1). Ainsi, les postulats derniers de la psychologie contemporaine aboutissent fatalement au monde de la vie pratique, à l'exemple des principes supérieurs que l'analyse kantienne a découverts dans la raison.

Cependant, ni le spiritualisme de James, ni l'animisme de Wundt ne sont en mesure de nous satisfaire, car il y a lieu de dire avec Höffding : « Nous n'avons aucune raison de soutenir avec le spiritualisme moniste que l'existence spirituelle exprime l'essence la plus intime de l'être ». En effet, le spiritualisme de James est intenable, s'il ne lui donne pas une base expérimentale, après avoir constaté qu'il n'est pas réductible au physiologique. De même, l'animisme de Wundt, selon lequel le psychique crée le corps, est également inconsistant, car, le psychique étant lié au physiologique, comment pourrait-il préexister au corps ? D'autre part, nous savons que Wundt attribue la conscience même aux formes les plus inférieures de la vie, même aux plantes (2).

Il nous est impossible de comprendre comment le psychique pourrait exister avant le corps. S'il a une autre source, ou une autre base que l'organique, il faudrait le dire, et dire quelle est cette autre source. A peine est-elle indiquée, dans le même sens, il est vrai, par ces deux psychologues : tous les deux s'adressent au monde de la morale et de la finalité. Mais il n'y a rien d'explicite chez eux.

Il reste, après eux, à se demander si réellement ce ne devrait pas être dans le monde social qu'il faille chercher la base expé-

(1) Compte rendu de la *Revue philosophique* 1883, (I), p. 579.
(2) *Op. cit.* p. 520.

rimentale de la conscience ; on ajouterait alors un troisième terme au dilemme posé par M. Durkheim (1). On pourrait dire ou bien que la conscience a une base physiologique, et alors elle se réduit à être un épiphénomène, ou bien qu'elle est un phénomène *sui generis*, comme M. Durkheim paraît le penser, mais il devient, par là, impossible de le penser sans l'identifier avec une réalité spirituelle proprement dite ; ou bien, enfin, la conscience est un phénomène social et on peut lui donner comme base la réalité expérimentale de la société. Dans ce dernier cas, la conscience devient très compréhensible ; elle cesse de rester un fantôme flottant dans le vide comme épiphénomène ou esprit. On pourrait la concevoir alors comme un phénomène social incarné, qui a dû s'inscrire dans l'organisme, se traduire dans le langage physiologique.

De cette seule façon l'animisme de Wundt, le spiritualisme de James peuvent se vérifier, car dire que le psychique préexiste au corps qu'il a créé ou modifié, c'est dire que la société préexiste à celui-ci, peut le modifier et y faire apparaître des organes nouveaux, ou développer exceptionnellement des organes existant déjà. Le parallélisme prudemment soutenu par Höffding se trouve être le plus près de la réalité. Lorsqu'il dit que « les domaines existent séparément dans notre expérience et qu'ils doivent se développer tous deux simultanément, chacun suivant ses lois » (2), il veut dire, simplement, que le social existe à côté du biologique, et qu'il peut emprunter les formes biologiques en se manifestant ainsi sous les deux formes en même temps ; l'une psychique, l'autre physiologique. C'est donc le social qui se trouve au fond de la vie psychique, par rapport à laquelle, selon Höffding, l'activité cérébrale qui lui correspond (3)

(1) *Art. cité.*
(2) *Op. cit.* p. 81.
(3) La conscience qu'a le moi de lui-même n'est pas le résultat des activités cellulaires (voir Carreaux : *La Conscience psychol. et morale dans l'individu et l'histoire*, passim.

n'est que la force donnée sous laquelle elle se manifeste à l'intuition sensible.

Mais, s'il faut revenir à ce dualisme, entre le physique et le social, comparable à celui de Descartes, encore faut-il examiner quelles sont les vraissemblances d'une thèse qui identifie le psychique au social. Il reste donc à nous poser cette autre question :

B) Les conditions de l'unité de la conscience sont-elles sociales? On se demande si la réalité sociale présente un fait aussi essentiel, aussi général et d'une portée aussi fondamentale, que l'activité synthétique ou totalisatrice de la conscience, et qui soit profondément semblable à celle-ci. Comme il a été dit, dans la première partie de ce travail, s'il y a une loi sociale, qui domine toute la vie des sociétés et sur laquelle tout le monde est d'accord, c'est bien la loi de l'*intégration sociale*. Conformément à cette loi, les sociétés particulières sont progressivement ouvertes les unes aux autres et attirées dans un courant intégrant, universel, central, au point qu'elles finissent par s'intégrer, en se synthétisant dans une société unique, universelle. On le voit donc bien, cette activité synthétique des sociétés semble être une contrepartie exacte de l'activité synthétique de la conscience. C'est au point que conscience et société paraissent régies par une seule et même loi : l'*activité synthétique, intégrante*. Il y a plus, si le processus social, intégrant, provoque une différenciation sociale de plus en plus profonde, il a également comme conséquence une unification ou une assimilation sociale de plus en plus étendue. Cette conséquence immédiate du processus social totalisateur correspond ainsi au second élément de l'unité de la conscience, qui est la similitude, le groupement d'états psychiques permanents, caractère également dérivé de l'activité synthétique de la conscience. En un mot, de même que la conscience se manifeste, au dedans, par son activité synthétique, et par la ressemblance entre ses phénomènes, de même, au dehors, la vie sociale est régie par le processus de l'intégration et de l'unification universelle.

Il y a, par conséquent, entre les traits essentiels de la vie consciente et de la vie sociale un parallélisme bien plus profond et bien plus complet qu'entre l'unité organique du corps et l'unité de la conscience. Nous avons vu que le parallélisme psychophysique n'est pas une explication de la conscience, il nous faut chercher si le parallélisme socio-psychique ne fournirait pas la solution. Et, d'abord, peut-on déduire le processus synthétique de la conscience du processus social totalisateur ? L'un dérive-t-il réellement de l'autre, et de quelle manière ? Voici déjà des conditions générales, mais plus ou moins vagues. Nous y reviendrons ensuite. Ici, nous avons à montrer, seulement, qu'il n'est pas impossible de concevoir que ce qui constitue cette force de la conscience de concentrer en une connexion cohérente une multiplicité d'éléments psychiques hétérogènes mais solidaires, pourrait bien dépendre ou dériver de cette énergie sociale, primordiale, qu'ont les sociétés de se concentrer et de s'intégrer.

a). En effet, cette énergie qu'a la conscience de lier et de solidariser les éléments qu'elle contient et de les fondre ensemble, cette force de rapprocher des éléments hétérogènes, de les réunir et de les lier entre eux, nous semble être une émanation de la force sociale générale. Cette activité qui maintient ensemble les diverses sensations et représentations, et qui constitue l'unité formelle du moi, c'est bien, semble-t-il, la réalisation moléculaire du processus social intégrateur. Et, voici, à peu près, *comment* les choses se passent. Les petits cercles sociaux, d'abord clos, étant ensuite ouverts et intégrés dans une unité sociale plus large, se pénètrent, et leurs manières différentes d'agir et de penser sont mises en commun. L'esprit, plus simple et plus homogène, lorsqu'il est enfermé dans un cerle restreint, s'élargit et s'enrichit ensuite. Les manières de faire se compliquent en se synthétisant, les manières de penser aussi. Et cela d'une façon bien simple ; ou bien la simple commodité pratique fait que deux manières de faire, qui peuvent se combiner utilement, se combinent en réalité, et la nouvelle manière d'agir, qui en résulte, est utilement, mais réellement, plus compliquée. Un premier acte d'intégration est déjà réalisé.

Mais ce n'est pas là le cas le plus fréquent. En réalité, la complication, l'intégration des manières d'agir et de penser se fait par la violence. Le vainqueur impose brutalement au vaincu sa manière de faire et de croire. Ainsi, sous l'influence de la contrainte violente, le vaincu accumule, à côté de son savoir faire et de sa pensée propre, les manières du vainqueur. C'est bien là le procédé des hommes de la tribu victorieuse envers ceux des tribus vaincues. M. Tarde l'a finement observé : « la guerre est bien plus civilisatrice pour le vaincu que pour le vainqueur ; celui-ci ne daigne pas se mettre à l'école de celui-là, qui, lui, subissant l'ascendant de la victoire emprunte à l'ennemi nombre d'idées fécondes et les ajoute à son fonds national » (1). Par suite, si l'esprit du vaincu s'élargit, s'il contient maintenant une connexion plus large de représentations et de manières d'agir, c'est parce qu'il est enrichi malgré lui, par contrainte. Les nouveaux éléments, différents des éléments anciens, se lient à ceux-ci, sous la pression de la violence, des douleurs que le vainqueur inflige au vaincu, afin qu'il adopte ce supplément hétérogène de pensées et d'actions, de mots et d'activité.

Peu à peu, les nouveaux éléments, sous la pression de la violence prolongée, se soudent aux anciens et de là résulte une connexion d'états d'âme différents, disparates, qui, bien que différents et sans rien de commun, restent en connexion. De plus, le vainqueur impose toujours à l'esclave, violemment, des séries d'actions plus difficiles, plus compliquées, plus longues. Les

(1) *Les lois de l'imitation*, p. 397.

douleurs qu'on lui inflige, lorsqu'il n'accomplit pas sa tâche jusqu'au bout, le forcent, à la fin, à intégrer la série de tous les actes nécessaires. C'est ainsi que les peuples primitifs ont acquis cet effort prolongé et concentré, qui n'est pas inhérent à la nature primitive de l'homme. A la suite de cet effort et de ce travail, la conscience, réalité essentiellement synthétique intégrante, se fait jour dans l'homme. « En tant que l'esclave crée des choses, par sa propre activité, il se crée lui-même. » Le travail, est l'éducation et fait l'éducation. Par le travail, la conscience descend dans l'esclave. Cette connexion intérieure c'est la conscience (1).

L'activité synthétique de la conscience est donc bien ce qui relie les différentes représentations, mais elle est d'origine extérieure sociale. Telle est l'image interne de la violence externe que le maître impose à l'esclave, afin qu'il reçoive de nouvelles façons de penser. Comme l'esclavage dérive de la conquête, et la conquête de la tendance intégrante des sociétés, on voit donc bien que la force synthétique de la conscience, par une chaîne assez courte d'intermédiaires, dérive de cette tendance, unifiante, des sociétés.

A mesure même que les sociétés s'élargissent, au moyen du système des conquêtes, leur contenu se complique d'éléments de plus en plus hétérogènes, et, par le même procédé que nous venons de voir plus ou moins adouci, le contenu des consciences s'enrichit progressivement. La violence, la nécessité soudent progressivement des éléments nouveaux au contenu de la conscience; la douleur scelle de sa marque les liaisons des nouveaux éléments aux anciens; le résultat est que cette connexion ainsi rendue cohérente, et assurée, constitue l'unité de la conscience. « A ces caractères d'unité et d'intériorité, qui distinguent la conscience, se rattache encore la faculté d'éprouver du plaisir et de la douleur » dit aussi Höffding (2).

(1) Hegel. *Werke*, II, p. 136.
(2) *Op. cit.* p. 62.

Et la force qui relie les états les uns aux autres, dérivé immédiat de cette douleur initiale, constitue la force mystérieuse que nous attribuons à la conscience, de rapprocher, de maintenir ensemble une multiplicité d'éléments différents.

b). D'autre part, l'activité pratique présente, à cause de la complication que subissent les pratiques par l'agglutination des différentes manières de produire, mises en présence, une complexité croissante. Les objets utiles, très simples d'abord, se compliquent ensuite progressivement. Et alors, pour confectionner un objet d'une utilité quelconque, toute une série complexe d'activités partielles, hétérogènes, est exigée de la part de l'homme. On ne peut avoir l'objet sous forme achevée, avant d'avoir épuisé la série des actions partielles, hétérogènes, et même dans leur ordre nécessaire, sous peine d'échouer. Et, comme la possession de cet objet satisfait à une nécessité présente, l'homme se voit forcé d'intégrer la série complète au moyen de longs efforts et de répétitions patientes. Au fur et à mesure, cette série d'actes s'inscrit à l'intérieur sous forme de connexions, de représentations hétérogènes, mais solidarisées par des liens bien précis et sûrs, résidus des répétitions et des efforts imposées par la nécessité présente. C'est là encore une des sources sociales de l'activité synthétique de la conscience. Et, dans ce cas spécial, la conscience présente l'aspect d'un effort, fait pour compléter une série, une connexion de représentation et d'activités partielles, mais hétérogènes.

c). L'activité pratique, se compliquant infiniment, à cause de la complication de la vie sociale, à la suite de l'intégration sociale, les manières de faire se compliquent aussi et se spécifient infiniment à la suite de la division du travail. Or, quelles sont les conséquences connues de la division du travail?

Une des plus manifestes, est la multiplicité des tâches de plus en plus spéciales et par suite différentes. Mais ces tâches, pour être multiples et différentes, n'en sont que d'autant plus étroitement et nécessairement reliées entre elles ; l'une devient impossible, lorsqu'elle n'est pas suivie ou accompagnée simultanément de toutes les autres. Chaque individu, dans une usine quelconque, par exemple, doit tenir compte de l'ensemble et adapter son activité à l'activité de l'ensemble. Dans sa conscience, l'activité de l'ensemble doit être représentée, plus ou moins clairement, et son action doit rentrer, dans cet ensemble, comme une partie intégrante. La liaison entre les différentes représentations des différentes formes d'activité doit être sûre, indissoluble, dans l'esprit de chaque ouvrier à la fabrique, car c'est là la condition du succès. L'usine est un tout solidaire, et la solidarité organique de ses parties doit être dans la conscience du personnel.

Plus les tâches dans une usine se divisent et se spécialisent, plus leur solidarité devient une condition *sine qua non* d'existence durable. M. Durkheim a bien fait voir la liaison causale nécessaire qu'il y a entre la spécialisation des tâches provenue de la division du travail et la solidarité étroite, serrée, qui les lie entr'elles, dans un processus de production économique. Cette même solidarité a été très clairement mise en évidence par Karl Bücher.

S'il en est ainsi, quel effet ne doit pas produire sur la réflexion de l'homme, qui y prend part, ce processus de production économico-sociale ? Comment cet effet ne serait pas profond et durable ? Nous trouvons là des caractères parfaitement identiques à ceux que Höffding attribue à l'activité de la conscience : nous trouvons cette centralisation et cette coordonation du travail que ne présente pas le monde physique et qui est cependant le propre de la fonction de l'encéphale. N'y aurait-il pas là une preuve que cet organe est provoqué par l'adaptation au milieu social, qu'il représente plutôt que par l'adaptation au milieu cosmique.

avec lequel dans son fonctionnement d'organe coordonnateur, tout au moins il n'a rien de commun.

En effet, cette connexion nécessaire de toute une multiplicité de tâches différentes, hétérogènes mais solidaires, qui s'enchaînent dans un processus de production industrielle, s'imprime fatalement dans l'homme qui y contribue. L'écho interne de cette influence constitue, en grande partie, sa vie psychique. Et alors, la forme de sa vie psychique prend effectivement les caractères essentiels qu'on lui attribue, et manifeste cette énergie synthétique, au moyen de laquelle une multiplicité d'idées différentes est tenue dans une connexion serrée, définie. De ces trois manières, encore que très sommairement présentées, nous avons vu comment le processus de l'intégration sociale réalise au cours de son développement le processus synthétique de la conscience, ou bien l'unité formelle du moi.

Voyons, maintenant, quels rapports lient l'unité réelle du moi au processus de l'unification sociale. Où est la source de ces éléments constants et semblables, sans lesquels l'unité formelle de la conscience ne formerait pas le moi et la continuité de celui-ci ? D'où viennent enfin ces ressemblances qui permettent à la conscience de se retrouver et de se reconnaître dans la masse compliquée de ces éléments hétérogènes ?

Nous avons déjà dit, en passant, que le milieu physique présente une constance, une permanence de conditions, qui paraîtraient juste en rapport avec la continuité de la conscience, mais que ces conditions sont anonymes, étrangères à l'individu, et comme telles, le moi ne peut pas se retrouver en elles. Il reste alors à chercher et à faire voir si les conditions sociales (s'il y en a de constantes) peuvent constituer l'unité du moi. Mais, avant tout, il nous faut essayer de voir comment l'unité du moi se forme et se conserve.

Sans doute, ni la diversité, ni la ressemblance des états psychiques ne suffisent pour provoquer l'apparition de la conscience, il faut encore qu'elles viennent d'un monde qui n'est pas trop étranger au sujet. Ce monde, donc, on le voit bien, ne peut pas être le milieu cosmique. Il ne peut être que le milieu humain social. En effet, il suffirait de rendre les impressions que font plusieurs individus sur un seul, aussi complexes, diversifiées, constantes, coordonnées, méthodiques que possible, pour transformer l'homme purement biologique, inconscient, en homme réfléchi, conscient. Etre conscient, n'est-ce pas se connaître soi-même dans les autres et les autres en soi-même, puisqu'on les porte en soi, ayant subi leurs influences. Comme l'a très bien montré M. Baldwin, la conscience est le produit des actes par lesquels le milieu social se réfléchit en nous. Il est impossible de la concevoir en dehors de la vie collective.

Nous ne pouvons connaître, en effet, notre psychique, parce que nous ne pouvons être conscients que lorsque nous nous réfléchissons dans quelque chose d'extérieur et qui nous soit semblable en même temps (1). C'est seulement par le fait que nous trouvons en autrui notre image, que nous prenons conscience et de nous-mêmes et des autres à la fois. La connaissance interne de nous-mêmes comporte beaucoup d'analogie avec la connaissance que nous prenons de notre extérieur. Pas plus que nous ne nous connaissons physiquement, avant de rencontrer notre extérieur réfléchi dans un miroir ou n'importe quelle autre surface luisante, nous ne pouvons nous connaître intérieurement qu'en nous réfléchissant dans nos semblables, ou en réfléchissant nos semblables (2).

De ce point de vue, donc, autant le milieu social est indispensable pour que la conscience apparaisse, autant le milieu physique lui-même est inutile.

(1) « L'homme apprend dans le miroir de ses semblables à se connaître plus exactement lui-même. » SCHMOLLER : *Op. cit.* p. 42.
(2) HEGEL : *Werke*, vol. 7, I, § 432, pp. 277-279.

Les choses physiques, et même les formes de la vie, nous sont absolument étrangères et, par suite, indifférentes, puisqu'elles ne peuvent rien nous dire sur ce que nous sommes. Elles sont parfaitement anonymes pour nous, et c'est pour cela que leur contact n'accentue en rien la connaissance de nous-même.

On comprend bien alors à quoi tient la grande différence entre la conscience réfléchie de l'homme et la conscience rudimentaire des animaux. L'étroitesse des sociétés où ils vivent, maintient les animaux dans un contact plus prolongé avec le milieu physique, et fait qu'ils vivent plus isolés que les hommes ; leur conscience est rétrécie d'autant. Plus ils sont spectateurs isolés de l'univers inanimé, moins ils sont réfléchis et conscients. Et comme corollaire, l'homme est d'autant plus réfléchi que s'élargit ou devient plus dense la société à laquelle il appartient, et sa conscience augmente en intensité et en étendue en raison de l'augmentation du volume et de la densité sociale.

M. Tarde a très heureusement saisi et exprimé la différence essentielle qu'il y a, de ce point de vue, entre le contact du moi avec le milieu physique et son contact avec les autres moi. « Le contact du moi avec les autres moi, dit-il, n'est, après tout, qu'un des rapports du moi avec l'ensemble des êtres extérieurs, mais c'est un *rapport tout à fait spécial, caractérisé par un minimum de dissimilitude*. L'objet est ici lui-même un sujet ; ce qui est senti est lui-même sentant. *L'esprit rencontre ainsi sa propre image vivant dans l'énigmatique univers, prend mieux conscience de sa propre réalité*, parce qu'elle reflète ce qui lui apparaît comme une réalité pareillement indiscutable, soustraite au scepticisme idéaliste. Il a touché là un *inconscium quid* qui lui ressemble déjà, et qu'il s'efforce sciemment ou inconsciemment de *s'assimiler davantage soit par la sympathie, soit par l'antipathie*. Ces rapports, qui sont en si haut relief dans le souvenir que garde l'individu de ses relations avec l'univers ambiant, méritent de ne pas être confondus avec celles-ci » (1).

En effet, s'il n'y avait personne autour de nous, rien qui soit connaissant et qui nous connaisse, nous ne nous connaîtrions certainement pas nous-mêmes. Nous ne garderions probablement pas le souvenir de nous-mêmes ; nous ne nous reconnaîtrions pas à des intervalles distancés de temps, s'il n'y avait des personnes autour de nous qui nous connussent et nous reconnussent. La science de nous-mêmes est faite de la science que d'autres ont de nous, et si nous nous reconnaissons nous-mêmes, c'est que d'autres nous reconnaissent et même nous forcent quelquefois à nous reconnaître, c'est dire que ce qui explique la possibilité de se reconnaître, la continuité ou l'identité de notre personnalité, c'est le fait précis qu'il y a autour de nous un groupe de semblables, qui nous connaissent et qui nous considèrent toujours comme si nous étions toujours les mêmes. Même si nous tentons de nous dissimuler, ils nous découvrent et nous forcent à passer pour ce que nous sommes, en nous forçant de nous identifier avec nos actes. « D'autres personnes qui m'ont connu depuis mon enfance, dit Maudsley, sont aussi convaincues que je le suis moi-même et en seraient aussi sûres, si, me supposant le plus grand menteur du monde, elles ne croyaient pas un mot de mon témoignage objectif » (2).

Très souvent, on trouverait avantageux de dissimuler son identité, et, souvent, on y arrive ; mais le plus souvent aussi, la tentative n'aboutit pas. Dans la vie, on vérifie l'identité des personnes, à défaut de pièces sociales, en les identifiant avec leurs actes.

Si toutes les habiletés extraordinaires de l'homme le plus avisé ne peuvent empêcher que son identité reste manifeste, *a fortiori* cette identité se manifeste-t-elle, ordinairement et normalement,

(1) *La Psychologie inter-mentale*. *Rev. Intern. de Sociologie*, 1901, p. 1.
(2) *Body and will*. London, 1883.

quand l'individu ne s'y oppose pas. Cela même atteste la force du milieu social, dont l'activité suffit à établir et à maintenir l'identité des individus, qu'ils y consentent ou non. Le Code pénal rappellerait qu'elle est irrésistible à celui qui aurait pensé pouvoir s'y soustraire.

La fonction du milieu social est de rétablir l'identité par les sanctions qu'il applique aux actes bons ou mauvais, et surtout aux mauvais. Lorsque le coupable d'une action mauvaise veut nier son identité, en niant son acte, on lui fournit des preuves très convaincantes qui le forcent à la fin à reconnaître lui-même son identité. A force de voir nos semblables, autour de nous, affirmer et croire toujours à notre identité au point de nous forcer à y croire, alors même que nous aurions eu intérêt à la nier, nous finissons par acquérir un sens profond de la continuité de notre moi.

Il est évident que si l'on avait procédé d'une façon contraire, si l'on avait nié, continuellement et méthodiquement l'identité, de nous avec nous-mêmes, on aurait abouti à un résultat également contraire. L'unité et la continuité de notre moi serait chose inconcevable dans ce cas (1).

Ne voit-on pas des gens innocents qui ont perdu l'esprit par le seul fait qu'à un moment donné on leur a attribué les actes mauvais d'un autre ? Combien de gens deviennent subitement fous rien que pour avoir été inculpés sans motifs valables ? Comment interpréter ce fait, manifeste, sinon dans le sens que le ciment qui lie les diverses parties de notre moi n'est pas en nous, mais dans nos relations avec nos semblables, et que la continuité de notre moi réside dans la continuité de nos rapports avec eux. Ainsi, nous ne nous reconnaissons nous-mêmes que dans la me-

(1) Gœthe, dans son roman *Wilhelm Meister*, raconte une scène fort vraisemblable, d'une personne qui a perdu l'esprit rien que de voir un Sosie placé dans un lieu et dans une pose qui lui étaient particuliers à elle et vêtu des habits qu'elle seule avait coutume de porter.

sure où ils nous reconnaissent toujours les mêmes, et ils nous reconnaissent tels, seulement dans la mesure où nous avons des rapports étroits, suivis, avec les mêmes hommes. Si l'on change trop souvent de milieu, et encore d'une manière brusque, inattendue, ce n'est pas un miracle que la continuité et l'identité du moi se relâchent un peu, que l'instabilité de l'esprit devienne même excessive, que la tendance au crime, au mensonge, à la folie, au suicide, prenne des proportions inquiétantes.

Par conséquent, la condition qui détermine l'unité réelle du moi est bien la stabilité, l'unité ou la continuité du milieu social, si ce milieu social est en *quelque sorte fermé, et si la mobilité des individus* qui le forment ne comporte pas de déplacements trop multiples ou trop brusques, si l'individu peut trouver là un appui et s'il peut comme s'en reposer sur le milieu social, *le moi est par là solidement établi*. Le contrôle de ceux qui le connaissent, le témoignage continu ou périodique de leur sympathie ou de leur antipathie constituent autant d'éléments permanents, qui se trouvent et reviennent régulièrement dans l'esprit de l'individu et rendent la base, solide, de sa vie consciente, identique à elle-même. L'homme trouve dans son cercle social une sorte de milieu homogène équilibré, qui fixe l'équilibre de sa personnalité affermie ; la constance des impressions que les mêmes choses et les mêmes hommes lui envoient continuellement, puisqu'il vit dans le même milieu, lui fournit ces éléments constants, permanents qui constituent l'unité réelle du moi. *Il se trouve ainsi comme au centre d'une connexion de rapports constants*. Comme c'est elle que son moi réfléchit, l'homme lui-même varie en raison de ce milieu. Dans ce milieu, il ne pourra pas mentir, car il est contrôlé, à chaque pas, par des hommes qui l'ont toujours connu ; il ne pourra pas ainsi se déséquilibrer, devenir fou, car toute extravagance marquée et remarquée est contenue à temps. Il en est autrement lorsque les milieux s'élargissent infiniment et il en résulte une mobilité sociale excessive, au point que l'indi-

facteurs, et ce produit considéré à différents moments n'est le même et ne s'apparaît comme le même que parce que ses *sensations constituantes demeurent toujours les mêmes. Lorsque ses sensations deviennent autres, il devient autre et s'apparaît comme un autre, il faut qu'elles redeviennent les mêmes, pour qu'il redevienne le même*. Et, en effet, selon le Dr Kriskaber, la perturbation particulière en vertu de laquelle le malade perd jusqu'à un certain point le sentiment de sa propre personne ne disparaît que lorsque les troubles sensoriels auxquels elle est liée, ont disparu » (1).

Or, le cas d'un homme qui change subitement de milieu a beaucoup d'analogie avec le cas de ce malade. Il n'y a là qu'une différence de degré à peine. D'ailleurs, si les différences des milieux qu'il traverse étaient trop grandes, le cas serait absolument le même. L'incohérence de l'esprit sera donc en raison de cette différence. Selon que les nouvelles impressions que l'homme reçoit en changeant d'un milieu, lui rappellent plus ou moins les impressions reçues de son milieu ordinaire, l'unité de sa conscience sera plus ou moins serrée ou lâche. Tout passage brusque est une occasion de rupture, de déchirement du moi. Si les nouvelles impressions sont trop nouvelles, le moi change, ou devient étranger à lui-même, ne se reconnaît plus. Si, par exemple on pouvait faire qu'un homme innocent se voie, tout d'un coup, dans les conditions réelles d'un forçat, ou qu'une personne modeste soit élevée du jour au lendemain à un rang social inattendu, même en rêve, il n'y aurait aucun motif de ne pas attendre un déséquilibre du moi. Si, comme dans les mélodrames, un homme ordinaire se réveillait un matin dans les conditions réelles mêmes de l'empereur de Chine, il n'est pas douteux que son moi éprouverait des transformations absolument analogues à celles du malade étudié par le Dr Kriskaber. L'équilibre de son moi

(1) *Revue philosophique* 1876 : *Sur les éléments et sur la formation des idées du moi*, pp. 289 et 294.

ne pourrait pas résister à cette transformation. Ces changements importants et en même temps subits dans la vie sociale, qui modifient d'un coup et renversent comme on dit les situations et les rangs sociaux des personnages, sont, selon leur brusquerie ou leur gravité, accompagnés d'accès de folie, de suicides, en un mot de dissolution du moi. Une situation ou une fortune remarquable, perdue tout d'un coup, amène très souvent le suicide ou la folie. Une guerre est-elle annoncée, un désastre pour la nation où on a placé tout son argent, on se voit déjà ruiné, on s'affolle. On a perdu sa fortune, et on perd conscience ou on perd la tête. Tout est perdu à la fois, dans ces revirements de fortune où hommes et choses chavirent.

Le suicide ou la folie sont là le contre-effet immédiat du brusque changement de milieu. « Charles II, nous raconte Spencer, pour secourir les finances de l'Etat, prit l'habitude de faire des affaires avec les plus riches d'entre les particuliers qui tenaient des banques, il obtint pour le trésor près d'un million et demi de leur argent ; alors il vola ce dépôt, ruinant une foule de marchands, jetant dans la détresse deux mille créanciers dont plusieurs devinrent fous ou se tuèrent (1). »

Si les changements sociaux brusques et les passages subits d'une situation à une autre, d'un milieu à un autre, ont cet effet particulier, perturbateur, sur la conscience, il est évident que la continuité, la stabilité sociale aura l'influence contraire. Et, en effet, une transition progressive, lente, entre les diverses formes que prend la société, garantit la continuité des situations sociales, des rôles à remplir, des actes et de l'atmosphère psychique et morale. Et cette transition lente, qui peut être conçue d'avance, prévue, calculée, seule peut garantir l'unité des consciences individuelles. Cette supposition a conduit M. Durkheim, à la fin de son livre sur le *Suicide*, à proposer comme une mesure

(1) SPENCER. *Essais de Morale*, IIme vol. Paris, Alcan, 1898, p. 203.

sociale, préventive, contre la mobilité excessive des ouvriers, un rétablissement des anciennes corporations qui mettrait fin au vagabondage, en fixant les hommes dans un cercle limité, précis.

Lorsque le milieu social, tout d'abord différencié par son augmentation en nombre et en densité, finit par s'homogéniser en s'unifiant de plus en plus, la conscience individuelle elle aussi atteint un équilibre d'autant plus sûr, une cohésion d'autant plus profonde, que cette unification a suivi une différenciation plus étendue, par suite une intégration sociale plus large. « La maturité de l'esprit, dit Höffding, surtout dans les natures profondes, résulte d'une fermentation analogue. » Le processus de l'unification sociale, seul, réalise au milieu de la société cette ressemblance des éléments constants qui se reflètent également dans les consciences et donnent ainsi à ces dernières leur unité, leur continuité. De sorte que l'unité et la cohésion, qui suivent un déséquilibre général des esprits, sont d'autant plus constantes, profondes et fortes que le déséquilibre a été, lui aussi, plus profond. L'ordre règne, au moins dans les rues, au lendemain des révolutions : le processus de l'intégration sociale est accompagné d'un côté par une différenciation profonde et d'autre côté par une homogénéité et une assimilation aussi profondes. S'il y a différenciation d'abord et désorganisation de la société, révolutionnée, l'assimilation ne tardera pas à apporter là continuité, unité et stabilité. Les choses se remettront en place aussitôt après ces grands déplacements. Aussi, si on définit bien avec Höffding la conscience : une synthèse se caractérisant par une unité qui n'exclut pas la variété ou la complexité, n'est-il pas évident que cette définition reproduit, dans ses propres termes, la formule qui exprime la loi principale des sociétés ?

Si la conscience dans ses traits principaux reproduit les traits principaux de la loi sociale, s'ils en dérivent même directement, psychologues et sociologues estimeront-ils encore trop hardi et trop hasardeux de conclure de là que *les lois de la conscience sont essentiellement dérivées des lois de la société ?*

CHAPITRE III

La Mémoire (Rétention)

L'essentiel de la conscience individuelle dérive de la loi, pour ainsi dire supérieure, qui gouverne à la fois sociétés et individus. Ce rapport essentiel se maintient-il aussi dans le détail entre ce qu'on appelle les lois psychologiques et les lois sociales ? En d'autres termes, ce lieu causal entre le social et le psychique peut-il se constater lorsqu'on examine les fonctions psychiques de plus près ? Sont-elles, elles aussi, l'écho représenté et fixé, dans les individus, de fonctions sociales correspondantes.

Dans ce chapitre, nous voulons envisager la conscience sous un aspect qu'on pourrait appeler un point de vue statique. Nous nous limiterons ici, autant que possible, à considérer les fonctions psychiques, dans ce qu'elles ont d'établi, d'acquis ; nous ne toucherons pas à leur progrès. Nous tâcherons, dans un chapitre suivant, d'envisager aussi l'aspect dynamique de la conscience, le processus psychique en marche. Le point de vue statique de la conscience comprend, semble-t-il, trois fonctions : *la mémoire, l'association des idées et la perception*. Et comme la mémoire est la fonction, qui paraît contenir en soi les deux autres, au point qu'elles ne peuvent en être séparées, nous les examinerons dans leur rapport de réciprocité. James dit, avec Mill, que la mémoire est un ensemble d'idées associées. La mémoire, fonction mentale du souvenir, est, dit-on, le fait psychique fondamental. Par suite, elle est un corollaire de l'activité synthétique de la conscience comme on l'a dit également. James rappelle aussi que pour Mill le phénomène du moi et celui de la mémoire sont deux côtés d'un seul et même fait, deux manières différentes de le concevoir (1). C'est dire que la mémoire est une dérivation directe et immédiate de l'unité de la conscience. Il suffit de poser cela pour qu'on s'avise, aussitôt, d'une corrélation entre la mémoire et une fonction sociale quelconque d'une importance correspondante. Observons-nous cette corrélation ?

Tout le monde est d'accord pour distinguer, avec James, deux éléments principaux dans la mémoire :

1° *La rétention du fait remémoré* ;

2° *La reconnaissance.*

La mémoire est si bien un corollaire de l'unité de conscience qu'elle en reproduit fidèlement les traits essentiels. En effet, qu'est-ce que la rétention des faits remémorés, sinon cette faculté de saisir et de maintenir ensemble une multiplicité d'états psychiques, que nous avons appelée l'unité formelle du moi ? Höffding dit explicitement que : « le rôle de l'unité qui maintient et embrasse ensemble, une multiplicité, se manifeste clairement dans le souvenir » (2). Qu'est-ce ensuite que la *reconnaissance* ? sinon cette ressemblance, que nous avons reconnue indispensable, à *l'unité réelle* du moi ? Pour reconnaître une chose, il faut trouver qu'elle a été une autre fois la même. Par suite nous devons voir dans le fonctionnement de la mémoire, toujours les deux aspects du moi : son unité formelle, qui est identique à la *rétention* et son unité réelle, identique à la *reconnaissance*. Retenons les conditions de fait de ces deux éléments du souvenir.

(1) *Op. cit.* t. II, pp. 341-345.
(2) *Op. cit.* p. 61.

On distingue dans l'acte de la rétention deux faits qui sont de nature différente :

a). La plasticité nerveuse, base organique de la mémoire, et

b). L'association des idées.

§ I. — La mémoire organique

Le souvenir n'est possible que lorsque les deux éléments de la rétention sont tous les deux réunis. Ce n'est pas assez de la plasticité organique du cerveau, qui retient, en effet, une trace précise d'une impression, pour que l'état d'âme revienne. La trace organique, laissée par une impression, ne constitue que partiellement l'acte du souvenir. Pour que le souvenir passe en acte, il faut une mise en branle, que peut produire seulement l'association des idées. Il va de soi que l'association des idées ne pourrait pas non plus, à elle seule, évoquer le souvenir d'une impression qui n'a jamais eu lieu. Ce serait même contradictoire. L'importance des facteurs organiques du souvenir est essentielle. Cependant, tout en lui reconnaissant ce caractère *sine quâ non*, nous devons observer que ce n'est pas à ce facteur organique de la mémoire qu'appartiendrait le dernier mot. Le rôle de l'association des idées nous paraît si considérable dans l'acte du souvenir qu'à côté d'elle l'importance de la plasticité organique semble disparaître. La plasticité cérébrale est un fait universellement donné et, par suite, sous-entendu ; elle est cet élément qui est donné dans tous les cas, qu'ils soient suivis ou non du phénomène psychique du souvenir : à nous en tenir seulement à une règle de logique élémentaire, ce facteur ne doit pas être pris en considération, lorsqu'on veut établir le lien causal du souvenir. Ou bien il peut être considéré comme partie intégrante de ce lien causal, mais on peut le passer sous silence, puisqu'il est sous-entendu. De même la plasticité organique contient le souvenir, d'une façon partielle, mais elle ne le manifeste que dans des conditions spéciales déterminées. Quelles sont ces conditions, celles-là mêmes qui donnent l'explication du souvenir ? Comme nous avons fait abstraction de l'organisme humain — puisqu'il est sous-entendu — dans l'explication de la conscience, nous pouvons faire abstraction de la plasticité organique dans l'explication de la mémoire.

M. Durkheim dit avec raison qu'il est faux que « la mémoire est exclusivement une propriété des tissus » (1). Cependant, la propriété des tissus commence elle-même à prendre une certaine importance, lorsqu'on considère son *plus ou moins* de plasticité. En effet, le degré de plasticité est ainsi un élément variable selon les cas, dont il faut tenir compte. « Bien que certains philosophes, nous dit Bain, aient affirmé que tous les enfants sont égaux au point de vue de la facilité d'acquisition, il faudrait qu'un maître d'école eût bien peu d'expérience pour partager cette manière de voir » (2). Si la plasticité organique générale est sous-entendue, son degré ne l'est jamais. C'est parce que nous nous proposons de la négliger, en général, que nous devons tenir compte de son degré. C'est d'autant plus important pour nous que le plus ou moins de plasticité se réduit, en définitive, à des conditions sociales et marque le recul de l'hérédité physique sous la pression qu'exerce sur elle le développement social. En cela, donc, nous ne serons pas de l'avis de M. Durkheim lorsqu'il tient à détacher complètement la mémoire de la base organique. La mémoire peut, à la fin, dépendre de ces conditions organiques, en tant que celles-ci sont déjà adaptées, transformées et modelées par les conditions sociales de la mémoire, au point même que celles-ci peuvent être remplacées par celles-là.

(1) *Représentation individuelle et représentation collective*: *Revue de Métaph.*, 1898, passim.
(2) *La science de l'éducation*, trad. française, Paris, 1879, p. 16.

§ II. — L'ASSOCIATION DES IDÉES

Il est vrai que le souvenir, la réapparition d'une représentation déterminée, n'est possible que lorsque ses traces physiologiques ont été mises en branle par une autre idée présente : qu'est-ce donc que cette force évocatrice des idées elles-mêmes ? Par quel charme spécial une idée en peut-elle appeler d'autres ?

L'associationisme a été battu en brèche par la psychologie contemporaine. Tous les traités de psychologie commencent, aujourd'hui, par faire la critique de l'associationisme. Cette théorie curieuse commençait par définir les représentations comme des atomes, disparates, indépendants et irréductibles, puis naturellement elle ne réussissait plus à les réunir (1). James attaqua, de front et le premier, l'associationisme ; il en prit simplement le contre-pied. Si pour l'associationisme il était difficile de dire pourquoi les perceptions s'évoquent, chez James il devient difficile de concevoir comment elles ne pourraient pas s'évoquer. Du moment qu'elles s'associent, du moment que ce ne sont pas des éléments isolés, des atomes absolument indépendants, mais un flot indéchiffrable, inanalysable de pensées, à quoi bon chercher la cause de leur association? L'association est un fait primordial, simple, qui n'a plus besoin d'explications.

Dans le même sens se présentent les critiques de MM. Höffding et Bergson. Le premier montre que les états d'âme ne pourraient pas ne pas s'associer, étant donné que la nature de la conscience, l'essence fonctionnelle du moi, consiste à les lier et à tenir ensemble les uns et les autres. C'est cette liaison qui dérive de la nature propre du moi, ce n'est pas le moi qui dériverait de ces liaisons, car la « synthèse consciente ne peut pas naître par la seule association de parties séparées » (2).

(1) HÖFFDING, *Op. cit.* p. 177.
(2) *Op. cit.* p. 179.

Selon M. Bergson, « l'image indépendante est un produit artificiel et tardif de l'esprit : en fait nous percevons les ressemblances avant les individus qui se ressemblent et, dans un agrégat de parties contiguës, le tout avant les parties. C'est par une dissociation que nous débutons, la tendance de tout souvenir à s'en agréger d'autres s'explique par un retour naturel de l'esprit à l'unité indivisée de la perception » (1).

Tous les trois, ces critiques de l'associationisme considèrent le fait de l'association comme donné, original, par suite irréductible et pour eux, ce sont les idées isolées qui seraient des abstractions artificielles, inexistantes en réalité. La question, on le voit bien, n'a point été résolue. La difficulté est tournée mais non vaincue. Eux-mêmes, ces auteurs, continuent de parler de lois de similarité et de contiguité. Si irrégulier que soit le flot des pensées, « à le regarder de plus près, il révèle souvent, dit James, des liens bien précis. Ces connexions peuvent être de *ressemblance*, de coexistence » (2). De même Höffding et Bergson (3), tous les deux de manières différentes ne laissent pas de donner l'explication de l'association des idées par la ressemblance et la contiguité. Toutefois, si précieuses et utilisables que soient leurs remarques, faute d'avoir bien saisi la nature toute sociale des conditions qui déterminent effectivement l'association des idées, ils n'ont pas donné encore, pensons-nous, la solution du problème.

Il suffit de s'en tenir aux deux formes qu'on a unanimement reconnues à l'association des idées : 1° la contiguité ; 2° la ressemblance. D'abord, à bien considérer ces deux formules, nous avons là les deux éléments qu'on distingue ordinairement dans le fait de la mémoire, savoir la rétention des faits remémorés et la reconnaissance. Cela prouve qu'on devrait représenter les élé-

(1) *Matière et mémoire*. Paris, Alcan, 1896, p. 180.
(2) *Op. cit.* t. I, p. 550.
(3) *Op. cit.* pp. 181-187.

ments constitutifs de la mémoire autrement que nous l'avons fait avec James. Nous devons donc dire qu'il faut distinguer dans la mémoire deux faits : 1° la plasticité organique ; 2° l'association des idées. Comme la mémoire organique a été laissée de côté, il nous reste à nous occuper exclusivement de l'association.

Observons encore, préalablement, que les deux formes de l'association : contiguité et ressemblance, sont toujours l'écho de la nature de la conscience répercuté à travers la mémoire jusque dans l'association des idées. De fait, *qu'est-ce que la contiguité et la ressemblance? sinon l'une l'unité formelle, et l'autre l'unité réelle du moi.*

L'association par contiguité est définie dans les traités de psychologie : « Les sensations et représentations des choses ou des propriétés, qui se présentent simultanément, ou bien en succession immédiate dans notre expérience, tendent à s'évoquer ensuite mutuellement » (1). Toutes les fois que la perception a du groupe $a + b + c + \ldots$ se présente isolée, elle tend à rappeler le reste $b + c \ldots$ L'association par ressemblance est la force qu'a une image de rappeler les images qui lui ressemblent ou avec lesquelles elle a plus ou moins d'analogie. La perception a peut évoquer, toutes les fois ou très souvent, les perceptions $a + a' + a'' + \ldots$

2° On a toujours essayé de réduire l'association par ressemblance à l'association par contiguité, et, à nos yeux, non sans raison.

a). Or, nous ne voyons pas de quelle manière, par quel charme spécial la ressemblance peut, d'elle-même, être douée de forces évocatrices. « La similarité entre les objets ou entre les pensées n'a pas de force causale pour nous conduire d'une idée à une autre », nous apprend James (2).

(1) Höffding, *op. cit.* p. 205.
(2) *Op. cit.* p. 591.

Nous le comprendrons encore moins lorsque nous pensons qu'on a trouvé que le contraste a la même vertu évocatrice que la ressemblance. Nous sommes même surpris qu'on ne se soit pas encore aperçu que cette association par contraste était sans plus la réfutation formelle de l'association par ressemblance. Il n'y a rien de contradictoire qu'une idée rappelle une autre idée simplement différente, car, comme le dit M. Bergson, les idées simplement différentes ont toujours quelque chose de commun entre elles. Mais le contraste est la négation même de toute ressemblance. Dès lors, admettre que la ressemblance présente cette propriété de lier les idées entre elles, au même titre que le manque complet de toute ressemblance, qu'est-ce à dire sinon que cette propriété du semblable est parfaitement illusoire? Cela voudrait donc dire, en d'autres termes, qu'un phénomène *B* est l'effet d'un phénomène concomitant *A*, indifféremment s'il est ou non précédé par celui-ci.

La logique élémentaire refuse de l'admettre. Peut-être n'est-ce qu'une illusion dont nous trouverons la raison.

La ressemblance n'a donc pas, par elle-même et d'elle seule, la force psychique de lier des idées. Si elle semble pourtant l'avoir, c'est qu'elle la détient d'ailleurs. Mais dans ce cas même, remarquons que l'association par ressemblance est plutôt un accident, loin d'être le cas le plus fréquent. Le cas le plus fréquent est celui de l'association de perceptions simplement différentes. Cela est si vrai qu'habitués à cela, nous n'y réfléchissons pas. Au contraire, l'association par ressemblance, autant que l'association par contraste, à cause même de sa rareté, nous frappe davantage et nous sommes ainsi réellement portés à l'estimer davantage.

Qu'on prenne n'importe quel livre, qu'on le lise d'un bout à l'autre, examinant la liaison des idées, et on sera convaincu si ce n'est pas très rarement que la simple ressemblance lie deux idées l'une à l'autre. Mais non seulement l'association par ressemblance est rare et superficielle, elle est même impossible et par suite illusoire. En effet, pour constater la ressemblance de deux images, il faut indispensablement, qu'on puisse les comparer. Mais, pour pouvoir les comparer, il faut les mettre l'une à côté de l'autre, il faut qu'elles coïncident ou se suivent dans l'esprit ; bref, il faut qu'elles soient contiguës. Et du moment qu'elles sont contiguës et qu'on reconnaît à la contiguité la vertu évocatrice, la ressemblance ne devient-elle pas superflue pour lier les idées ?

Dira-t-on que la ressemblance est l'élément de la reconnaissance, sans lequel non seulement le souvenir, mais l'association des idées en elle-même n'est pas parfaite ? Mais on reconnaît que des idées sont semblables ou différentes seulement après qu'elles ont été rapprochées. C'est donc la contiguité qui rend possible la similitude, et jamais la similitude ne rend possible la contiguité, ou ce qui revient au même, l'association des idées. On ne peut pas nous opposer les cas rares, où la similitude, par elle-même, nous suggère une idée absente. En ce cas, le semblable ne rappelle le semblable que parce qu'ils ont été contigus avant même d'être reconnus semblables. Le même effet, parfaitement le même, peut être attribué au différent. La différence, au même titre que la ressemblance, peut lier les idées, une fois qu'elles ont été reliées, en réalité, une fois qu'elles ont été contiguës. Et c'est peut-être seulement dans ce sens-là qu'il faut comprendre l'association par contraste qu'on ajoute à l'association par ressemblance. La ressemblance n'est pas plus propre que la différence à relier les images : elle l'est autant mais d'une façon négative.

b). L'examen de l'association par ressemblance nous a montré l'impossibilité de cette sorte d'association et nous a conduit, de toutes façons, à l'association par contiguité. Voyons maintenant si la contiguité nous offre une base plus solide pour l'association des idées (1). Que veut-on dire par la loi de contiguité ? Deux ou plusieurs idées qui se présentent, simultanément ou successivement, tendent ensuite à s'évoquer mutuellement ? En est-il ainsi ? voilà toute la question ; d'abord observons avec James que s'il en était ainsi l'ordre mental devrait copier l'ordre du monde extérieur, c'est-à-dire qu'il faudrait que notre esprit reproduisît, d'une façon plus ou moins fidèle, les consécutions qui nous sont données à l'extérieur (2). Or, c'est là un cas très rare et irréalisable. Il est rare, dit Bain, qu'un fait, qui ne s'est produit qu'une seule fois, laisse une idée durable qui puisse revenir d'elle-même ; le plus souvent, il faut pour cela plusieurs répétitions du même fait. Pareillement, dans l'ensemble de $a + b + c +$ il est rare que a rappelle, par soi-même, $b + c +$... par le simple fait qu'il a été une fois relié avec ceux-ci. Pratiquement, comme le dit Bain (3), il faut que nous répétions expressément et plusieurs fois le tout, tel quel, pour qu'enfin l'un des termes puisse évoquer les autres. Donc, s'il est déjà difficile de supposer que le simple fait de la contiguité d'a avec b et c suffit pour qu'il puisse les évoquer, cela devient presque impossible, quand, comme c'est toujours le cas, a était en contiguité avec d'autres termes encore : $f + g +$.. ou $x + y +$... car il n'y a pas de motifs pour que $f + g$ ou $x + z$... ne soient pas rappelés aussi bien que $b + c$. C'est d'ailleurs ce qui fait que jamais l'ordre mental ne reproduit l'ordre du monde extérieur.

Par conséquent, il semble que la contiguité n'est un principe suffisant de l'association des idées, que dans ces trois cas : 1° lorsque les termes en contiguité ne rentrent que dans un seul groupement ; 2° lorsqu'on répète expressément les termes en contiguité dans leur ordre précis ; 3° lorsque le monde extérieur

(1) M. Th. Ribot a pu dire, et avec raison, que l'explication de l'association des idées par la contiguité est une vérité de *la Palisse*, une pure tautologie (*Revue Phil.* 1903.

(2) *Op. cit.* t. II, p. 566.

(3) *La science de l'éducation*, pp. 15-16.

présente, de lui-même, une répétition constante, inaltérable, des termes contigus dans leur ordre. Mais qu'indique cette répétition, sinon précisément cette ressemblance même que nous avions trouvé superflue, une fois la contiguité donnée.

Bien que superflue, elle se trouve donc sous le nouvel aspect de la répétition, à la base même de la contiguité. Vue en elle-même, nous trouvons que la *contiguité* est aussi illusoire que la ressemblance dans l'explication de l'association des idées. M. Bergson dit bien qu'aucune des deux propriétés ne nous renseigne sur le mécanisme de l'association, et même, à vrai dire, qu'elle ne nous apprend absolument rien (1).

La conclusion à tirer de là, c'est que ces deux lois : de la ressemblance et de la contiguité, sont loin d'être, à proprement parler des lois. Elles sont des indications d'une certaine régularité. Elles ont besoin de plus de réalité, dans le flot des pensées, dans cette connexion ou synthèse indéfinie d'états d'âme, qui constituent la conscience. Nous venons d'entrevoir, au moins, l'une des conditions qui font que la ressemblance et la contiguité ne sont pas encore de vraies lois. Si la répétition s'ajoutait à la contiguité et à la ressemblance, peut-être la régularité serait-elle par cela mieux donnée.

§ III. — QUELLES SONT LES CONDITIONS RÉELLES QUI DÉTERMINENT L'ASSOCIATION DES IDÉES ?

Répondre à cette question c'est retourner sur nos pas, et donner l'explication plus détaillée d'un fait, que nous avons déjà examiné, savoir la cohésion des états d'âme, qui composent la totalité de notre esprit. D'abord il faut remarquer que les explications données, ou qu'on peut donner, sont de deux genres :

(1) *Op. cit.*, p. 178.

biologiques et sociales. Quel est le degré de probabilité de chacune?

A). *Les conditions physiologiques de l'association des idées.* — Voici, en résumé, l'état théorique de la question, au moins chez quelques-uns des plus notables psychologues contemporains qui s'en sont occupés.

« Il n'y a pas d'autre loi élémentaire causale de l'association que la loi de l'habitude neurale » (1). Ou, ce qui est encore plus précis : « La loi de la contiguité est un résultat des lois de l'habitude propre au système nerveux. Cette loi psychologique de l'association sera un effet, dans l'esprit, de ce fait physiologique que les courants nerveux se propagent très facilement sur les voies qui ont été déjà plusieurs fois traversées » (2). Ces qualités spéciales de la matière s'expliquent par le fait qu'« une voie traversée par un courant nouveau, est rendue ainsi plus perméable qu'auparavant, et ainsi de suite avec chaque nouveau courant » (3).

La théorie de James est typique sur ce point. C'est la conception courante de l'association des idées ; toutes les autres n'en sont que des variantes. Nous n'en citons quelques-unes que pour bien mettre en relief des points essentiels. M. Baldwin se demande comment les images différentes peuvent s'éveiller les unes les autres. Tout d'abord il est clair, dit-il, qu'elles ne peuvent apparaître ensemble qu'autant que les excitants extérieurs originaux *sont simultanés*. En d'autres termes, « *l'association par contiguité n'est que la traduction de la stimulation extérieure en stimulation intérieure*, par l'intermédiaire de la mémoire » (4). Pour préciser davantage son idée, l'auteur fait, plus loin, appel au principe de l'assimilation qu'il emprunte à Herbart et à Wundt en l'adaptant à sa manière de voir. En vertu du principe général

(1) JAMES. *Op. cit.*, t. I., p. 566.
(2) *Ibidem*, p. 561.
(3) *Ibidem*, p. 105.
(4) *Le développement mental*, pp. 72, 73 et 74.

de l'habitude, l'assimilation de deux ou plusieurs éléments à un troisième résulte de la décomposition de leurs décharges motrices en une seule décharge plus forte, seule discernable... Les présentations s'associent par *contiguïté*, parce qu'elles s'unissent en une seule décharge motrice ; par *similarité*, parce que deux décharges ne s'unifient en une décharge commune que par leur association avec une troisième. L'énergie des nouveaux processus présentatifs se dépense par les canaux des vieilles décharges auxquelles elles ressemblent (1). Et, enfin, la condition essentielle et par suite dernière de cette assimilation, M. Baldwin la voit, comme James et tout le monde, dans cette tendance des nouveaux processus, à s'exprimer par les réactions motrices, déjà formées. Seulement, à tort ou à raison, plutôt à tort selon nous, il donne le nom d'imitation à cette propriété de la matière nerveuse de devenir plus perméable par le passage répété des courants nerveux.

Wundt ne se contente pas de l'explication psychologique généralement admise : « Que toutes les impressions laissent, dans l'organe cérébral, des traces qui sont persistantes et leur ressemblant en quelque manière ». Il précise en montrant que la trace facilite non seulement la naissance de certains processus, mais présente même un état permanent, analogue encore en cela au processus qui doit se renouveler. Bref « les traces consistent essentiellement en des *dispositions fonctionnelles* », puisque « dans une voie conductrice *qui est souvent mise en réquisition*, la conduction s'opère toujours avec d'autant plus de facilité ». Et cela, « conformément aux propriétés de la substance que chaque excitation d'une surface sensorielle, centrale, laisse après elle une disposition au renouvellement de cette excitation ». C'est donc ce qui fait, selon Wundt, « que les représentations disparues de la conscience ne continuent pas à exister, comme telles,

(1) *Ibidem*, pp. 281-282.

en dehors de la conscience, mais qu'elles doivent être regardées comme des dispositions fonctionnelles » (1).

D'ailleurs, Wundt, comme Höffding, se garde bien de réduire l'association psychique des idées à leurs conditions physiologiques, comme les psychologues le font ordinairement. Aussi distinguent-ils toujours les deux points de vue. « Au point de vue physiologique, dit Höffding, ce qui agit dans l'association par continuité, c'est la loi de l'exercice. Le passage d'une représentation à une autre s'explique physiologiquement par la tendance acquise par le processus correspondant de l'encéphale, par suite de répétitions, *fréquentes et ininterrompues*, à se transformer l'une dans l'autre. Le principe qui agit ici est donc le même que dans l'habitude » (2).

Plus brièvement, la matière nerveuse présente une propriété, grâce à laquelle les excitants extérieurs, répétés avec continuité, y laissent des traces qui conservent, à l'intérieur, les représentations disparues de la conscience, et souvent même dans leur ordre extérieur.

Nous avons donc ici trois éléments : 1° la propriété nerveuse de conserver des traces sous forme de dispositions fonctionnelles ; 2° la répétition ; 3° l'ordre extérieur des représentations. De ces trois éléments, le premier seul est physiologique, à proprement parler. Avant d'examiner quelle est la nature des deux autres, voyons quelle est la valeur effective de la propriété nerveuse, dans l'explication de l'association des idées par rapport à celles des deux autres éléments.

Sans doute, la valeur de ce rôle a été fort exagérée. Aussi la thèse n'a-t-elle pas manqué de susciter des critiques. « Cette théorie est claire pour l'explication de l'association des idées, car si toute réaction nerveuse altère la structure de la voie conductrice, sur laquelle elle se développe dans le sens où cette voie offre une

(1) Wundt : *Op. cit.* vol. II, pp. 343, 346.
(2) Höffding : *Op. cit.* p. 200.

moindre résistance dans l'avenir, il est évident que les réactions futures prendront sûrement cette voie plutôt qu'une autre, et il s'établira ainsi une affinité entre ces diverses actions nerveuses ou entre leurs concomitants : les états de conscience ». Cependant. ajoute-t-on, « c'est seulement parce que nous savons que par la répétition des mêmes séries de représentations analogues, l'associatiou dans le même ordre est de plus en plus facilitée que nous concluons à ce changement de structure de la voie nerveuse » (1).

Loin que la propriété nerveuse ait cette importance décisive, qui détermine même la *répétition* et *l'ordre extérieur des excitants*, il semble qu'elle tire elle-même toute son importance de ces derniers. Induite simplement du fait psychique de l'association des idées répétées, c'est aussi cette répétition qui provoque sa perméabilité, et, l'ordre des représentations lui étant également étranger, la propriété nerveuse ne nous dit en somme absolument rien sur le mystère de l'association. Au contraire, elle doit être elle-même expliquée par les deux autres facteurs. C'est ce qui a fait dire à M. Durkheim : « La vie propre des représentations ne peut consister que dans la manière *sui generis* dont elles se groupent. Il faudrait qu'elles puissent se rappeler, s'associer d'après des affinités, qui dérivassent de leurs caractères intrinsèques et non de leurs dispositions et propriétés nerveuses » (2).

C'est dire par là que l'ordre, dans lequel les représentations se rappellent, est propre aux représentations, à leur stimulus extérieur et ne dépend pas des propriétés nerveuses.

Et il faut remarqner que les partisans eux-mêmes de la thèse physiologique n'ont pas passé sous silence l'importance de la

(1) CORNELIS. *Vierteljahrschrift für Wissenschaftliche Philosophie*, 1896, p. 46.
(2) *Revue de Métaph. et de morale. Article cité*, p. 278.

répétition et de l'ordre des représentations associées. « La grande loi de l'habitude, dit James, fait que vingt répétitions nous mettent à même de nous rappeler une chose mieux qu'une seule répétition, et une longue habitude d'errer rend impossible la pensée exacte » et puis, ajoute-t-il, « l'association est entre les choses qu'on pense ; ce sont les choses, et non pas les idées qui sont associées dans l'esprit » (1). C'est dire que l'ordre des associations ne dépend pas de l'intérieur. Bien plus ils reconnaissent dans la répétition, la condition même de la mémoire, du souvenir, et par suite, de l'association des idées. « Il est devenu populaire, dit James, qu'une impression est mieux rappelée dans la même mesure où elle est : 1° plus récente ; 2° plus vive ; 3° plus répétée » (2).

La part de la propriété nerveuse se réduit donc à bien peu de chose, même d'après les partisans de la thèse physiologique. Et, si l'on ajoute encore que cette propriété est un élément constant, donné avec l'homme et, par suite, sous-entendu, alors même que l'association de représentations n'a pas lieu, il s'ensuit qu'elle devient de ce fait encore négligeable. Puisqu'elle ne nous dit rien sur les conditions spéciales de l'association, puisque la répétition, l'attention et l'ordre extérieur des choses qui nous en disent tant (3) ne dépendent pas d'elle, et puisqu'elle est toujours donnée, soit qu'il y ait association d'idées, soit qu'il n'y en ait point, on ne peut que la mettre hors du calcul de l'association mentale. Elle ne fait que représenter la condition physiologique de la vie mentale, la matière informe, qui doit être modelée par des circonstances spéciales afin que le phénomène spécial de l'association ait lieu. C'est donc le violon aux mains de l'artiste qui, s'il rend possible les accords, les mélodies qu'on joue sur lui,

(1) *Op. cit.* p. 552.
(2) *Ibidem*, p. 664.
(3) « L'habitude apparait avec et par la société. Elle résulte de la répétition du semblable dans la vie humaine. Sans la répétition du semblable, il n'y aurait ni mémoire, ni connaissance. » G. SCHMOLLER, *op. cit.* p. 49.

ne peut dire absolument rien sur la complexité cérébrale de l'artiste, qui produit ces harmonies et ces accords.

Cependant nous nous garderons bien d'aller jusqu'à dire que c'est parce que les idées doivent avoir leurs lois propres que l'association des idées n'a aucune base physiologique. M. Durkheim pense qu'il serait faux de dire que « les idées se lient parce que les points correspondants de la masse cérébrale sont eux-mêmes liés matériellement ». Mais ainsi il se met en contradiction avec le fait incontestable relevé par Wundt : la *disposition fonctionnelle* qui continue matériellement les représentations psychiques. Il n'existe pas de raison valable d'être en désaccord avec Wundt. Car s'il est vrai que l'affinité des idées est intrinsèque, cela n'empêche pas ces affinités de se traduire dans le langage physiologique, c'est-à-dire dans un complexus de lignes cérébrales, liant matériellement des points cérébraux correspondant aux idées elles-mêmes. C'est, donc, que si l'ordre des idées n'est pas d'origine intérieure mais extérieure, il peut bien s'inscrire matériellement et se conserver sous cette forme matérielle. De la sorte, on n'a pas besoin de la conception insoutenable, à laquelle a recours cependant M. Durkheim : une vie psychique immortelle qui se continue indépendante de tout lien avec la matière organique. Car, comme le dit Höffding, « il n'est point besoin d'admettre que chaque représentation ait une sorte d'immortalité individuelle » (1). Au contraire on peut s'imaginer les représentations, inscrites physiologiquement et se conservant sous cette forme, jusqu'à ce qu'un stimulus nerveux les éveille en mettant en branle des dispositions fonctionnelles correspondantes. C'est ainsi que l'ordre intérieur conserve physiologiquement, et reproduit physiologiquement, l'ordre extérieur de quelque nature que ce soit. « Les séries d'images, d'abord présentées comme choses extérieures, deviennent ensuite images internes. »

(1) *Op. cit.* p. 187.

Par conséquent, la propriété nerveuse en question, si elle n'explique ni l'ordre des représentations, ni la répétition, ni l'attention qui fixent dans des associations relativement stables, l'ordre même venu de l'extérieur, peut tout au moins reproduire matériellement cet ordre, au point même qu'elle a pu donner l'illusion qu'elle contient le vrai *pourquoi* de l'association. Il s'ensuit que, vu son rôle secondaire et négligeable, parce qu'elle est toujours sous-entendue, la propriété nerveuse doit être en effet négligée dans l'explication de l'association des idées. On doit chercher les conditions spéciales de ce fait psychique remarquable dans les conditions de la répétition, de l'attention et de l'ordre extérieur. Et comme il ne reste à examiner que le point de vue social, il reste à nous demander :

B). *Les conditions de l'association des idées sont-elles sociales ?* — C'est se demander, en d'autres termes, si la cohésion des états d'âme, qui composent la conscience, ne s'explique pas, dans ses détails, par des conditions purement sociales. Conséquemment, il faut voir si la répétition, l'intérêt et l'ordre des représentations ne s'expliquent pas par les conditions, dans lesquelles la vie sociale met l'homme avec les propriétés nerveuses de son encéphale.

Qui ne voit que cette question, ardue pour la psychologie, contemporaine, reprend à peu près exactement cette autre question : comment les propositions synthétiques *à priori* sont-elles possibles ? C'est la question même par laquelle Kant commence sa *Critique de la raison pure*. Ayant fait l'analyse de l'intuition de l'entendement, par suite des concepts, des principes, il conclut que la liaison de nos représentations tient à la conscience de l'identité de notre état interne. Ainsi, pour lui, les sensations dans la perception, autant que les perceptions, tirent la force qui les lie les unes aux autres, de l'unité synthétique de la conscience qu'il appelle aperception. La conscience a cette qualité inhérente de synthétiser et de systématiser les données de l'expérience; elle tend même, dans la liaison des connaissances, à une intégration absolue. C'est donc de cette propriété inhérente de la conscience que Kant déduit les propositions synthétiques *à priori*, ou, en d'autres termes, la cohésion des représentations que la psychologie recherche dans le problème de l'association des idées.

Ainsi, la psychologie contemporaine, qu'elle soit expérimentale, physiologique ou introspective, en arrive toujours à cette unité synthétique de la conscience. James, autant que Wundt, et dernièrement M. Bergson, s'arrêtent exactement au point de vue kantien. De même, l'auteur que nous venons de citer plus haut conclut que « l'association des idées se réduit à l'activité complexe, synthétique de notre vie, les idées associées n'étant que des termes séparés par l'analyse de ce complexus et que nous reconnaissons comme appartenant au même ordre que ce complexus : « Ainsi la loi de l'habitude n'est que la condition nécessaire de l'unité de nos expériences dans le sens kantien » (1).

D'autre part, Höffding, par un effort théorique remarquable, arrive, lui aussi, à faire rentrer l'association par contiguité et l'association par ressemblance dans la *loi de totalisation*, d'après laquelle un élément particulier, faisant partie d'un tout donné, tend à réveiller l'état total. « Cette loi fondamentale nous ramène, dit l'auteur, tout naturellement à la nature générale de la conscience, considérée comme une activité synthétique » (2). M. Paulhan a proposé une formule très analogue à celle de Höffding et même plus précise encore. La loi qui domine toute la vie de l'esprit c'est la loi d'association systématique, qui exprime l'aptitude de chaque élément à susciter d'autres éléments, qui puissent s'associer à lui pour une fin commune (3).

(1) Cornelis. *Art. cit.* p. 53.
(2) *Op. cit.* p. 216.
(3) Paulhan. *Revue philos.* 1893, I, 503.

Comme on le voit, malgré ses progrès, la psychologie récente n'a pas encore dépassé le point de vue de Kant. Car la loi de totalisation de Höffding et la loi d'association systématique de M. Paulhan, que sont-elles ? sinon deux modes différents d'exprimer cette « action totalisatrice qui systématise les données de l'expérience » sur laquelle Kant a tant insisté. Malgré le vague de sa terminologie, Kant nous a donné, pensons-nous, le moyen d'arriver à l'explication dernière de l'association, explication qui est, comme nous espérons le faire voir, entièrement sociale. En effet, il ne faudrait pas songer à réduire le point de vue tout subjectif et intérieur de Kant à une explication physiologique. Lui-même a pris soin de nous avertir (1). Le point de vue subjectif, « la conscience de soi-même, d'après la simple détermination de nos états, est empirique, en tous cas, changeante ». Il doit y avoir une conscience qui existe avant et en dehors de toute expérience, et qui, même, rend l'expérience possible, qui est nécessairement transcendantale. « Cette conscience pure et originale (*reine und ursprunglische*) nous l'appellerons l'aperception transcendantale » (2). Autrement dit la conscience subjective empirique dérive elle-même d'une conscience pure, qui la précède, qui seule la rend possible et qu'il appelle souvent *Die Bewusstsein überhaupt* (la conscience générale).

Or, si nous suivons sur ses traces, et de très près, la pensée de Kant, nous verrons qu'elle nous conduit avec l'explication de l'activité intégrante de la conscience, directement dans le domaine du monde pratique, dans la morale. En effet, les postulats derniers de la raison pure, qui dictent à celle-ci ses lois ou ses principes, ne trouvent leur raison d'être, comme on le sait, dans

(1) « Il serait absurde, dit Kant, de vouloir dériver la réalité de ce principe (l'impératif catégorie) de la constitution particulière de la nature humaine. » (De la métaphysique des mœurs, p. 64).

(2) *Kritik des reinen Vernunft*. Livre I, chapitre III.

la philosophie kantienne, que dans l'ordre moral, dans la raison pure, pratique. Nous pensons, alors, ne pas altérer l'idée de Kant si nous faisons dériver la conscience empirique, subjective, de la conscience morale. C'est donc que ce que Kant appelle conscience morale, se confond, en droit et en fait, avec la conscience générale *a priori*, objective, d'où la conscience empirique individuelle dérive.

Mais à la voir de plus près, cette conscience générale n'est au fond que ce que la sociologie appelle la conscience sociale. A son tour, cette dernière ne diffère pas trop de ce qu'on a toujours compris par la conscience morale : « le moi bon, soumis à la loi morale qui me fournit le type de tous mes jugements sur le bien et le mal doit être dans ma conscience un moi social » (1). Par suite dans le sens de Kant, la conscience individuelle proprement dite est précédée, préparée et rendue possible par la conscience morale ou sociale. Dans ce même sens, comme nous l'avons déjà vu, M. Simmel fait voir que l'individu est dérivé de la société, de la même manière que l'homme pieux croit ce qu'il a en propre émané de la divinité. L'idée de Dieu est donc le symbole, la personnification à la fois de la conscience générale et de la société, dans la terminologie kantienne. Si la conscience générale précède et prépare la conscience individuelle, c'est dans le même sens que l'homme pieux croit que Dieu précède et crée son être individuel, et que selon les sociologues la société précède et prépare l'être individuel conscient.

C'est dans le monde de l'activité pratique de la conscience sociale ou morale qu'il faut aller chercher l'explication dernière de l'unité synthétique de la conscience individuelle, et par suite de la cohésion qui lie les idées entre elles, de l'association des idées. Cette tentative ne serait point en désaccord avec ce que les recherches ont suggéré çà et là aux psychologues. M. Bergson ex-

(1) *Interprétation sociale*, p. 199.

plique la mémoire, l'association par ressemblance, par les nécessités pratiques de la vie. C'est l'activité qui conduit à l'habitude, « car le mécanisme moteur une fois monté fonctionnera invariablement de la même manière. On peut supposer des perceptions aussi différentes que possibles, si elles se continuent par les mêmes réactions motrices..., quelque chose de commun s'en dégagera » (1). C'est donc que l'activité pratique rend possible l'unité de la conscience. Dans les habitudes motrices, dans la phase de la vie psychologique simplement rêvée, où l'activité ne se déploie pas encore, « pour régler l'effet des ressemblances et par conséquent de la contiguité, la perception actuelle se dissout en une infinité de souvenirs également possibles » (2). Il y a là comme une contre-épreuve du fait que sans l'activité pratique l'unité du moi s'évanouirait et l'association des idées serait absolument irrégulière. Dans le même sens, M. Ribot remarque à plusieurs reprises qu' « à l'origine l'abstraction est régie par des causes pratiques » (3). Le même point de vue est soutenu par Höffding. « L'intérêt et l'attention que cet intérêt provoque jouent un rôle essentiel dans le cours de nos représentations. A l'origine, certaines fins et certains intérêts pratiques font baisser le plateau au profit de certaines représentations » (4).

De cette manière donc se vérifie la thèse de Kant, qui est aussi la nôtre, savoir : que l'unité de la conscience trouve son explication dans le monde de l'activité pratique qui est la société. En même temps, nous avons là l'origine sociale de l'attention, cause elle-même d'association des représentations.

D'autre part, nous trouvons également dans la psychologie contemporaine le moyen d'expliquer comment la conscience individuelle dérive indirectement de la société. Sociologues et

(1) *Matière et mémoire*, p. 175.
(2) *Ibidem*, pp. 182-183.
(3) *L'évolution des idées générales*, p. 109.
(4) *Op. cit.* p. 212.

psychologues tombent d'accord pour reconnaître que la conscience morale de l'individu est déterminée par la constitution et la forme de la société. A notre tour, nous suivrons les indications données par Kant, et tâcherons de montrer que la conscience morale se forme en même temps que la conscience individuelle proprement dite. Nous dirons donc que l'on est conscient réfléchi, parce que l'on a été contraint d'être moral, et non inversement. Dans le même sens, M. Bernès est d'avis que la morale réfléchie a pour antécédent une morale sociale qu'on ne saurait historiquement résoudre en une série de jugements individuels.

D'ailleurs, d'une façon générale, la morale, qu'est-ce? sinon la cohérence et la régularité de la conduite, l'unité de la vie. L'unité de la conscience proprement dite n'est que l'écho de la conscience morale. Dithley relève bien l'effet qu'a sur les commencements du développement de la personnalité humaine, le pouvoir régulateur de la conscience morale de la collectivité (2). En somme donc, la conscience morale est faite d'éléments absolument pareils à ceux de la conscience proprement dite, au point que la question qui nous préoccupe peut passer indifféremment du domaine de la psychologie à celui de la morale. M. Lester F. Ward pense, lui aussi, que le problème de la morale tient à celui de la sociologie. D'autre part, dans la société, dit cet auteur, il faut voir un dynamisme psychologique » (3). Les faits sociaux, selon M. de Roberty, s'identifient avec les faits psychiques », et les faits sociaux dérivent des faits moraux » (4).

(1) Article de la *Revue Internationale de Sociologie*, 1896, pp. 592-593.
(2) *Op. cit.* p. 79.
(3) Compte rendu de la *Revue Philosophique*, 1894, (I), p. 180.
(4) *Le Bien et le Mal*, pp. 65 et 66.

§ IV. — LES INSTITUTIONS, SOURCE DE L'ASSOCIATION DES IDÉES

Il est sûr que l'ordre de nos idées et de nos activités, autant que leur cohérence, dépendent presque exclusivement de la manière dont elles nous viennent de l'extérieur. La continuité et la ressemblance internes, n'ayant pas leur origine à l'intérieur même, doivent nous venir de l'extérieur. Nous devons donc nous arrêter sur la perception. La conscience étant formée des perceptions, il faut voir leur condition, leur nature et les manières dont nous les acquérons.

La perception

En psychologie, la perception est, sans doute, la pierre angulaire des phénomènes psychiques, conscients, proprement dits. Par elle commence la série des phénomènes effectivement conscients. De même la perception constitue la matière des processus psychiques supérieurs et des fonctions logiques de l'esprit. Aussi la conscience sera-t-elle ce que seront les perceptions et ce que sera la manière de les acquérir.

Remarquons, tout de suite, qu'il y a en sociologie un élément qui joue, par rapport aux constructions sociologiques, un rôle absolument pareil : l'*imitation*, telle que la conçoit M. Tarde, la *contrainte* ou la *suggestion*, qui chez MM. Durkheim et Baldwin remplace l'imitation. De même que les psychologues considèrent la perception comme l'élément fondamental et concret de l'esprit (étant donné que la sensation pure est une abstraction) (1), les sociologues envisagent l'imitation, la suggestion comme le fait social essentiel, à la base de la sociologie. De plus, la ma-

(1) Il ne se présente jamais, dit M. Payot, de sensation pure de tout élément intellectuel... Il n'y a pas de sensations, il n'y a que des perceptions plus ou moins complexes. (*Revue Philosophique*, 1890, pp. 612-617).

nière même dont on définit l'acte social de l'imitation se confond presque avec celle dont on définit la perception. « L'action à distance d'un esprit sur un autre », « la reproduction quasi-photographique d'un cliché cérébral par la plaque sensible d'un autre cerveau » : ce sont là, également, les définitions des perceptions qui nous viennent d'un semblable (1).

Seules, les perceptions, venues du monde physique, ne pourraient donc rentrer dans la définition donnée de la suggestion, de l'imitation. Mais, y a-t-il lieu de faire réellement une distinction fondamentale entre ce qui nous vient des hommes et ce qui nous vient du monde physique ? On a déjà vu que, au point de vue de la formation de la conscience, les perceptions du monde physique n'ont aucune valeur par elles-mêmes. Remarquons, cette fois aussi, qu'en tant qu'elles en ont une, elles la tiennent précisément de ce que les objets du monde physique ne nous viennent à la connaissance qu'à travers le milieu humain. Les choses, par elles-mêmes, nous sont indifférentes, s'il n'y a personne pour attirer sur elles notre attention et notre intérêt. C'est ce qui fait que les perceptions venant du monde physique ne comptent qu'en tant qu'elles nous viennent tout d'abord humanisées, sous forme d'état de conscience, c'est-à-dire sous forme de suggestions. Deux faits très notoires peuvent appuyer cette thèse. Le fait que le sentiment de la nature est un produit tardif, acquis spécialement sous l'incitation de la poésie, de l'art et des sciences. Nous ne sommes pas indifférents à la nature seulement parce que les intérêts pratiques, les artistes et les sciences attirent notre attention sur elle. L'anthropomorphisme l'attesterait encore. Au commencement, l'individu nage complètement dans la vie des groupes, n'arrive à connaître la nature qu'à travers les perceptions auxquelles il est exclusivement réduit par la vie collective. Il a dû habiller la nature d'un vêtement humain, la so-

(1). TARDE *Les lois de l'imitation*, p. VII.

cialiser en la divinisant. Les sciences et la littérature ont repris la fonction des mythes primitifs.

Qui pourrait nous dire ce que le monde serait pour nous s'il était perçu d'une façon directe seulement ? Et surtout, qui pourrait nous affirmer que, isolé, nous l'aurions perçu, comme nous le percevons en société. Il est très probable qu'aux yeux des hommes réduits à la nature, les sensations, la matière de l'intuition serait telle que la supposait Kant, alors que les formes de ce qu'il appelle l'imagination, le temps et l'espace n'existeraient pas, pour mettre de l'ordre, recueillir et définir dans des perceptions définies ces matériaux épars et confus de l'intuition. Tout langage, même naturel, mais spécialement les mots, produit exclusivement social, est, en effet, pour les matériaux disparates de l'intuition, ce qu'étaient les formes de l'intuition, l'espace dans la philosophie kantienne.

« Ce n'est que grâce au mot », dit Höffding, « que le noyau clair et solide peut échapper à la confusion avec les éléments variables qui l'entourent. Le mot est la compensation d'une intuition spéciale » (1). Que serait l'enchaînement des perceptions, à les supposer acquises à un être isolé, s'il lui manquait ces formes logiques et syntaxiques pour recueillir et réunir les perceptions entre elles ? Il est évident que les formes de la pensée, les formes du discours seraient chose inconnue à des êtres vivant isolés. Non seulement leurs sensations, mais aussi leurs pensées, à supposer, par impossible, qu'ils en aient, seraient incohérentes, sans aucune liaison, et il est sûr que la psychologie de ces êtres isolés ne connaîtrait pas le problème de l'association des idées. Il leur manquerait la conscience générale qui puisse leur rendre possible l'expérience et la pensée, il leur manquerait cette *Bewustsein überhaupt* d'où la conscience individuelle devrait être déduite.

On le voit donc bien, la connaissance, la perception du monde

(1) *Op. cit.* p. 229.

externe est inconcevable en dehors de ce monde social qui rendit possible le langage, les mots et le discours. « L'enfant n'a pas à étudier par lui-même », dit M. Baldwin, « les relations des choses entre elles ; ses ancêtres l'ont fait pour lui et leurs découvertes ont pris un corps dans leur langage » (1). Le monde extérieur organisé en perceptions définies et étiquetées, toutes faites, est transmis par le milieu social à chaque être humain, qui vient au monde par l'acte de suggestion et d'imitation, par lequel il s'approprie le langage du milieu. Par conséquent, la perception, cette pierre angulaire, cette donnée concrète, première, fondamentale de la psychologie, est elle-même un fait social.

L'apriorisme de Kant, le rapport qu'il conçoit entre la conscience individuelle et transcendantale, sont l'intuition profonde, mais vague, du rapport qu'il y a entre la conscience et la société ; la société joue, à n'en plus douter, par rapport à la conscience individuelle, le rôle qu'attribue Kant à la conscience *a priori*, par rapport à la conscience empirique. Les formes de l'intuition, examinées de plus près, nous semblent des éléments dérivés immédiatement par un acte de suggestion de la vie sociale. On peut même nommer des organes sociaux, d'où les formes de l'intuition sont dérivées, et même ceux d'où nous tenons les formes de la pensée. En effet, la famille qui nous transmet le langage et les premières formes rudimentaires des concepts, peut bien être conçue comme le remplaçant de ce qu'est l'imagination dans la philosophie kantienne. Ensuite, l'école, l'église, l'usine, la vie sociale en général, nous transmettent les concepts, les principes, les formes possibles de réunir les mots et les pensées pour construire nos jugements. Ces derniers organes sociaux sont donc l'équivalent de ce que Kant a compris par l'aperception transcendante.

Par conséquent, le seul moyen de nous rendre compte effecti-

(1) *Interprét. soc.*, p. 85.

vement de la cohésion des représentations, c'est d'examiner comment ces organes sociaux nous transmettent les perceptions, et dans quel ordre.

∴

La Famille : Les observateurs et les psychologues reconnaissent que : « Au début de la vie consciente, les sensations et les appétits sont absolument isolés et épars et paraissent se présenter sans liaison intimes et sans unité (1) ». L'observation suivie des enfants montre aussi, dit-on, que « la vie psychique commence par les sensations sporadiques et indépendantes qui ne seraient réunies et reliées entre elles que peu à peu (2) ». Mais il va de soi que cet état d'incohérence psychique ne dure pas. Nous grandissons au milieu de cette société étroite, fermée, qu'est la famille, par ses soins et surtout sous sa vigilance. « En comptant dix impressions par seconde, on a 540.000 impressions dans la journée. Sous peine de disparaître rapidement, il va falloir que l'enfant débrouille le chaos d'impressions hétérogènes... C'est sous la tutelle des parents, des adultes, qu'il va, sans danger, opérer la classification des rapports » (3).

Rien de plus naturel que de recevoir d'elle la première forme de notre unité psychique. L'incohérence mentale des enfants se trahit dans leurs fantaisies indisciplinées, et surtout dans le mensonge. La discipline familiale cependant ordonne bientôt cet état d'esprit. Mais l'acquisition mentale la plus importante, qui se fait dans la famille, est le langage, les mots, ces formes multiples de l'intuition, qui nous permettent de réunir nos sensations de lieu et de temps dans des faisceaux définis : les perceptions ou les notions. On voit déjà, assez clairement, par là, combien étroit est le parallélisme entre la *perception*, le *mot*, la *suggestion* : ces trois éléments ne constituent, en somme, qu'un seul et

(1) Höffding. *Op. cit.* p. 178.
(2) Vierordt. *Physiologie des Kinderaltes*, pp. 157-160.
(3) Payot. *Loc. cit.* p. 626.

même fait, vu dans ses trois moments constitutifs. C'est une des manifestations du parallélisme entre la psychologie et la sociologie.

Non seulement les mots, mais encore les premières formes du discours, de la pensée, quoique rudimentaires et vagues, ont été déjà données dans la famille. Les conditions de la vie de l'enfant le forcent, par cette nécessité absolue, *à priori*, immuable, qu'indiquait Kant, à s'approprier les mots et leurs premières formes de combinaisons en usage dans la famille. Aussi la famille doit-elle être la première étape de cette conscience transcendantale d'où dérive la conscience empirique de l'enfant.

L'école et l'église. — La tâche de la famille est reprise et poursuivie par l'école et l'église. De sept à vingt ans, ou plus tard, l'école entreprend de nous meubler l'esprit d'un grand nombre de concepts bien définis et qui se lient logiquement entre eux. Ou bien, dans la terminologie de Kant, l'école et l'église continuent à définir et à parfaire les formes de l'intuition, en mettant à notre disposition, en même temps, des formes de plus en plus précises de pensées et par suite des catégories de plus en plus exactes.

Tout d'abord, l'école nous présente les idées de même tournure, liées entre elles comme par une nécessité objective. Le sujet doit toujours s'accompagner d'un prédicat et de tel attribut, déterminé. La coordination, la cohésion des idées, encore trop lâche en famille, se resserre à l'école qui prétend apprendre la logique. Lorsqu'en dépit de leur cohésion, le lien qui attache les idées menace de disparaître, l'école est munie de moyens préventifs, coercitifs, pour lutter contre cette défaillance : des sanctions de toutes sortes formant comme un arsenal pédagogique bien connu par les élèves inattentifs.

On va à l'école pour chaque jour assimiler une quantité donnée d'idées, dont la liaison même, dite logique, est déterminée rigoureusement d'une certaine manière.

Vous ne pouvez rien changer d'essentiel : les détails tout au plus restent à votre disposition. Si vous ne retenez pas l'ordre précis de l'enchaînement déterminé des idées, dans une définition géométrique ou grammaticale, lorsqu'on vous fait faire la preuve, toute une série de conséquences désagréables vous attendent. L'amour-propre, développé et excité, alors, est blessé. Au contraire, des satisfactions bien vives vous attendent si vous avez été assez attentifs et si, dans une leçon d'histoire, vous avez retenu l'ordre logique ou chronologique exact des idées. Bien plus, l'Ecole a inventé des preuves ultérieures pour qu'elle puisse constater, après un laps de temps plus ou moins long, le degré d'attention que vous avez mis à assimiler ces idées dans leur ordre. Elle vous traitera selon que votre esprit sera plus ou moins fidèle à l'examen de fin d'année, aux concours, au baccalauréat, etc. Les idées qu'on vous demande d'assimiler peuvent être en elles-mêmes et entre elles aussi différentes ou aussi semblables, aussi concordantes ou aussi opposées que possible, elle vous demande non pas de vous en enquérir, mais de les acquérir ainsi. Donc, le facteur qui se détache parmi les conditions de l'association des idées, c'est l'*attention* que l'école sait éveiller et développer par des moyens appropriés.

Un autre facteur de la liaison des idées, non moins important, c'est la *répétition*. En effet, lorsque l'attention défaille et ne suffit pas à cimenter définitivement les idées dans l'ordre exigé, l'école ajoute la répétition. Dans les études, donc, la répétition supplée l'attention. D'autre part, quel que soit l'intérêt qu'on ait mis pour s'assimiler une série d'idées, dans leur ordre donné, le lien mental perçu se relâche avec le temps. Il pourrait même disparaîtresi on ne le renouvelait et rétablissait par la répétition. Ce n'est que la répétition des textes à maintes reprises, dans la vie, qui garantit la liaison des idées correspondantes. Seule la répétition de nos connaissances peut combattre les conséquences du temps. On a dit depuis l'antiquité *repetitio mater studiorum*.

Ainsi la répétition est une cause de l'association des idées aussi fondamentale que l'attention. Comme l'attention, elle est l'œuvre de l'École tout d'abord. Elle non plus ne dépend ni des différences, ni des ressemblances des idées, mais des sanctions que l'école applique à ceux qui n'ont pas gardé les idées assimilées, dans leur ordre essentiel, précis, et c'est ainsi que l'école fixe peu à peu, les formes de notre pensée et nous met à même de penser par des catégories bien précises et nettes. L'Eglise à laquelle l'Ecole d'aujourd'hui se substitue et dont on apprend par cœur le catéchisme avant d'être admis à la communion, ne procède pas autrement pour retenir ses fidèles : les liens sont de nature fort voisine, ici et là.

L'atelier, l'usine et la caserne. — Ce que façonne le plus évidemment la vie sociale, c'est bien notre activité. L'enchaînement de nos actes est déterminé donc effectivement par nos conditions sociales. Si chaque action ou manière de faire nous place dans un état d'esprit particulier, il est sûr que l'enchaînement de nos actes détermine l'enchaînement des états d'esprit correspondants. C'est ainsi que l'*atelier*, l'*usine*, la *caserne* viennent, par un autre procédé, reprendre l'œuvre de la famille et de l'Ecole, et parachever la cohésion de notre esprit, la cohérence de nos associations d'idées. En modelant nos actes, en les rendant cohérents, l'atelier, l'usine, la caserne contribuent à rendre cohérentes nos idées.

Dans l'atelier, par exemple, les objets nécessaires à la vie se décomposent dans des séries précises d'actes particuliers, solidaires, associés toujours dans un ordre nécessaire. Pour confectionner un de ces objets, il faut intégrer la série complète et, dans leur ordre préalable, tous les actes ; pour achever une paire de chaussures ou une maison, il faut accomplir toute la série des actes indispensables, qui se tiennent entre eux par une logique immuable, sous peine d'échouer, si vous ne vous y conformez pas exactement. « Le travail matériel ou intellectuel, dit M. L.-L. Vauthier, l'accomplissement d'une tâche convenue est un élément essentiel dans la coordination des idées, dans l'équilibre mental auquel rien ne saurait suppléer (1). » Hegel dit bien que « la soumission, le service et le travail est l'apprentissage au moyen duquel la conscience se forme, s'élève et se libère (2) ».

Vous ne pouvez pas oublier les fenêtres ou l'escalier dans la construction d'une maison, vous ne pouvez pas non plus la commencer par le toit. Il y a un ordre logique nécessaire dans les actes de celui qui fait les plans de construction d'une maison. Le peu qu'il puisse changer n'est d'aucune importance. L'apprenti cordonnier, non plus que l'élève architecte ne peuvent s'assimiler leur métier que par toute une série d'efforts attentifs et de répétitions fréquentes pour arriver à concevoir, dans son intégralité, l'ordre des actes particuliers qui s'enchaînent nécessairement dans la confection des objets pratiques de leurs métiers. Ici, comme ailleurs, l'effort, l'attention et la répétition expliquent à eux seuls la cohésion des actes et des idées, car la ressemblance, on le voit bien, n'y est pour rien. L'escalier ne ressemble pas à la fenêtre et le toit ne rappelle, d'aucune manière, la forme et la distribution des chambres, pour qu'on puisse dire que les idées et les actes respectifs s'enchaînent par similarité.

Cette sorte d'activité pratique est la base réelle de cette loi d'association totalisatrice, à laquelle Höffding réduit toutes les autres lois de l'association. D'après cette loi, et conformément au mécanisme de cette activité, l'apparition d'un terme doit rappeler la série entière des autres.

Dans l'usine aussi, l'homme accomplissant une tâche spéciale, qui est en connexion cependant très étroite avec l'ensemble, doit « s'y faire », comme on dit, et enchaîner dans son esprit toutes

(1) *La morale et la science. Revue internat. de Sociol.* 1908, p. 803.
(2) Kuno Fischer. *Geschichte der neuern Philosophen* VIII, t. II, 1901, p. 327.

les parties qui intègrent cet ensemble. Plus les travaux respectifs sont étendus, importants, plus la spécialisation est poussée loin, plus aussi la connexion et la cohésion de chaque partie avec l'ensemble doivent être serrées, étroites et sûres. Cette cohésion doit se trouver dans l'esprit de presque tous ceux qui y prennent part. Elle y détermine une association d'idées, qui est le type même de l'association par contiguité, en même temps qu'elle est une association totalisatrice. Cette solidarité, qui relie les parties d'une fabrique, est d'autant plus forte que la spécialisation y est plus poussée. C'est elle qui explique réellement la cohésion mentale, qui dans l'esprit des individus relie les diverses représentations. La caserne remplit le même rôle que l'atelier et l'usine, mais dans des limites beaucoup plus étroites, étant donné que l'activité militaire est provisoire dans la vie de l'individu. L'atelier, la caserne et toute autre occupation sociale constante contribuent énormément à créer la cohérence mentale, l'unité du moi. La preuve en est que ces institutions forment les mentalités spéciales, les « moi » adaptés aux rôles sociaux.

L'Etat et la Société. — La vie sociale en grand qu'on mène, dès qu'on est sorti de la famille, de l'école, de l'atelier, de l'usine, de la caserne, reprend enfin encore une fois, et pour la dernière fois, l'œuvre de ces institutions sociales. La vie sociale dans l'Etat, reprenant l'œuvre de l'école, a institué, comme celle-ci, une autre série d'épreuves auxquelles il faut satisfaire. Dans ces épreuves nouvelles, l'école est confirmée. Selon que son œuvre a été durable ou fragile chez vous, vous serez traité en conséquence ; de sorte que plus d'une fois dans la vie, vous êtes forcé de refaire, de vous-même, l'œuvre de l'école. L'attention et l'effort sont les conditions de succès, à chaque pas, dans la vie. La précision des idées, leur cohésion, leur logique, leur unité, sont, la plupart du temps, la fatalité ou la providence dont votre carrière, votre rang social, votre honneur et votre vie doivent dépendre. Ces considérations seules suffisent pour vous déterminer à préciser vos idées, au moyen d'un effort long et maintenu, et à les rendre sûres et cohérentes au moyen d'une répétition fréquente. Ce sont donc ces considérations d'ordre tout social et tout pratique qui renforcent la liaison de nos idées. Elles ont le secret, et de l'accord avec nous-mêmes et de l'accord avec les autres. Et qu'on remarque bien que l'accord avec nous-mêmes est fait et résulte spontanément de l'accord avec les autres. La cohérence de notre esprit, la cohésion de nos idées associées sont, dans la vie aussi, les conditions de la réussite. La stabilité de l'opinion moyenne et la manière de faire est la source même de notre unité mentale. L'effort que nous faisons pour nous y adapter et les répétitions, au moyen desquelles nous y arrivons, sont le vrai ciment qui réunit et relie nos états d'âme et détermine l'unité de notre conscience.

La similarité de nos idées n'explique aucunement leur liaison. Comme il a été déjà dit, c'est leur liaison réelle qui explique leur ressemblance. C'est seulement à condition qu'elles aient été longtemps ou toujours associées, et bien après ce fait, que la ressemblance est constatable. A force de s'être présentées toujours réunies, deux représentations quelconques sont reconnues semblables, et si, par la suite, il devient vrai que les représentations semblables soient celles qui s'associent le plus facilement, ce n'est pas parce qu'elles sont toutes semblables, mais parce qu'elles ont été plus souvent associées et répétées. C'est ainsi que M. Bergson explique les idées générales par l'idée du genre (1). Le genre est un tout, un groupe, qui se présente toujours en un état collectif. Les nécessités pratiques ont toujours rapproché les objets utiles du même genre dans des groupes. C'est parce qu'ils ont été déjà groupés selon leur genre que

(1) *Matière et mémoire*, pp. 173-174.

leur ressemblance est aperçue. La vie sociale, par ses nécessités, rapproche ainsi les objets du même genre et en même temps qu'elle nous transmet les idées générales, elle nous donne aussi le moyen de les appliquer en nous présentant le groupe d'objets, tout formé, auxquels elles s'appliquent. Jamais la ressemblance ne pourrait, d'elle seule, rapprocher deux représentations.

En résumé donc la loi de la contiguité est bien la loi fondamentale de l'association des idées. Les idées s'associent parce que, comme dit James, ce sont leurs objets qui sont associés ; ou bien elles s'associent parce que, comme le dit Höffding, elles forment des ensembles bien intégrés et compacts, au point que l'un des termes rappelle toute la série. Au fond, la loi de la contiguité et la loi de la totalisation ne font qu'une seule loi : contiguité ou totalité s'équivalent presque.

Cependant si la loi de la similarité n'est pas fondamentale, elle ne tend pas moins à le devenir. Elle empiète toujours sur la contiguité, à mesure même que le progrès social s'accomplit ; progressivement les choses sont groupées seulement d'après leur genre, la contiguité rend possible la perception de la similitude des objets, et alors la similitude fait reculer la contiguité comme une forme d'association inférieure. C'est ainsi qu'avec le progrès logique social l'association par similitude remplace l'association par contiguité. Il est évident que le facteur intermédiaire entre la contiguité et la ressemblance est la *répétition* et l'*attention* qui révèlent les similitudes. De quelle façon ce passage de la contiguité à la ressemblance s'accomplit-il ? Ce n'est pas dans ce chapitre que la question doit nous préoccuper. Nous envisageons ici les phénomènes psychiques seulement sous leur aspect statique et la question que nous posons touche à l'aspect progressif, à l'aspect dynamique.

Nous avons négligé aussi pour le même motif de nous occuper des raisons qui font que les représentations suivent un ordre donné. Ce serait faire l'histoire du développement de l'esprit humain, ce qui n'est pas non plus notre tâche.

Disons, pour récapituler, que l'attention et la répétition qui donnent, à ce qu'il nous a paru, l'explication de l'association des idées, sont deux éléments qui dérivent exactement de toute une série d'institutions sociales : la Famille, l'Ecole, l'Atelier, l'Usine, la Caserne, l'Etat, etc...

Les idées et les actes sont tels que ces institutions sociales nous les transmettent ; leur concordance ou leur opposition dépendent de la concordance ou de l'opposition de ces institutions ; lorsqu'elles sont concordantes, lorsqu'elles forment un système cohérent, harmonieux, stable, nos idées sont concordantes et en harmonie. L'ordre social extérieur explique seul l'ordre de nos idées. L'ordre de l'esprit n'est point inhérent à l'esprit. C'est dans ce sens que pense M. Arréat, lorsqu'il nous dit qu'il lui « parait contradictoire que l'esprit humain réussirait à mettre de l'ordre dans un monde qui serait désordonné. L'esprit ne serait pas construit comme il l'est, dans un univers différent du nôtre » (1). L'unité et la continuité de ce système d'institution qui représentent, de fait, l'unité et la continuité sociales, sont à la base de l'unité, de la continuité de nos états de conscience. La continuité sociale suppose et dicte la permanence des institutions, est, comme on l'a vu, la source même de la répétition et de l'attention qu'elles nous imposent, afin de nous assimiler les idées et l'ordre logique de ces idées. La continuité de ces institutions constitue spécialement ce qu'on appelle la *Tradition*. Et puisque l'association des idées en découle, puisque la *Mémoire* individuelle est, dans son essentiel, l'expression ou le résultat de l'association des idées, il s'ensuit que la Mémoire

(1) *Revue Philosophique*, 1898, II, p. 419.

est une fonction psychique fondamentale qui, non seulement fait pendant à la tradition, mais en dérive d'une façon directe et indubitable.

La sûreté de la mémoire est en effet le résultat de l'harmonie qui règne dans le système d'institution qui compose l'état de la société. L'autorité de l'état, de la tradition est bien la base fondamentale *a priori* de la mémoire et par suite de l'unité de la conscience. Certains psychologues s'en sont bien aperçu. Il faut insister sur des passages de Bain comme ceux-ci : « La conscience est, dit-il, la ressemblance idéale de l'autorité publique se développant dans l'esprit de l'individu et travaillant dans le même but. » Ailleurs, le même auteur nous dira : « J'ai la conviction que cette partie de nous-même (la conscience) est moulée sur l'autorité extérieure, son type... *la conscience est une imitation en nous-même du gouvernement en dehors de nous* » (1). Le processus, d'après Bain, selon lequel passe à l'intérieur l'autorité extérieure qui, intériorisée, devient ce qu'on appelle la conscience, est bien l'influence exercée par la société sur l'individu : « Car c'est seulement à cause de la discipline qu'exerce toute société sur l'individu que le code de la société est imprimé dans l'esprit individuel et donne naissance à une conscience qui y correspond » (2). Les plus grands systèmes éthiques de religion, principalement le système chrétien, sont ce qui a transporté le contrôle et la contrainte extérieurs dans un contrôle intérieur supérieur (3).

Alors il est évident que l'unité et la continuité de la société est bien ce qu'avait entendu Kant par *conscience générale*, d'où dérive la conscience individuelle empirique. L'*apriorisme* et le *transcendental* de cette conscience générale exprime bien la prio-

(1) *Emotions et Volonté*, p. 275.
(2) *Idem*, p. 277.
(3) SCHMOLLER. *Op cit.*, p. 47.

rité de l'unité sociale, antérieure à la conscience individuelle. La nécessité transcendentale et sa fixité expriment bien l'autorité et la continuité sociales. En effet, *a priori* et transcendental, dans la terminologie kantienne, pourraient être traduits d'une façon exacte par le mot *social*. La société, avec ses institutions, comme on le sait, peut nous permettre de percevoir le monde extérieur dans des formes unitaires de la pensée, par catégories, concepts et principes généraux. Le langage et la logique nous sont imposés d'une façon absolue, car si nous ne faisons pas usage des mêmes mots et des mêmes formes logiques que ceux qu'on emploie dans la société, nous ne pouvons pas y vivre ; on nous élimine et nous isole comme des aliénés. Le langage et la logique, produits sociaux, sont donc absolument nécessaires. Ils sont également *a priori*, car ils nous préexistent et comme sociaux ils sont transcendentaux, parce qu'ils sont d'origine supérieure dépassant les individus. Bref, cette conscience transcendentale, c'est l'autorité du *despote*, du *monarque*, c'est la souveraineté de la loi et de la tradition qui, lentement mais progressivement, descend dans le for intérieur des individus et se métamorphose en ce que nous appelons la conscience.

Aussi longtemps que le monarque reste une réalité extérieure, il constitue une preuve de l'instabilité, de l'incohérence de nos idées. De là la nécessité qu'il y ait toujours une autorité extérieure, pour intervenir dans nos actes et influencer nos idées, afin de les rendre plus cohérentes et former aussi de l'extérieur l'unité de notre conscience. A mesure que nos actes et nos idées sont unitaires, l'existence du monarque, du souverain n'a plus de raison d'être à l'extérieur, car, par cela même, le monarque — la conscience générale — est descendu en nous, s'est incarné, grâce à la plasticité cérébrale, dans nous-même. Aussi la matière se spiritualise-t-elle par la matérialisation de l'esprit. L'Etat, comme le dit si bien M. Fournière, s'étant dispersé dans le cerveau de chaque citoyen, les lois suivront le même chemin sous forme de règlements dans l'association et de concepts définitifs de la souveraineté dans le cerveau de chaque citoyen (1).

On peut induire, dans les différentes sociétés, le degré de la formation de l'esprit simplement de l'existence ou de la non-existence d'un monarque proprement dit, de l'étendue de son autorité ou bien de l'autorité de ceux qui le remplacent. En effet, la formation de l'esprit individuel, unitaire, cohérent, rend non seulement *inutile*, mais encore *impossible* l'existence de l'autorité d'un souverain extérieur. A l'heure actuelle, cela n'est vraiment le cas d'aucune des sociétés connues. D'abord les institutions politiques et sociales ne forment pas ce système cohérent, hiérarchique et harmonique, que nous venons de supposer. Aujourd'hui plutôt la Famille est en contradiction avec l'Ecole, l'Ecole avec l'Eglise, l'Eglise avec l'Etat ; en même temps l'Ecole est en conflit avec la Caserne, et l'Usine nie la Caserne, etc... Il s'ensuit que les idées, que ces diverses institutions distribuent aux individus, s'entrechoquent et s'excluent au lieu de se confirmer et se concilier. De là aussi les déchirements à l'intérieur des consciences. Ce sont autant de symptômes que l'unité sociale est loin d'être ce qu'elle pourrait être à la fin. Ce sont peut-être aussi les conséquences de la crise du développement social, qui fait que l'unité sociale se déplace continuellement.

Ces conséquences se traduisent nécessairement, dans la vie des idées, par cette anarchie, qui fait que la loi de contiguïté et la loi de similitude sont également inconsistantes. La *conscience générale* n'est pas encore descendue dans la conscience empirique, ou bien elle n'est pas elle-même achevée d'une façon définitive.

Le développement social, comme on l'a vu, conduit tout d'abord, d'une part, à l'extension de la division du travail et de la

(1) *L'Idéalisme social*, Paris, Alcan, 1898, p. 290.

différenciation sociale, d'autre part à l'unité ou à la similitude sociales. De là deux formes de solidarité ou de socialité : la socialité organique, celle qui est basée sur la *différenciation* de plus en plus grande des tâches, des situations, des rôles sociaux, et puis la socialité mécanique, basée sur la *ressemblance* des individus. Ces deux formes de solidarité se traduisent dans la conscience, précisément, dans ces deux lois principales de la vie psychique : l'association par contiguïté et l'association par ressemblance. Les deux formes de l'association correspondent ainsi aux deux formes de l'unité de la conscience : l'unité formelle et l'unité réelle.

Désormais, il devient évident que les formes fondamentales de l'association des idées et de la conscience reproduisent les formes également fondamentales de la société ou de la solidarité sociale, et l'on pourrait dire que l'association des idées, c'est-à-dire la solidarité du contenu mental, s'identifie, puisqu'elle en dérive, avec la solidarité sociale ou, en d'autres termes, avec les formes de la société !

Il est évident que, de nos jours, ni la différenciation sociale, solidarité organique, ni l'assimilation sociale avec la solidarité mécanique qui en découle, ne sont achevées, et à leur tour l'association des idées et la mémoire, qui en est le résultat, reproduisent fidèlement cet état de choses provisoire. C'est donc le développement continu de la société qui explique que les lois de l'association soient des commencements ou de simples velléités de lois. Provisoirement sans doute, mais réellement encore, la psychologie et la sociologie sont des recherches, des contributions à la science, non des sciences exactement.

CHAPITRE IV

L'Abstraction et la Volonté

Examinons, maintenant, la conscience sous son aspect plutôt dynamique, progressif et par suite créateur. On a vu, dans le chapitre précédent, que l'évolution effective de la conscience consiste dans le passage de l'association des idées par contiguité à une association par ressemblance, ou, en d'autres termes, dans le progrès du moi réel sur le moi formel, ce qui veut dire que le vrai progrès de la conscience consiste dans la prépondérance des éléments semblables sur les éléments différents dans le contenu du moi. Il est évident que l'accroissement pur et simple du contenu de la conscience, c'est-à-dire son unité formelle, constitue toujours un progrès, seulement ce n'est pas là un progrès sûr et définitivement acquis, puisque « la forme se brise lorsque son contenu présente des oppositions par trop grandes ». Par conséquent, le progrès véritable de la conscience consistera non seulement dans l'augmentation de son contenu, mais aussi dans un processus d'assimilation des éléments qui forment le moi. D'où il doit résulter une extension de la ressemblance au dépens de la différence psychique. Or, ce processus psychique constitue ce qu'on appelle en psychologie l'abstraction et la généralisation.

Mais, parallèle à cette évolution psychique, nous avons également noté une évolution sociale très nettement saisie et clairement exposée par M. Bouglé. Les sociétés augmentent progressivement en volume et en densité, ce qui produit une extension progressive et parallèle de leur homogénéité et de leur hétérogénéité. Ce chapitre est destiné à montrer quel rapport soutiennent ces deux évolutions parallèles et semblables : l'une physique, l'autre sociale.

Et d'abord rappelons en quoi consiste le processus de l'hétérogénéité sociale. La différenciation sociale est nécessairement juridique, morale, religieuse, économique, artistique, etc... Elle résulte du simple fait que l'intégration violente ou pacifique ouvre les unes aux autres, à un moment donné, toute une série de sociétés auparavant hermétiquement closes, enfermées en elles-mêmes. Presque toujours, ces sociétés versent en une seule société généralisée ; chaque société particulière met son patrimoine juridique, religieux, économique en circulation et à l'usage de tous : les manières de faire, de penser, de croire, les habitudes juridiques, religieuses, les pratiques de tout genre que chaque société contenait en particulier, tombent dorénavant dans le patrimoine commun de la société qui en résulte.

De cette manière, on le voit bien, le continu de la société intégrée s'est accru énormément. La variété et l'hétérogénéité des manières de faire et de penser, la complexité des pratiques religieuses et juridiques sont renforcées ; dans chaque société particulière aux traditions paternelles s'ajoutent les influences venues des sociétés voisines, autrefois fermées et maintenant ouvertes à tous, les barrières étant tombées. Ainsi se formera un courant général bigarré, contradictoire, lâche, par suite instable, de modes d'activité, d'opinions, de règles de conduite aspirant incessamment à l'équilibre, c'est-à-dire à l'homogénéité et à l'harmonie supérieure. La nécessité de cette harmonie s'accentue particulièrement lorsque, sous l'hégémonie d'une société intégrée, des essais de centralisation commencent à se manifester ; la lutte, la discordance des divers modes d'activité, de conduite et de pensée, s'exaspère jusqu'à devenir éliminatrice.

Si nous revenons maintenant aux individus qui composent la société ainsi intégrée, il n'est pas difficile de supposer que l'événement social accompli a profondément retenti sur leur conscience. De fait, la différenciation, la complexité hétérogène de la société a pour théâtre effectif les individus et, précisément, leur conscience. La différenciation sociale se traduit directement dans une complexité et une hétérogénéité psychiques. Les contradictions, les discordances des éléments hétérogènes venus de tous les côtés se donnent rendez-vous dans la conscience individuelle. Elles s'y installent, y provoquent les déchirements et les luttes pénibles de la conscience qui accompagnent la délibération, le choix, l'acte de libre volonté. La guerre que se font entre elles les diverses manières de voir et de se conduire prises en grand s'est transcrite dans ces luttes intérieures, dans ces complexités psychiques qui constituent le fond de notre vie psychique. C'est ainsi que le moi n'est pas seulement l'écho des harmonies, mais surtout des discordances sociales. Les divergences, les luttes sociales, les apparitions vives, au moyen d'un processus d'intériorisation forcée, deviennent ici les luttes et les délibérations internes, familières aux hommes réfléchis.

Le résultat dernier de cette différenciation et de cette hétérogénéité sociale, intériorisée, est l'accroissement considérable de la sphère du moi ; à cause de cet accroissement, l'unité formelle de la conscience éprouve une sorte de dilatation qui devient même gênante. La divergence et la complexité trop grande des éléments ont le même effet à l'intérieur des individus que dans la société. Elles nécessitent un système de canalisation, une centralisation qui harmonise les divergences au moyen d'un processus réducteur ou conducteur. L'unité formelle du moi, dilatée d'abord, se contracte ensuite par l'exclusion des divergences logiques. De là résulte le processus psychique de l'abstraction qui, au fond, consiste dans l'apparition de l'association des idées par ressemblance à côté de leur association par contiguité.

L'unification sociale est le processus qui nécessite de lui-même le surplus de différenciation. Comment ce processus d'unification se réalise-t-il sous chacune des formes principales que prend la vie sociale, l'unification économique, politico-juridique et intellectuelle ?

I

L'unification économique — Un trop grand nombre de procédés de culture, de fabrication d'instruments, d'outillages, de machines, etc... qui d'abord étaient secrètement gardés arrivent, par l'intégration sociale, à se répandre au sein de la société pour y réaliser une hétérogénéite inconnue auparavant. Ce processus a lieu, nécessairement, lors du passage de l'économie familiale à l'économie des villes (de Hauswirtschaft à Stadtwirtschaft) et quand l'économie des villes passe à l'économie nationale, (de Stadtwirtschaft à Volkswirtschaft) (1).

De plus, à côté des procédés et des machines ou instruments existants déjà, la simple rencontre de genres différents entre les mains du même homme, peut conduire à des combinaisons originales, nombreuses et multiples, en compliquant d'avantage la technique industrielle ou agricole. Ainsi la complication de la technique, provenue directement de l'intégration sociale, s'augmente d'un processus de différenciation originale que M. Tarde appelle *le progrès par accumulation*.

Mais, à mesure même que cette accumulation et cette complication extrême de la technique se réalisent, un mouvement en sens contraire ne tarde pas à se faire sentir. Un processus d'uniformisation suit forcément le processus d'accumulation et commence à restreindre l'hétérogénéite, à condenser cette effervescence de procédés techniques, à mettre en gerbes l'efflorescence. En effet, les divers procédés, machines ou instruments hétéro-

(1) K. Bücher. *Op. cit.* p. 112-112.

gènes, peuvent être divisés en trois parties. Les uns sont contradictoires et incompatibles, d'autres peuvent être contradictoires, mais compatibles c'est-à-dire substituables, d'autres encore peuvent être simplement différents, sans se contredire. La rencontre de ces procédés ou instruments a des effets différents, selon qu'ils sont contradictoires, compatibles ou incompatibles ou tout simplement différents.

Si deux procédés sont contradictoires, incompatibles, ils s'éliminent, et celui qui coûte moins l'emporte. Dans l'exemple de la chandelle de suif et de la lampe à pétrole, on a vu en une dizaine d'années au plus la première éliminée par la dernière. Il en a été de même pour la fabrication du sucre de canne et de betterave. A la fin du Moyen Age, l'armure traditionnelle entre en concurrence avec les armes à feu ; elle fut vite mise hors d'usage.

Si les procédés ou les machines sont contradictoires, mais compatibles, ou tout simplement différents mais conciliables et se confirmant réciproquement, l'issue est tout autre. Le processus d'élimination se transforme en un processus de substitution (1) d'où résulte aussi une substitution de travail (2). La navigation à voile conduit à la navigation à vapeur, quand la force de la vapeur à remplacé celle du vent. Prenons maintenant un exemple où les procédés se concilient et se confirment : « grâce à l'invention de la machine à vapeur, l'idée antique du piston s'est unie à celle de la vapeur d'eau non moins ancienne, la fabrication des pistons a reçu un nouvel emploi de la vaporisation de l'eau par la chaleur, et, réciproquement. A chaque perfectionnement de la machine à vapeur, à chaque invention additionnelle dont elle s'est enrichie, il en a été de même. L'application de la machine à vapeur à la locomotion a été l'adaptation de l'antique invention des roues et des chars à l'invention plus récente de la machine à vapeur. On a, dès lors, fabriqué bien plus de voitures, parce que

(1) Tarde. *Les lois de l'Imitation*, p. 163.
(2) K. Bücher. *Op. cit.* p. 135.

les machines à vapeur leur offraient un débouché nouveau... Ajoutons que la locomotive sans le rail de fer ou d'acier n'aurait pas servi à grand chose. Il a donc fallu que sur elle s'insérât par un autre greffage téléologique de même nature l'idée du rail, invention depuis longtemps connue et exploitée en petit pour la circulation des tombereaux dans certains chantiers. Ce nouvel emploi du rail en a singulièrement, comme on sait, développé la production » (1). Mais l'important est de savoir de quelle manière les procédés contradictoires compatibles, ou tout simplement différents, arrivent à se combiner et à se substituer? C'est, sans doute, au moyen de ce qu'on appelle l'*Invention*.

Pour bien voir ce qui se passe au fond du processus de l'unification, il faut examiner d'un peu plus près l'acte même de l'*Invention*. En quoi consiste-t-il? Sans doute, c'est avant tout un acte d'*adaptation* de deux procédés l'un à l'autre, lorsqu'ils se nient étant inconciliables, lorsqu'ils diffèrent en se confirmant. Mais l'adaptation est toujours un acte de volonté, qui consiste à choisir parmi les moyens qui conduisent mieux à un but. « Quand deux inventions s'accouplent, dit M. Tarde, cela veut dire qu'une nouvelle invention est née » dans laquelle « l'une sert de moyen à l'autre qui lui sert de but..., ou l'une et l'autre se rattachent pareillement, comme moyens à un même but » (2). L'invention est donc un acte de délibération avec choix et, par suite, elle est une hypothèse, qui doit satisfaire à des conditions bien précises. Deux ou plusieurs procédés sont-ils compatibles, il faut choisir entre leurs éléments compatibles et combinables, et ceux qui s'excluent. La combinaison des éléments compatibles se présente comme une formule-hypothèse qu'il faut vérifier pratiquement.

Mais ce travail intellectuel de la délibération et du choix exige un effort exceptionnel.

(1) *Logique Sociale*, pp. 379-381.
(2) *Les lois de l'imitation*, p. 175.

Il consiste, en effet, dans un acte d'attention vive, soutenue, concentrée sur les composants des deux outillages, sur les propriétés réelles des procédés. L'effort d'attention qu'on met à ce travail de discrimination est le vrai fond de l'invention ; la combinaison des éléments, leur synthèse unifiante s'en suivent nécessairement.

M. Tarde voit, lui aussi, dans « l'effort général » dirigé vers les objets de l'invention, dans « l'*attention* », tout le secret intime de l'invention ; surtout à mesure même que les sociétés progressent et que les inventions se multiplient, l'acte de l'invention n'est plus une œuvre inconsciente et de hasard, mais une œuvre réfléchie, consciente. « Tout dans la création d'une œuvre sociale quelconque, simple ou composée, n'est qu'un acte de conscience, le plus souvent même de réflexion et d'effort » (1).

Lorsque la discrimination a pris fin et qu'elle a séparé, en les soulignant, les éléments susceptibles d'être combinés, commence l'acte vraiment essentiel de l'invention, qui saisit et concentre ces éléments en « un système harmonique, logique et stable » (2). Cette harmonisation se fait, dit M. Tarde, « par une association de l'esprit critique, éliminateur, épurateur, avec le génie synthétique, accumulateur, fortifiant ». Et il en est ainsi parce que, en général, « toute découverte est une systématisation de découvertes antérieures » (3). Il est à remarquer que ce ne sont que des nécessités toutes pratiques qui conduisent à cette synthétisation harmonique. Car ce sont les différents arts et industries qui développent des besoins mal conciliables, des courants d'activité en opposition les uns avec les autres, se rencontrant nécessairement dans les esprits. Là ces industries ou arts se livrent la même lutte qu'à l'extérieur et s'éliminent ou se synthétisent,

(1) *La logique sociale*, pp. 186-187.
(2) *Ibidem*, p. 201.
(3) *Ibidem*, pp. 192 et 193.

suivant leur nature. En se combinant, ils s'identifient dans les faisceaux d'idées systématiques et par suite hiérarchiques, ce qui est l'acte de l'invention. Ce sont les désavantages que les divers procédés présentent, à l'extérieur, dans la vie pratique, qui déterminent leur combinaison et leur correction réciproque, par l'acte de la synthèse, qui élimine les éléments caducs et condense les éléments avantageux. C'est aussi un fait absolument étranger aux mérites de l'inventeur, que la rencontre de plusieurs procédés apparentés mais imparfaits, « car, après tout, ce n'est qu'un croisement heureux d'imitations différentes dans un cerveau... consistant à établir un lien de moyen à fin entre deux inventions antérieures... qui circulaient indépendantes dans le public » (1).

C'est l'intégration sociale qui a déterminé cette rencontre. Par conséquent, toutes les conditions de l'invention sont sociales. C'est pour ce motif que M. Tarde envisage l'invention comme un produit de la logique et de la téléologie sociales, non pas individuelles. Il montre, en effet, que la « tendance des procédés différents et opposés de s'éliminer pour donner naissance à une invention est d'autant plus intense que le peuple est plus socialisé et plus civilisé et « que le degré d'animation de la vie sociale est plus haut (2) ». De même « jamais, dit-il, le génie inventif n'a autant brillé dans notre Europe et dans notre siècle, et jamais on n'a vu une tendance si générale aux centralisations puissantes » (3).

En somme, donc, l'invention est un acte de volonté, par lequel l'esprit, sous l'incitation des nécessités pratiques, saisit un grand nombre de procédés contradictoires ou différents, qui se rencontrent dans le sein de la société, concentre les composants de ces procédés, sépare les parties avantageuses des parties désa-

(1) *La logique sociale*, p. 379.
(2) *Les lois de l'Imitation*, p. 163.
(3) *Logique sociale*, p. 163.

vantageuses, et synthétise, en les adaptant les unes aux autres, les parties avantageuses dans un tout, qui constitue le résultat original de l'invention.

Et tout d'abord, remarquons que l'invention, en même temps qu'elle est un acte de volonté, un effort d'attention concentré et soutenu, est aussi ce qui constitue l'essence du processus de l'abstraction. Car elle est justement cette activité psychique de l'abstraction qui dissocie, sépare et élimine pour synthétiser et condenser, en assimilant ce qui est compatible, conciliable. Par ses conséquences sociales, l'invention est aussi un fait des plus notables. Par le seul fait qu'elle est le résultat d'une condensation, d'une multiplicité, et qu'elle se réalise, au milieu d'une société large, unifiée, elle tend nécessairement à se répandre dans toute la société.

Ce nouveau procédé constitue une sorte de monopole sûr, car les procédés inférieurs, de la combinaison desquels il est résulté ne peuvent lui faire une concurrence efficace. La place des différents procédés antérieurs est prise par celui-ci, et il s'étend ainsi, se généralise dans toute la société qu'il uniformise.

La première conséquence de ce phénomène est une extension de l'homogénéité économique, en ce qui concerne l'article de production correspondant. Ce processus d'extension est ce que M. Tarde appelle la « propagation imitative » qui, à son avis, s'étend en progression géométrique.

De plus, à cause même de l'unification avancée de la société et du progrès de la technique, déterminé par ces inventions mêmes, apparait la grande industrie, la production en grand. Elle a pour résultat, précisément, de pousser à la limite l'homogénéité de la production, au sein de la société et même dans les sociétés voisines. En outre, elle centralise la production homogène, et crée un lien de solidarité très serré entre les diverses branches de productions qui collaborent à la formation des vrais systèmes d'activité industrielle, comme on les voit de nos jours. Et encore dans l'économie intérieure de chaque grande branche d'industrie, le progrès de la technique est conditionné, et conditionne une division des tâches, du travail, d'où résulte une différenciation notable, mais aussi une solidarité indissoluble des parties.

Par conséquent, l'unification économique, technique, s'ajoutant à l'intégration sociale, a pour effet d'accroître l'homogénéité des produits et par suite, l'uniformisation des appétits, des désirs, donc l'homogénéité sociale. Et même, à cause de la solidarité et de la centralisation de la production, à l'intérieur de chaque branche, autant qu'entre les diverses branches apparentées, il s'effectue une sorte de division de la production dans les groupements, et on a ainsi des formes bien délimitées et distinctes.

Ainsi, les diverses formes de production, à mesure même qu'elles se solidarisent très étroitement, se différencient, se définissent et se distinguent plus nettement. Et, parallèlement aux cercles de productions ainsi délimités, se constituent aussi différents cercles d'intérêts semblables qui sont en concordance et se subordonnent les uns aux autres ; ou bien qui sont en opposition et se nient. Toujours est-il que l'homogénéité et la différenciation économique conduisent à une homogénéité et à une différenciation sociales immédiates.

Il en résulte ce groupement des choses du monde extérieur, d'après leur ressemblance, d'après leurs genres, au moins pour ce qui est de l'activité économique. Ainsi, presque tous les genres de plantes et d'animaux, alors même qu'ils auraient été disparates à l'origine, ont été cultivés par l'homme qui en fit des troupeaux, des collectivités. Tous les produits de la manufacture, surtout depuis la production en grand, ne se présentent plus séparés, individuellement, mais en quantités considérables. L'idée de genre se définit ainsi progressivement, et par cela aussi le processus de l'abstraction.

Les choses étant de plus en plus groupées d'après leur ressemblance, puisqu'elles ont une origine commune, il s'en suit que l'unification technique, par accumulation et substitution, réalise cette condition sociale, qui détermine le progrès de l'association des idées par ressemblance sur l'association par contiguïté. Les représentations des choses semblables s'associent de plus en plus étroitement, non pas parce qu'elles sont semblables, mais parce que leurs objets sont toujours ensemble, contigus. Ou bien, ce qui revient au même, l'unification économique détermine l'extension de l'unité réelle du moi au détriment de l'unité formelle. Remarquons cependant que l'association par ressemblance, dans la même mesure que l'association par contiguïté, devient de plus en plus sûre. La solidarité des diverses formes d'activité industrielle étant de plus en plus étroite, les représentations contiguës, qu'elles déterminent dans les consciences, y reproduisent aussi nécessairement cette solidarité. Ainsi, l'unité formelle du moi se réalise en même temps que son unité réelle, ou, en d'autres termes, l'association par ressemblance se définit et s'étend, en même temps que la cohésion des perceptions contiguës devient plus forte et plus sûre. Ce qui veut dire que le progrès social, sous sa forme spécialement économique et technique, détermine l'évolution psychique.

Et si nous considérons de plus près, la coïncidence que nous venons de relever entre l'acte essentiel de l'invention et le phénomène psychique de la discrimination et de l'abstraction, nous voyons que ces deux processus apparemment hétérogènes s'identifient presque. En effet, l'hypothèse pratique de l'invention résulte de la synthèse de plusieurs procédés par un double acte d'élimination des éléments incompatibles, et de condensation et d'harmonisation des éléments compatibles. Jusqu'ici le phénomène de l'invention est le même que le processus de l'abstraction et le parallélisme se poursuit. L'acte d'abstraction, qui dissocie et sépare les éléments semblables en les soulignant, fait abstraction des différences individuelles qu'il couvre précisément en généralisant la partie semblable abstraite. L'invention pratique fait plus ; elle ne fait pas seulement abstraction des différences individuelles, mais elle les fait disparaître réellement, car elle élimine d'abord tous les éléments opposés ; ensuite tous les éléments différents mais conciliables qui rentrent dans la synthèse.

Puis, les produits de la manufacture, surtout de la *machine-facture* se remarquent précisément par leur parfaite ressemblance formelle autant que qualitative ; et ils se répandent et se généralisent au sein de la société. Si la nature ne produit pas deux brins d'herbe semblables, la manufacture, l'industrie ne produit que des choses semblables et qui puissent se superposer. Il résulte donc bien que l'unification économique est l'idéal, le type même de l'unification psychique, qui s'exprime dans l'abstraction. Au moins, les quatre moments de l'abstraction, la discrimination, l'élimination du différent, la synthèse du semblable, la généralisation se retrouvent dans l'acte d'invention, qui constitue le progrès de l'unification économique. Tout comme on dit, en psychologie, que l'abstraction et la généralisation sont les deux aspects du processus psychique, M. Tarde a pu dire que : « l'invention et l'imitation sont l'acte social élémentaire » (1). Or, l'abstraction est plus spécialement identique à l'invention, et la généralisation est la propagation et le triomphe de cette invention.

II

L'unification politique et juridique. — Voyons maintenant si les résultats du processus de l'unification économique sont confirmées par l'unification politique et juridique.

(1) *Les lois de l'imitation*, p. 157.

En général, le processus d'unification, qui suit la différenciation des règles de conduite et des règles juridiques, ne s'éloigne pas beaucoup de l'unification économique. En effet, lorsque l'intégration de plusieurs sociétés en une seule met en circulation, au sein de cette société, une multiplicité de règles morales et juridiques, qui se contredisent ou sont simplement différentes, le mouvement d'unification, de réduction ne se fait pas attendre. La condition sociale la plus favorable à ce mouvement de concentration est une société fortement centralisée, laissée à la disposition d'un monarque tout puissant. Cette condition s'est réalisée plus d'une fois dans l'histoire. Nous n'aurions qu'à rappeler les cas les plus récents : la codification française sous Napoléon et l'unification législative et administrative sous Guillaume et Bismarck, en Allemagne. Avant ce mouvement d'unification, la législation du pays est, au fond « une justice accumulée » capitalisée. Le droit y est, depuis cette époque, assez uniforme et assez stable.

On distingue souvent l'époque du droit et de la morale philosophiques, de celle du droit et de la morale coutumière, naturelle. Le processus réducteur est, au fond, le même ; seulement dans un cas, il est beaucoup plus lent, imperceptible ; dans l'autre, il est brusque, visible, parce qu'il est concerté et réalisé dans un intervalle de temps déterminé. Il est évident que l'unification juridique, réfléchie, si elle commence avec un monarque, qui crée un état centralisé, se continue nécessairement telle, aussi longtemps que la société reste centralisée. Probablement, dans l'époque de la création et de l'unification juridique naturelle, le processus réducteur s'accomplit d'une manière très analogue à l'unification économique. Les règles juridiques s'accumulent, tout d'abord, par suite de l'intégration sociale, et le mouvement d'accumulation provoque nécessairement un mouvement d'invention, et par suite d'abstraction, c'est-à-dire de substitution. Une série de règles analogues se condense dans une seule qui se substitue à la série.

Le processus de l'unification juridique, explicite, réfléchi, s'accomplit selon un mécanisme très connu, parce qu'il est très manifeste. Il compte plusieurs étapes dans les pays à régime représentatif. La première étape cependant, celle du pouvoir législatif, est la principale. C'est le mécanisme de la législation par représentants, qu'il faut voir pour en dégager le sens du processus d'unification juridique. En effet, à le bien considérer, le régime représentatif est une sorte d'alambic qui distille tout, ou à peu près tout, ce qu'il y a d'accord et de similitude, dans les aspirations et les opinions des membres de la société, et les formule en lois. Comment ce mécanisme fonctionne-t-il ? Comment le pouvoir législatif se réalise-t-il ?

Les assemblées législatives se composent de représentants du peuple. Ils ont reçu mandat de leurs électeurs d'apporter à la connaissance générale les aspirations et les nécessités de tous. Au moyen du suffrage, à l'époque électorale, on décide du représentant. C'est là le mécanisme de l'élection, qui fait tout l'intérêt de la question. La pratique électorale, on le sait très bien, consiste en ce que plusieurs groupes, constitués préalablement, présentent chacun un candidat. La signification des groupes est l'accord, l'uniformité d'opinion établie entre un nombre quelconque de citoyens. Il est évident que ce premier accord est déjà le résultat d'une élaboration sociale, de cencessions réciproques et de compromis. Tous les citoyens ayant droit d'éligibilité s'en dépouillent, en font abstraction et le concèdent à leur candidat. A son tour, celui-ci doit adopter leurs vues et leurs aspirations et surtout concilier et harmoniser celles des autres avec celles-là. Le citoyen qui sait remplir ces conditions est seul susceptible d'être nommé candidat. Or, ces conditions sont précisément celles que doit remplir, comme on l'a vu, une hypothèse, afin qu'elle puisse réaliser une invention.

Chaque groupement électoral élabore ainsi, par concessions et compromis, par éliminations et conciliations, ou harmonisation réciproque, une hypothèse qui sera vérifiée le jour du vote. Après que cette hypothèse a été fixée, la candidature étant décidée, c'est le travail de généralisation qui commence. Les groupes font de la propagande autour de leur candidat. Le jour du vote, on met à l'épreuve les diverses hypothèses, et le résultat du vote ne fait que montrer, au moins théoriquement, laquelle des hypothèses présentées a rempli d'une façon plus complète les conditions d'une invention viable, et surtout quel est le groupement le plus important et qui a fait le plus d'adeptes. Le principe de la souveraineté du peuple demanderait que les voix se réunissent toutes sur un des candidats, et qu'ainsi la généralisation de l'hypothèse soit complète ; et comme on ne peut jamais aboutir à l'adhésion de tous, on se contente d'un pis-aller de fait, en réduisant l'unanimité à une simple majorité arithmétique.

On ne tient pas compte « si cette majorité est petite ou grande ; et, fût-elle d'une voix seulement, on lui accorde le même avantage que s'il ne s'en fallait que d'une voix qu'elle ne fût l'unanimité » (1). Ainsi le candidat qui a obtenu cette sorte de majorité est proclamé élu comme s'il avait réuni les voix de l'unanimité. Les autres candidats-hypothèses échouent, et la proclamation de celui de la majorité, par cela seul, constitue un acte de généralisation complète, mais forcée, cette fois, puisqu'elle n'était pas possible de bon gré.

Nous avons un second degré de généralisation où l'hypothèse se vérifie et s'étend jusqu'à l'unanimité, quoique forcée. Donc, de fait, c'est un tout petit groupe qui, élaborant l'abstraction et la formation d'une nouvelle synthèse, réalise cette hypothèse sociale sous la forme d'une candidature et entreprend le travail de la généralisation. La propagande autour de la candidature fixée, et qui lui fait gagner des partisans, se continue jusque dans le mécanisme même du vote et s'achève dans le principe

(1) Boutmy. *Annales des Sciences politiques*, 1904 (15 mars), p. 159.

de la majorité. En effet, le principe de la majorité est l'instrument le plus décisif de la généralisation sociale.

De cette manière donc se réalise, dans la pratique des choses elles-mêmes, un processus psychologique et logique d'abstraction et de généralisation.

Cette logique externe, cette abstraction et cette généralisation pratiques et tout extérieures ne sont pas inintelligibles. « Il est remarquable, dit Renouvier, que l'abstraction et la généralisation qui sont des conditions nécessaires pour construire une science quelle qu'elle soit, sont en outre des conditions spéciales pour rendre la morale possible, et cela même dans la pratique (1). » Sigwart a montré que la volonté dans son fonctionnement suit une marche parallèle très analogue à celle de la pensée (2). Les méthodes que suit la volonté dans son activité éthique sont les mêmes que les méthodes de la pensée et présentent aussi les mêmes défauts (3).

Le processus de l'unification se continue absolument pareil. A la Chambre, un projet de loi, ou la nomination des ministres qui exécutent des lois, s'accomplissent d'après le même mécanisme de la majorité. Les conséquences immédiates, directes ou indirectes, en sont d'abord la création d'une vraie hiérarchie sociale, à plusieurs étapes, et, par suite, la coordination forcée des fonctions sociales; ensuite l'extension de la similitude sociale. En effet, les lois qui s'obtiennent par le mécanisme de la majorité sont imposées à la minorité. Les partisans des différentes minorités qui, réunis, font plus que la majorité relative, sont tenus de régler leurs actes et leurs aspirations en accord avec les lois qui ont triomphé contre leur gré. Par conséquent, bon gré, mal gré, le régime représentatif est un instrument d'égalisation, de nivellement, d'uniformation, ce qui correspond au processus de la généralisation psychique.

(1) *La science de la morale*. Paris 1869, t. I, pp. 99-100.
(2) *Die Logik*, t. II, p. 723.
(3) *Ibidem*, p. 724.

Les textes de lois sont repris ensuite par les jurisconsultes, par les philosophes, et sont soumis à une élaboration ultérieure qui en tire les principes de justice absolue, idéale, qu'on appelle principes de l'égalité complète.

Les jurisconsultes et les philosophes ne font donc que mener théoriquement jusqu'au bout le processus d'uniformisation qui est, en même temps, effectivement réalisé dans le régime représentatif organisé par le suffrage universel et le principe des majorités. De fait, le travail de l'abstraction philosophique rejoint l'élaboration du suffrage universel, et se propose à celle-ci comme l'idéal à réaliser. Et ainsi, le processus d'abstraction ou de raisonnement conduit à la conception et à la réalisation de la justice absolue qui ne veut dire, au fond, que l'égalité politique idéale. Donc l'unification juridique et politique aboutit parfaitement aux mêmes résultats que l'unification économique.

Mais, si l'on cherche ce qui se passe au fond des choses, lorsque le groupe élabore sa candidature, on s'aperçoit que c'est toujours l'effort d'une personnalité décidée, volontaire, qui crée le groupe, et, par des procédés divers, trouve le moyen de s'imposer à lui. Par une énergie d'attention et par un effort soutenu, il arrive à obtenir l'adhésion du groupe, à concilier et à harmoniser ses prétentions et à lui faire faire de la propagande. Ensuite, jusqu'au jour de l'élection et ce jour-là même, le candidat doit faire preuve d'une force d'attention, d'une énergie de volonté, d'un effort qui ne se relâche point, car ce sont bien là les seules conditions de la réussite. Si, une fois arrivé dans l'Assemblée législative, il continue à faire preuve de la même énergie de volonté, de la même attention aux affaires et aux hommes, du même effort concentré et soutenu, il ne manquera pas de se créer là-même un groupe, de synthétiser un état de choses, et d'arriver par là au banc des ministres, ainsi de s'ouvrir la possibilité de l'action, en participant au pouvoir exécutif. Dans sa nouvelle situation, il est à même de synthétiser l'état des choses publiques, dans des formules précises qu'il impose à son groupe, à l'assemblée législative et, par l'assemblée, au pays lui-même. Le point vraiment central dans ce processus d'unification politique et juridique, c'est donc l'effort d'attention, l'énergie de la volonté qui dissocie, analyse, élimine, accentue, synthétise et s'efforce de mettre en pratique, de réaliser.

Ainsi, la sanction immédiate de ces efforts est le pouvoir qu'ils donnent sur la réalité, sur les choses, et l'autorité acquise par l'homme politique sur les autres hommes. La récompense de cette attention et de ces efforts sera la satisfaction du pouvoir, les égards qu'on lui témoigne, en un mot, le prestige. Il y a là un *do ut des* ; ce qu'on dépense d'un côté en énergie, en attention, on le gagne en pouvoir et en autorité sur la transformation des hommes et des choses, en haute considération. De sorte que, à la fin, ce prestige arrive même à dispenser des efforts. La volonté du personnage, dès qu'il en a une, se réalise en vertu seulement de ce prestige, et de cette autorité acquise.

Un pouvoir analogue sur ces choses, en même temps que sur les hommes, est également acquis à l'auteur d'une invention pratique, pour peu qu'elle soit d'une portée plus notable. Et l'on a vu qu'ici encore, le point central de l'invention est cette même concentration de l'attention, de la réflexion, cette même volonté énergique qui analyse, élimine et synthétise.

Les projets de lois formulées et imposées par le grand politique ou l'invention pratique d'un grand technicien qui se propage, sont des sources de similitude sociale et par suite de lois sociales, encore que provisoires. Les inventeurs de la machine à vapeur sont les initiateurs du régime économique actuel, des lois économiques, de même que les grands hommes politiques comme Richelieu, Bismarck sont les initiateurs des sociétés centralisées, et par suite, du régime social et des lois qui le régissent.

Par conséquent, la source des lois sociales de tous genres, de tout déterminisme social est bien cet effort, ce « Sprungfeder » (1) de la volonté, cette attention concentrée, synthétique, qui réduit les différences, réalisant des combinaisons nouvelles, originales, mais se généralisant ensuite. M. Tarde a bien saisi l'importance capitale de l'acte de l'invention, lorsqu'il en fait la source des lois, le principe créateur des séries de similitudes qui constituent la matière des lois (2).

Les lois sociales, comme œuvre de l'invention créatrice sont donc aussi l'œuvre de l'effort, de la volonté des individus, en même temps que celle d'un processus d'abstraction et de généralisation sociales, où aboutit l'unification sociale sous les deux formes économique et politique. Les lois sociales ne se découvrent donc pas ; elles se créent par des efforts de volonté ; et, par suite, la substance du déterminisme social est composée de ces efforts réfléchis des individus. Et s'il en est ainsi, même dans la phase moins avancée de la société, *a fortiori* lorsque les sociétés atteignent un progrès conscient, de plus en plus élevé.

De ce qui a déjà été dit ailleurs, il résulterait bien que la matière humaine dont se compose la société, devient d'autant plus souple que ces sociétés sont plus larges, plus intégrées. D'autre part, l'excès de différenciation sociale met en circulation des opinions et des règles de conduite contradictoires qui veulent être conciliées. Ces contradictions mêmes, la souffrance, la misère et l'anarchie qu'elles déchaînent donnent de la force à la volonté de l'individu qui s'en est nourri d'ailleurs. Et comme cette volonté, déjà forte par elle-même, doit s'appliquer à une matière humaine assouplie, elle devient vraiment puissante. C'est là le mystère qui fait que la volonté de l'individu s'identifie avec le détermi-

(1) DILTHEY. *op. cit.* pp. 65-67.

(2) BALWIN. *Interprétation sociale.* C'est l'individu qui crée les formes de législation, moules dans lesquels sont jetés finalement les matériaux bruts de toute réforme populaire. Les inventions du génie sont le noyau de l'habitude. » *Passim.*

nisme social, et que, plus les sociétés sont avancées, plus leur déterminisme devient voulu et intentionnel. La thèse de la sociologie naturaliste et positiviste qui nie l'efficacité de la volonté des individus devient donc fausse, dans la mesure où elle se rapporte à des sociétés avancées, et elle ne se vérifie que dans les sociétés animales et humaines primitives qui sont objet de recherches biologiques plutôt que sociologiques.

Les psychologues et les moralistes se sont bien aperçu de cette source créatrice de lois qui existe dans ces individus. « Une des sources les mieux connues des lois morales, dit Bain, c'est la dictature d'un prophète religieux comme Mahomet. En gagnant, par un moyen ou par un autre, une grande influence sur une communauté, un tel homme est capable de prescrire des pratiques qui dirigeront les actes, les consciences de sa génération et des suivantes ». Et l'auteur ajoute immédiatement, pour préciser davantage : « Les lois de la société existante sont données par quelqu'un revêtu en son temps d'une autorité législative morale (1) ».

L'effort d'attention, la volonté, ne sont pas seulement la condition ou la substance intime du processus de l'abstraction sociale extérieure, mais aussi de celui de l'abstraction psychique proprement dite. « L'intérêt et l'attention, dit Höffding, interviennent efficacement dans la formation des idées individuelles et générales, aussi bien que dans l'association. » « Nous n'avons d'idées générales que dans ce sens seulement... que nous sommes capables de concentrer notre attention sur certaines parties ou propriétés déterminées (2). »

Bien plus, non seulement l'attention et la volonté sont les conditions du processus psychique de l'abstraction, mais encore le fond même de l'unité de la conscience qui se réalise dans ce processus s'identifie avec la volonté ; car Höffding nous assure

(1) *Emotions et volonté*, p. 273.
(2) Höffding. *Op. cit.* pp. 222-223.

que la persistance de la conscience elle-même est due à un acte de volonté (1). » Et cela parce que c'est « l'attention volontaire qui rassemble toute l'énergie autour d'une représentation unique prise comme centre d'association (2) ». C'est aussi l'activité volontaire qui contribue à conserver l'enchaînement de nos représentations.

En un mot, selon Höffding, « *la volonté ne commence pas en un point particulier mais elle agit, au contraire, depuis le début de la vie consciente, en toute association d'idées et en toute émotion* (3). » Aux yeux de Bain, « le savant, l'homme qui manie des affaires compliquées, celui qui travaille de tête, ont besoin de faire des efforts d'attention d'un ordre plus élevé ; chez eux l'élément volitionnel et l'élément intellectuel se confondent ». « Dans le procédé intellectuel qu'on appelle l'association constructive, on trouve seulement un fait additionnel : l'exercice de la volonté mue par un but à atteindre », dit le même auteur (4). « Les mouvements volontaires, dit Wundt, sont les seuls qui possèdent toujours le caractère indéniable de manifestations de la vie psychique (5). »

Mais la volonté est, en même temps, très dépendante de la vie sociale qui la détermine de toutes les manières. Son aboutissement est également la vie sociale, le pouvoir qu'elle gagne sur le déterminisme social, surtout lorsqu'elle est le produit dernier de tout un processus d'unification et d'abstraction sociale.

C'est donc la volonté qui établit le passage entre le psychique et le social. Nous devenons des êtres conscients en tant que nos actions se compliquent et s'unifient sous la pression de la vie sociale. Par la volonté, la conscience se fait jour chez les individus sociaux. La volonté, enfin, détermine du même coup le progrès

(1) *Op. cit.*, p. 412.
(2) *Ibidem*, p. 414.
(3) *Ibidem*.
(4) *Emotions et volonté*, p. 361.
(5) Wundt. *Psychologie physiologique*, t. I, p. 22.

social et de nouvelles associations d'idées. Elle crée des lois sociales, en même temps qu'elle fait apparaître les liaisons d'idées originales, et affermit les anciennes. Elle pousse ainsi plus loin et le progrès psychique, et le progrès social.

L'acte volontaire créateur qui est identique, on l'a vu, avec la source du *déterminisme social* constitue le point de départ du parallélisme psycho-social. Ce parallélisme se poursuit à peu près dans ces termes : la fonction psychique de l'*attention* a comme pendant social l'*autorité*, le prestige. L'*abstraction* et la *généralisation* ont pour fonctions sociales correspondantes : l'*invention* et la *propagation* ; cette dernière se réduisant, au point de vue politique, au principe des majorités. Remarquons que, à vrai dire, l'invention a pour correspondant parmi les fonctions psychiques : l'imagination. D'ailleurs, il serait difficile de faire une distinction tranchée entre l'imagination et l'abstraction avec laquelle nous venons d'identifier l'invention. On peut même douter qu'il en existe une, surtout lorsqu'il s'agit de l'imagination comme faculté de libre combinaison. « La liberté que l'imagination scientifique suppose à l'égard du donné, dit Höffding, n'apparaît pas seulement dans les combinaisons nouvelles, mais encore dans la faculté de découvrir des identités, de retrouver les mêmes rapports fondamentaux sous des conditions très différentes ou très embrouillées » (1).

Si telle est la fonction de l'imagination, elle se confond parfaitement avec ce que l'on trouve dans l'acte de l'invention et de l'abstraction. En effet, invention et imagination ne sont qu'une seule et même chose.

Dès lors, il nous devient bien difficile de comprendre que M. Tarde, tout en envisageant l'invention comme une fonction sociale de la première importance, continue, comme il le fait,

(1) *Op. cit.* p. 287.

sans doute, à considérer l'imagination comme un phénomène psychique proprement dit : l'invention est-elle autre chose qu'une hypothèse imaginée ?

Toutes les fonctions psychiques qui sont le juste pendant des fonctions sociales n'en sont que l'écho à l'intérieur, ou bien l'effectuation moléculaire. Le processus de l'abstraction psychologique est, de tous points, analogue au processus de l'unification sociale, tant économique que juridique et politique. Même l'abstraction ne paraît que juste l'intériorisation de l'unification sociale. On peut supposer, et l'hypothèse est très intelligible, que le processus de l'abstraction est une fonction psychique provoquée par l'unification sociale, économique et juridique. C'est à l'occasion de la réalisation de ce processus d'unification sociale, que la fonction psychique abstraite s'est réalisée ; c'est en raison directe de celle-là qu'elle se développe. « La raison, dit M. Worms, nous paraît comme une faculté sociale dans son origine ; c'est que la faculté de concevoir le général nous semble née de l'exercice même de la vie (1). »

Cette hypothèse devient plus évidente si l'on compare le processus de l'abstraction psychique systématisée, dans les deux méthodes logiques essentielles ; l'induction et la déduction. L'induction avec la statistique et ses méthodes expérimentales, qu'est-ce, sinon une sorte de suffrage universel introduit dans l'examen des faits, dans le choix des hypothèses ? Et la méthode déductive ne semble-t-elle pas s'identifier avec la généralisation sociale, réalisée par le principe des majorités ? De même que le mécanisme du principe des majorités ne fait que généraliser et appliquer jusqu'à l'unanimité la candidature, le projet de loi qui a triomphé, de même la déduction ne fait qu'étendre et appliquer les principes généraux aux cas nouveaux qui se présentent.

(1) Art. cité, p. 253.

Et, de plus, tout comme le processus de l'unification sociale, qu'il soit économique ou politique, crée des cercles de similitude (1) hiérarchisée, des lois subordonnées et supra-ordonnées les unes aux autres, et enfin une hiérarchie sociale de supériorité et d'infériorité, de même, le processus de l'abstraction et de la généralisation crée toute une hiérarchie de notions et de concepts subordonnés et suprà-ordonnés. Nous avons ainsi, face à face, une hiérarchie sociale qui est essentielle à la conservation sociale et inhérente à sa nature, à ce que nous dit M. Simmel (2) et une hiérarchie psychologique et logique de catégories et de concepts, également nécessaires et inhérents au processus de notre mentalité. Tout comme le rang d'un concept, dans la hiérarchie logique, se décide d'après l'étendue de sa sphère et les richesses de son contenu, de même la place d'une classe sociale se reconnaît d'après la sphère de son activité et son contenu. En d'autres termes, un rang social est d'autant plus élevé qu'est grand le nombre des subordonnés, et petit celui de ceux qui occupent un rang remarquable. La sphère d'une notion est en raison inverse de son contenu ; de même, plus un rang social est élevé et a de pouvoir sur un grand nombre, moins sont nombreux ceux qui l'occupent (3.)

Il est évident que ce ne sont pas les fonctions psychiques qui devancent et provoquent les fonctions sociales, parce que, comme on l'a vu, la riche différenciation psychique n'est rendue possible que par l'intégration sociale qui, ouvrant les sociétés hermétiquement closes, répand leur contenu au sein d'une société unique.

(1) Ces cercles de similitudes correspondent à ce que nous avions designé dans les pages précédentes, par le groupement des choses selon leur genre, et, par suite, d'après leur similitude. Cette fois, les cercles de similitudes se matérialisent dans les institutions sociales comme l'Ecole, la Famille d'où les perceptions nous viennent cohérentes parce qu'elles sont liées logiquement, et surtout les répétitions auxquelles l'école et, davantage encore, l'atelier nous forcent, que sont-ce sinon des cercles de similitude ? Ces institutions sociales sont donc, de fait, des sources vraies des cercles de similitudes.

(2) *American Journal of sociology* (Superiority and Subordination), 1896. p. 168.

(3) *Ibidem*, p. 416.

D'autre part, les pratiques, les règles de conduite, contradictoires et incompatibles, se livrent des luttes et s'exterminent tout d'abord extérieurement.

Ce n'est qu'avec le temps que ces luttes se traduisent dans l'intérieur des individus, pour y réaliser le processus psychique abstracteur, l'élaboration des inventions. En outre, certaines recherches récentes, par un examen très scrupuleux des faits, tendent à établir que la classification logique est une fonction sociale.

Tel est le travail très remarquable que M. Durkheim nous a donné sur les formes des classifications logiques primitives. On nous a laissé entrevoir, dans cette étude richement élaborée, qu'il y a dans les méthodes scientifiques de véritables institutions sociales dont la sociologie seule peut retracer et expliquer la genèse (1). « Il suffit, nous dit-on, d'analyser l'idée même de classification, pour comprendre que l'homme n'en pouvait trouver, en lui-même, les éléments essentiels. Une classe, c'est un groupe de choses, or les choses ne se présentent pas d'elles-mêmes, ainsi groupées, à l'observation. » Qu'est-ce qui nous les fait grouper selon leur ressemblance ? L'auteur pense, à juste titre que « rien ne nous autorise à suppposer que notre esprit, en naissant, porte tout fait en lui le prototype de ces cadres élémentaires de toute classification (2). D'autre part, classer c'est subordonner et coordiner les représentations les unes les autres. Toute classification implique un ordre hiérarchique. »

Il y a un moyen, à ce qu'il nous semble, de se rendre compte historiquement des probabilités de cette thèse. Ce serait de voir dans quel ordre varie la classification ou la hiérarchie psychique et logique, par rapport à la classification sociale. Est-ce la hiérarchie des concepts dont les progrès et l'altération commandent ceuxde la hiérarchie sociale, ou bien est-ce le contraire qui arrive ?

(1) *L'année sociologique*, 1902-1903, p. [illegible]
(2) *Ibidem*, pp. 5-6.

Si l'on s'en tient à ce qu'on connaît de l'histoire la plus ancienne de l'Egypte, on sait que la spéculation abstraite et par suite les concepts généraux et leur classification ne sont apparus là que grâce à la création des castes. Il était, en effet, impossible que l'esprit humain prît un essor plus hardi sans le dévouement d'une classe sociale qui fît du développement de la pensée sa spécialité proprement dite. La théocratie égyptienne fut l'organe social qui dégagea pour la première fois de la masse des impressions instables et confuses, les concepts, les idées générales encore arbitraires et grossières. C'est également dans l'Egypte que s'élabora la première manière de fixer les idées par l'écriture, si matérielle et rudimentaire qu'elle fût. Ainsi, l'une des hiérarchies sociales les plus anciennes que l'on connaisse, fut l'instrument adéquat qui créa la première forme de la hiérarchie intellectuelle des concepts. Le principe des classes sociales fut donc bien la cause de la première classification intellectuelle. Conséquemment, l'absolutisme des castes n'a pas manqué de se réfléchir dans la classification intellectuelle. Les premiers concepts sont aussi rigides, dogmatiques que les castes sociales ont été despotiques. Le despotisme théocratique de la caste s'est réflété nécessairement dans le dogmatisme de la première forme de la pensée.

L'évolution de la hiérarchie intellectuelle semble s'être faite, depuis, parfaitement dans le même sens que celle de la hiérarchie sociale, dont l'évolution a toujours devancé et provoqué celle des idées. Très caractéristique à ce point de vue est le parallélisme parfait qui apparaît entre le progrès politique et le progrès intellectuel du peuple grec. En effet les Grecs, héritiers effectifs des Phéniciens, et situés au carrefour de deux mondes et de deux genres de civilisation dont ils ont été les intermédiaires, ont accumulé forcément la richesse psychique créée et élaborée dans ces deux civilisations. Les poèmes philosophiques d'Hésiode et toute la pensée grecque qui les a précédés ont été sans doute le fruit des emprunts faits à la fois à la civilisation égyptienne et à la civilisation asiatique. Le dogmatisme de ces dernières s'y retrouve inaltéré. Les philosophes de l'école ionienne et éléate sont également des dogmatiques. Le dogmatisme s'est prolongé ainsi en Grèce jusqu'aux sophistes qui l'ont ruiné par leurs attaques.

Mais enfin quelle a été la raison d'être des sophistes qui formaient une véritable institution sociale? Les sophistes sont la conséquence incontestable du mouvement démocratique favorisé, sinon lancé, par la législation de Solon et qui s'est accentué continuellement depuis. La législation de Solon ayant aboli les privilèges politiques de la noblesse, a livré les fonctions sociales à la libre disposition du peuple et par suite à tous les hommes de fortune ou de capacité. La vie publique se développe, l'art oratoire, la harangue au peuple deviennent une nécessité. Il faut convaincre la foule, en obtenir les suffrages. Les harangues prirent nécessairement la forme de discussions contradictoires sur l'agora. A cette école, le succès politique devint la récompense des plus forts en dialectique. De ce moment la vie politique prend les allures d'un vrai métier qui exige une éducation préalable. C'est à cette exigence sociale que les sophistes donnèrent satisfaction.

D'une façon générale, l'apparition des sophistes a été déterminée par des nécessités politiques, c'est-à-dire par des conditions purement sociales. Comme les spéculations politiques s'entremêlaient de spéculations philosophiques et comme la philosophie était à peu près le seul moyen d'éducation de ces temps-là, les sophistes ne tardèrent pas à prendre pour sujet de leurs exercices dialectiques les problèmes de la philosophie. Les thèses contradictoires, mises ainsi face à face, procurèrent des sujets de discussion inépuisables et d'exercice dialectique merveilleux. Mais, en même temps que les thèses absolues et contradictoires faisaient l'objet des exercices dialectiques, leurs contradictions étaient, par cela même, relevées, et le fondement des systèmes dogmatiques s'évanouissait. L'analyse corrosive fit ainsi écrouler les thèses absolues et anéantit ce qu'avaient d'arbitraire toutes les thèses générales absolues, croyances philosophiques et concepts. En place de la hiérarchie des concepts généraux abolis se redressa le peuple des notions concrètes, individuelles. La perception individuelle, immédiate, hérita des concepts de cette aristocratie de la pensée que les sophistes détruisirent, de même que le peuple hérita de l'aristocratie sociale.

Le mouvement démocratique est donc la cause de l'abaissement de l'aristocratie, du relèvement du peuple et par contrecoup seulement il détermina aussi l'évolution de la pensée, en la faisant passer du stade des généralités arbitraires mais absolues au stade du criticisme et de l'empirisme même sous leurs formes extrêmes. La dialectique inaugurée par le régime démocratique de la vie sociale devint la vraie méthode philosophique de Socrate, de Platon... De plus, les préoccupations philosophiques de Socrate se concentrent principalement sur l'objet de la politique, sur la morale. Mais le vrai principe de la démocratie, le suffrage, le vote du peuple dans les décisions politiques, ne passa effectivement dans la philosophie qu'avec Aristote. Lui, il fonda la logique inductive, la généralisation par induction, juste pendant, avons-nous vu, du suffrage dans les assemblées du peuple.

Dans le même sens, Dithley a bien observé que les fonctions de l'esprit, les différents concepts et les règles observables dans la science de l'esprit n'ont été dégagées que par l'exercice des fonctions sociales. Le développement résulte de l'apprentissage nécessaire du gouvernement des sociétés, fonction qui exige des coups d'œil généraux sur l'ensemble de la société (1).

Au Moyen Age, certaines tendances nominalistes, qui appa-

(1) *Op. cit.* pp. 26-27.

raissent dès le Xe siècle, se continuent pendant le XIe et le XIIe siècle avec Roscelin et arrivent au XIVe à une prospérité inconnue auparavant avec Guillaume d'Occam, rappelant de très près le mouvement des Sophistes. Mais il ne faut pas oublier que le réalisme, la méthode spéculative déductive, domina tout le Moyen Age. La vie intellectuelle de ces temps fut donc partagée entre le nominalisme et le réalisme, avec prédomination du premier.

A les bien considérer, ces modes de la pensée réfléchissent exactement l'état de la hiérarchie sociale de ces temps-là. Le réalisme, l'abstraction, le dogmatisme philosophique et les méthodes logiques, déductives rappellent bien l'absolutisme de l'Eglise et de la noblesse. Et le nominalisme, qu'est-ce sinon le reflet du manque d'autorité de l'empereur, la répercussion de l'indépendance de la grande noblesse par rapport aux souverains, auxquels on ne reconnaît plus qu'une souveraineté nominale. Et cependant l'émiettement de l'autorité, la puissance de la noblesse se sont effectués par une véritable dérivation de cette même autorité centrale. La noblesse fut créée par l'empereur lui-même qui conféra des titres et des provinces à ses serviteurs distingués. Aussi la pensée de cette époque a-t-elle pris une tournure absolument analogue. Les vérités du Moyen Age étaient dérivées, elles aussi, par une simple déduction, des vérités générales de la théologie chrétienne, ou de Platon et d'Aristote. L'autorité logique venait d'en haut, au Moyen Age, puisque l'autorité sociale venait elle-même également d'en haut.

Il suffit de rappeler que le doute de Montaigne et celui de Descartes apparaissent dans l'histoire de la pensée, l'un au moment où les luttes religieuses affaiblissent la royauté, l'autre pendant et après la Fronde. De même ce n'est pas une coïncidence insignifiante que Léonard de Vinci, Telesio, Campanella, citoyens libres de la république Florentine, furent les prédécesseurs de Bacon. Et surtout le fait que la logique inductive expérimentale eut sa terre classique en Angleterre, où naquit la première monarchie à régime représentatif, doit être un symptôme très notable. Et ce qui est encore plus caractéristique, c'est que le régime représentatif, au moins dans son essentiel, devance en Angleterre le régime logique inductif.

Les deux tendances de la pensée : le réalisme avec la méthode déductive et l'empirisme (le nominalisme) avec sa méthode inductive, au lieu de se nier, depuis Bacon et Descartes, comme au Moyen Age, se sont bien accordés, en se faisant des concessions, en se corrigeant réciproquement. La logique moderne attribue une valeur presque égale aux deux méthodes et en cela elle nous semble réfléchir encore et très fidèlement la constitution des sociétés modernes. L'état de la logique moderne, où les deux principes se concilient est l'image même de la monarchie constitutionnelle à régime représentatif, organisé par le suffrage restreint ou universel, où se concilient les deux principes : l'autorité du monarque et la souveraineté du peuple.

Les philosophes politiques et économistes de l'Allemagne d'aujourd'hui ne donnent-ils pas, pour démontrer la nécessité de vérifier et de corriger la méthode déductive par la méthode inductive, des arguments absolument pareils à ceux qu'ils donnent en faveur du principe représentatif par rapport au principe monarchique? Le principe monarchique est trouvé par eux aussi indispensable pour la conservation de la société que l'est la méthode déductive pour le progrès de l'esprit. A leurs yeux, de même qu'il n'y a pas de logique et de vie intellectuelle en dehors du parallélisme exact de ces deux méthodes, de même la société sombrerait si le monarque n'était toujours là pour exciter le progrès. Et, de même qu'en politique, l'autorité et la souveraineté tendent à venir d'en bas, en logique c'est la méthode expérimentale et inductive qui semble avoir la prépondérance.

Ce qu'il y a de plus propre et de plus caractéristique dans la philosophie positive, scientifique, contemporaine, c'est bien la relativité des vérités générales, le criticisme. Mais ce même mouvement intellectuel a été devancé par le mouvement social de l'égalité politique, consacré au moins, sinon complètement réalisé. De même que le mouvement populaire s'en prit à la noblesse et que le peuple demanda aux nobles la vérification de leurs titres et de leurs privilèges, de même l'empirisme soumit les concepts et les idées générales à une sorte de vérification des titres. Tout comme la noblesse avait perdu sa raison d'être et par suite ses titres, ainsi que Taine nous l'a rendu évident, de même les notions générales se sont trouvées n'avoir aucun fondement réel et se réduire à des simples formules sonores et tautologiques, comme Molière l'avait fait remarquer en les ridiculisant. La hiérarchie intellectuelle — l'aristocratie des concepts — fut aussi vigoureusement secouée par l'empirisme que l'aristocratie sociale le fut par le mouvement démocratique. Seulement c'est la dissolution de l'aristocratie qui précéda celle des idées générales.

Aucun système philosophique n'a mieux saisi que le positivisme de Comte le caractère essentiel du mouvement intellectuel de ce temps; de là aussi son succès. Le positivisme anathématise et bannit toute métaphysique et tout absolutisme *a priori*. Il rétablit à leur place la relativité, pendant que la méthode sociale démocratique déclare l'égalité des citoyens et abolit les privilèges illégitimes. De même, si le positivisme admet des idées générales, mais seulement sorties de l'examen rigoureux des faits, c'est à l'exemple de la méthode démocratique qui reconnait bien des supériorités, mais seulement selon le mérite, c'est-à-dire d'après la méthode du suffrage, sorte de méthode inductive et statistique plus rigoureuse même que l'induction scientifique. De plus, le positivisme n'exclut pas la méthode déductive, ne renonce pas aux découvertes par une simple déduction tirée des concepts obtenus inductivement, de même que beaucoup de supériorités sociales sont dérivées par le mécanisme de la nomination directe qui fait le gouvernement, mis en place, lui en effet, par le vote. La nomination représente donc exactement la méthode logique déductive.

Il suffit de remarquer encore que, de même qu'on demande à chaque pas le fondement expérimental des lois scientifiques, de même on a établi le principe politique du *Referendum* (1) et on renouvelle, à des époques déterminées, les titres des autorités sociales. Et puis, si aujourd'hui le principe des majorités est encore dominant, on demande déjà aussi parfois de le remplacer par celui de l'unanimité (2). Celui-ci même sera probablement réalisé avant que la science soit arrivée aux lois sans exceptions.

De tous points, l'évolution de la hiérarchie sociale se réfléchit dans l'évolution de la hiérarchie des concepts, celle-là déterminant toujours celle-ci. Et, d'ailleurs, les organes sociaux qui sont représentés par la hiérarchie sociale, que sont-ils, sinon, de l'avis de M. Simmel, des abstractions réalisées (3). Ils représentent d'après lui les idées et les forces qui maintiennent le groupe dans telle ou telle forme déterminée, et par une sorte de condensation, ils font passer cette forme de l'état purement fonctionnel à un état de réalité substantielle (4). L'auteur compare aussi avec raison la forme bureaucratique aux formes logiques de l'entendement : « Celles-ci sont, à la connaissance du réel, ce que cela est à l'administration de l'Etat, c'est un instrument destiné à organiser les données de l'expérience, mais qui, précisément, n'en peut être séparé sans perdre tout sens et toute raison d'être (5). » De même, ajouterons-nous, l'autorité politique est perdue du moment que les électeurs ou le gouvernement l'ont retirée.

(1) Sidgwick. *Op. cit.* p. 551.
(2) Voir M. Lapie. *La Justice par l'Etat*, p. 90.
(3) *L'année sociologique*, I, p. 90.
(4) *Ibidem*, p. 85.
(5) *Ibidem*, p. 91.

On ne peut pas aujourd'hui occuper de place élevée dans la hiérarchie sociale si on ne réunit les voix et si on ne synthétise et incarne les opinions et les aspirations du plus grand nombre de ses semblables. Théoriquement, le rang social qu'on occupe est d'autant plus haut qu'on apparaît davantage comme l'égal de tout le monde, de tous ceux qui choisissent et, par suite, l'égal de chacun. C'est au point qu'on arrive à ne plus même tenir compte des qualités personnelles de l'élu. La personne se dissocie ainsi des fonctions sociales qu'elle remplit : ses qualités deviennent indifférentes à son rôle. De plus, à mesure même qu'on est personnellement effacé, on remplit mieux le rôle social. « Le formalisme social, qui permet de rappeler au pouvoir aussi bien les moins capables que les plus méritants, a un sens profond : car c'est la preuve que la forme du groupement s'est fixée, s'est objectivée ». L'auteur voit la réalisation complète de cette évolution dans le principe de la transmission héréditaire du pouvoir qui prouve que « le gouvernement est indépendant des qualités personnelles du prince. » « Le roi n'est rien en tant qu'individu. Sa personnalité n'a plus de valeur que comme incarnation de la royauté abstraite, impérissable dont elle est la tête » (1).

Mais il en est de même des concepts généraux. Leur valeur réelle descend si bas qu'elle est égale à celle des faits concrets, dans ce sens qu'à la limite, une seule expérience contraire doit détruire et abolir la loi et le concept. Un homme, supérieur de tous points, est comparable à un concept abstrait, à une loi générale qui doit réunir tous les faits et se vérifier dans toutes les expériences. C'est dire que, pour avoir quelque autorité, il faut remplir un rôle social, délégué par le vote d'un grand nombre de semblables avec lesquels on doit avoir quelque chose de commun, dont on doit être pour ainsi dire l'égal. Le secret du choix, c'est qu'on soit substituable à ses électeurs ; de même

(1) *Art. cit.* pp. 80-81.

l'idée générale est une image égale ou analogue à une série d'images qu'elle ne fait que représenter. Les personnes qui acceptent des rangs élevés ne doivent pas avoir, personnellement, plus de valeur qu'un fait particulier. Le fait concret devient l'égal de la loi ; la loi n'a qu'une valeur de substitution, par suite une valeur plutôt pédagogique ; de même chaque citoyen devient, théoriquement l'égal de l'individu supérieur qui n'a, de plus, qu'une valeur sociale administrative.

De ces considérations, si elles sont en effet conformes aux faits, se dégagent deux conclusions : 1° la hiérarchie et la classification sociale précèdent et provoquent la classification intellectuelle et par suite psychique ; 2° au moyen d'un processus nécessaire, les fonctions et les lois sociales descendent dans l'individu et se transforment, à son intérieur, en des lois et des fonctions psychiques absolument pareilles (1).

RÉSUMÉ ET CONCLUSION DU SECOND LIVRE

La théorie courante du « milieu social », facteur déterminant de l'individu, se vérifie et se précise, à la suite de l'analyse des faits, dans le sens suivant : on a eu raison de dire que l'homme isolé n'existe pas, et que, si, par impossible, il existait « il serait idiot » ; que « la pensée de la société est chose primaire, et « que c'est d'elle qu'on aura à extraire, par analyse, la pensée de l'individu ».

Et, en effet, les deux lois essentielles et primordiales de la conscience : celle de l'alternance ou de la relativité des états psy-

(1) Un certain degré d'agrégation basé sur de simples relations organiques précède l'apparition et de l'intelligence et de la société. A travers l'histoire humaine, ces deux facteurs : l'esprit et la société, courent un chemin connexe qui nous rappelle d'une manière assez frappante la connexion entre les faits intellectuels et les changements nerveux.

chiques, et celle de l'activité synthétique de la conscience, se trouvent reproduire exactement dans l'individu ces deux autres lois également fondamentales en sociologie : le processus de l'intégration sociale et celui de la différenciation intérieure. Ce n'est pas tout que des lois psychiques reproduisent ces lois sociales ; elles en dérivent immédiatement. La différenciation sociale précède et forme la relativité ou différenciation psychique : l'activité intégrante de la conscience découle nécessairement de l'activité sociale. Bien plus, les deux formes primaires du moi, l'unité formelle et l'unité réelle de la conscience, ne font que reproduire les deux formes de la sociabilité : ce qu'on appelle la solidarité mécanique et la solidarité organique.

Considérée au point de vue statique, pour ainsi dire, la conscience nous a présenté une série de fonctions, ou soi-disant lois psychologiques, qui n'ont été, elles aussi, que la reproduction fidèle et le produit direct d'une série de fonctions ou soi-disant lois sociales. Ainsi, d'une part, la fonction psychique primaire de la *perception*, et, d'autre part, la *suggestion* qu'on envisage comme l'élément premier de la sociologie et comme le fait social typique, ne sont qu'une seule et même fonction. De même l'association des idées par contiguïté et par ressemblance est l'expression effective des deux formes de l'unité de conscience : l'unité formelle et l'unité réelle ; ces deux soi-disant lois psychologiques se réduisent aux deux formes de la solidarité sociale : la solidarité par ressemblance, et la solidarité par différenciation,

La source des perceptions et de la cohésion, qui les retient en les associant, est un système d'institutions sociales qui incorporent les pensées et les acquisitions intellectuelles de la société. La coordination et la systématisation, harmonieuse ou discordante, des différentes institutions sociales entre elles fonde la cohérence plus ou moins lâche, harmonieuse ou discordante, des pensées. Ce système d'institutions ou de cercles sociaux a pour pendant psychique la mémoire. Pourvu de sanctions de toutes sortes, il est la seule base de la cohésion dans la vie psychique.

Une mentalité logique, conséquente, une association d'idées constantes et sûres sont produit et fonction d'une série d'institutions sociales, fermes et harmoniques. Une mentalité vacillante, instable est produit et fonction d'un système d'institutions inconsistant, discordant. Actuellement, et pour longtemps encore dans l'avenir, à cause de la crise que produit la marche évolutive du processus social, le système des institutions sociales est encore mal coordonné, et il se traduit par une incohérence analogue. Puisque la famille et l'école sont parmi les premières de ces institutions, l'éducation, c'est-à-dire la transmission des données acquises par les adultes aux nouvelles générations, est bien le grand fait social dont dépend toute la phénoménalité psychique avec ses lois, vue sous son aspect statique. Et, par conséquent, c'est bien la psychologie qui dérive de la pédagogie, et non inversement, comme on l'a toujours pensé. La cohésion des idées, l'unité formelle ou réelle du moi, la mémoire, sont autant de fonctions psychiques qui ne sont possibles, ne se réalisent qu'à la suite d'un système d'éducation variée que la Famille, l'Ecole et la Société offrent et imposent à l'individu. La science de la pédagogie ne sera jamais que juste ce que sera l'art pédagogique respectif. Et, par suite, le psychologue ne saurait mieux remplir sa tâche qu'en s'identifiant avec le pédagogue. La cohésion mentale et les lois psychologiques sont déterminées surtout à l'Ecole dans les générations qui se succèdent. Il doit bien en être ainsi, s'il est vrai que l'attention et la répétition, produits de la vie sociale, sont les conditions exclusives de la cohésion de nos états psychiques, de nos associations d'idées.

Au point de vue dynamique, la conscience comporte une autre série de fonctions ou soi-disant lois psychologiques qui, elles aussi, sont les aspects individuels ou plutôt le fonctionnement atomique pour ainsi dire d'une série de soi-disant lois ou fonctions sociales. Ainsi. la volonté, l'attention, l'abstraction et l'imagination, la généralisation qui sont autant de fonctions ou lois psychiques, s'identifient avec ce que l'on peut appeler le déterminisme social, l'autorité. l'invention et la propagation sociales. Ces fonctions psychiques et sociales sont spécialement créatrices. L'abstraction et l'imagination, qui constituent le fond de la fonction sociale d'invention et ce que cette dernière suscite et détermine, ont pour rôle de créer de nouvelles associations d'idées par ressemblance, et par suite de faire que l'association par ressemblance empiète sur l'association par contiguité. Cette évolution psychique est déterminée par ce processus social qui, au moyen du principe de l'invention, unifie et uniformise ce qui est différent.

On sait que tout progrès scientifique est un véritable empiètement du semblable sur le différent contigu. C'est seulement ainsi que se créent la cohérence des états psychiques et toute cohésion définitive de l'esprit et de la société, et par conséquent tout ce qu'il y a et tout ce qu'il y aura de lois psychiques et sociales. Mais il va de soi que ces associations psychiques nouvelles, ces lois à la fois sociales et psychiques ne pourront jamais être le fruit des recherches positivistes des savants, qui prendraient une attitude servile devant le passé et en face du présent. C'est ce qu'a exprimé Kant en disant des lois morales : « il n'y aurait rien de plus funeste à la moralité que de vouloir la tirer d'exemples ».

Seule, une méthode active volontaire peut découvrir ces nouvelles lois. en les décrétant ou en les créant, par un acte d'invention. Par là. cette partie de la réalité sociale et psychique n'est pas matière à observation, — cette méthode s'applique seulement à ce qui est. elle est moins encore matière d'invention, — cette méthode est applicable seulement à ce qui n'est pas encore, à ce qui sera. Dans ce sens, on peut bien dire que la science psychologique a été et sera toujours « une œuvre à créer, non pas à découvrir », œuvre d'hommes pratiques et non pas de savants. Car la créer, c'est créer probablement la régularité, la cohérence sociales, et c'est bien la tâche des grands hommes politiques et des moralistes.

Ainsi, cette partie de la psychologie n'est donc pas l'objet de savants mais d'hommes pratiques. C'est à ces derniers de réaliser des inventions sociales, et, par là des associations d'idées nouvelles. Les savants viendront à leur suite remplir le rôle modeste d'enregistreurs scrupuleux, comme les grammairiens, qui ne créent jamais les règles de la langue mais consacrent ce que l'usage a créé. C'est donc dans la pratique, dans le domaine de la vie morale et sociale, qu'on doit chercher, en dernière analyse, l'explication des lois psychiques. Kant en a eu l'intuition admirable, lorsqu'il a fait dériver de la raison pratique les principes derniers de la raison spéculative. « Dans l'union de la raison pure spéculative avec la raison pure pratique..., la primauté appartient à la dernière ».

En effet, la régularité, la cohérence sociales, et indirectement psychiques, sont maintenant prises comme idéals et objectifs d'une réalisation immédiate, par toute une école d'hommes pratiques qui sont à la tête du mouvement socialiste. Leur ambition est d'éliminer le hasard, de réduire le terrain trop étendu de la contingence sociale et psychique.

L'égalisation des individus et l'uniformisation des conditions étant le terme dernier de leurs aspirations, qui ne voit que ces hommes ont entrepris la réalisation de cet « impératif catégorique », dont le criterium est l'universalisation des actes et selon lequel les individus se valent, étant donné que le principe d'action de chacun peut servir de loi et d'exemple à l'action de tous les autres. Par conséquent, si la psychologie, dans sa partie statique, paraît dépendre de la pédagogie et des éducateurs, elle semble, dans sa partie dynamique, dépendre des hommes pratiques, des moralistes. Le progrès, selon M. Baldwin, va « nécessairement dans la direction d'une complète réalisation des types moraux et des règles de la conduite morale » (1). Si le socialisme réussit et crée la cohérence et l'uniformité sociales, il aura par là créé et l'objet et la science de la psychologie. Car, selon la remarque de M. Bernès « dans les temps modernes, les progrès de la sociologie ont suivi l'extension du régime démocratique » (2).

Pour la psycho-physiologie, c'est plutôt une méthode qu'une science, et, même comme méthode, son efficacité est infime. N'ayant étudié que les formes matérielles au moyen desquelles s'exprime la pensée, elle ne saurait jamais dire rien de décisif sur la causalité des phénomènes psychiques ; car nous pensons, avec Kant et James, que le corps, loin d'être la cause de la pensée, en est une condition restrictive.

Par rapport donc aux phénomènes psychiques, les conditions matérielles sont parfaitement anonymes ; elles peuvent dire sur notre pensée tout aussi peu qu'un instrument de musique pourrait dire sur l'enchaînement intrinsèque des accords qui le traversent. Pourtant, ce côté physique de l'esprit prend une importance de premier ordre, lorsque la phénoménalité psychique s'y est fixée dans ses traits acquis. Ainsi la vie spirituelle, d'origine sociale, prend la forme du physiologique et peut s'exprimer alors d'une manière adéquate : la vie sociale se greffe sur la vie physiologique individuelle et la société descend dans l'individu, en s'y inscrivant plus ou moins complètement.

Du fait même que la vie sociale peut s'exprimer dans la langue des formes physiologiques, et qu'elle crée dans l'individu la conscience individuelle, selon l'image de la société, il s'ensuit

(1) *Interprét. sociales*, p. 513.
(2) *Revue intern. de soc.*, 1895, p. 977.

suit qu'il ne peut y avoir qu'une seule conscience, la conscience individuelle (1). Ce qu'on a appelé la conscience sociale ne peut être qu'un aspect de la conscience individuelle. Quelle méprise de les opposer, d'opposer une réalité et une métaphore! Wundt considère comme une chimère la société, lorsqu'on la conçoit en elle-même, abstraction faite des individus.

La conscience individuelle, quoiqu'individuelle, est en même temps sociale, parce qu'elle est d'origine sociale. On ne saurait plus comprendre ceux qui veulent abolir toute interprétation et toute explication psychologique de la société et de la morale, en opposant la psychologie à la morale et à la sociologie. Ils oublient, ceux-là, ce qu'ils ne manquent pas d'ailleurs de relever eux-mêmes, que le psychique, en grande partie, est d'origine sociale.

Il n'est pas rare que les sociologues s'aperçoivent « que l'association fut la cause maîtresse du développement mental et moral » (2) et que « la fonction de la société est de développer la vie consciente et de créer la personnalité humaine » (3).

La matière de l'organisation sociale consiste, selon M. Baldwin, en pensées, faits d'imagination, notions, informations » (4), etc. « Ce qui pense, dans l'homme, ce n'est pas lui, mais sa communauté sociale » (5). « La vraie nature de l'individu répond à la vraie nature de la société, et avec la découverte de la première vient celle de la seconde » (6).

Si, en effet, il n'y a pas de réalité et de conscience sociale en dehors de la conscience individuelle, si cette dernière est non

(1) Le moi public est, selon M. Baldwin, la forme objective d'organisation que doivent concevoir normalement les personnalités en voie d'évolution (*Interprét. soc.* p. 492).
(2) GIDDINGS. *Op. cit.* p. 202.
(3) *Ibidem*, p. 358.
(4) *Interpretat. soc.*, p. 482.
(5) GUMPLOWICZ. *Précis de soc.*, p. 374.
(6) JAMES. *Seth, Study of Ethical*, London, 3e édit. p. 323.

seulement le produit historique de la société, mais encore si toutes les lois et toutes les fonctions psychiques sont les reproductions dans l'individu de lois et de fonctions sociales correspondantes, il faut conclure :

1° Que la psychologie est une science sociale comme la morale ; 2° que la seule méthode propre à faire avancer les recherches psychologiques serait la méthode historico-sociologique. On devrait, par suite, remplacer la psycho-physiologie, qui n'a donné rien de décisif touchant les phénomènes psychiques, à en croire M. James (1), par une psycho-sociologie. Le fond de l'idée qu'enferme cette conclusion a été très souvent aperçu.

Ainsi, selon M. Sighele, « la sociologie est une représentation fidèle en ses grandes lignes, mais immensément plus complexe et plus vaste de la psychologie » (2). M. N. Grote pense qu'une nouvelle psychologie doit être fondée dans le but d'étudier les idées, les sentiments et les actions qui se manifestent dans l'histoire de l'humanité. C'est aussi la pensée d'un autre philosophe russe, M. Karieff, qui, après avoir constaté que « l'histoire est devenue une science sociale », se demande pourquoi la psychologie n'en fera pas autant (3).

Dans un ordre d'idées analogues, M. Lévy-Brühl pense que « la théorie des fonctions supérieures (imagination, langage, intelligence...) exige l'emploi de la méthode sociologique » (4). Aux yeux de M. Kidd l'étude de l'intelligence individuelle doit être rapprochée des principes sociologiques, et le contenu de l'esprit est, en dernier terme, gouverné par ses relations avec le processus sociologique » (5).

(1) *Op. cit.* t. I, pp. 540-548.
(2) *La foule criminelle*. Paris, Alcan, 1re édit. p. 9.
(3) Voir compte-rendu *Revue Philos.* 1891 (I), pp. 332, 335.
(4) *La morale et la science des mœurs*, p. 79.
(5) *Principles of Western civilisation*, p. 84.

Mais, s'il est vrai, en effet, comme nous le pensons, que la psychologie gagnerait infiniment à être étudiée du point de vue sociologique, la sociologie, à son tour devrait être rapprochée de la psychologie et identifiée avec elle. La confrontation des vérités psychologiques et des vérités sociologiques correspondantes constituerait une méthode très précieuse de vérification, et un point de repère admirable. De cette façon seulement on pourrait faire converger les lumières de la méthode individuelle psychique avec celles de la méthode objective sociale, afin qu'elles se renforcent les unes les autres, pour projeter un jour nouveau sur les recherches psychiques, morales et sociales.

Tout le patrimoine de la psychologie viendrait ainsi verser dans celui de la sociologie, et inversement, au lieu que l'une et l'autre aillent glaner des explications, des analogues pauvres et obscures l'une dans physiologie, l'autre dans la biologie. Pour notre part, nous venons de faire, ici, l'application de cette méthode psycho-sociologique, et les résultats obtenus nous ont paru satisfaisants. La tentative est à reprendre.

LIVRE III

LA CONCEPTION SOCIOLOGIQUE DU GÉNIE

CHAPITRE PREMIER

La définition du génie

La psychologie subjective qui, confinée à l'étude de l'individu en lui-même, a échoué dans l'interprétation des lois psychologiques, ne pouvait pas, non plus, apporter des vues définitives touchant l'interprétation du génie et du talent.

Il en est autrement lorsqu'on sort de l'individu pour se rendre compte de la complexité des conditions sociales extérieures, qui le provoquent. Il a suffi d'avoir envisagé la psychologie, et par suite l'individuel, au point de vue social, pour dégager dans le dernier chapitre du livre précédent, des indications très suggestives sur les phénomènes psychiques et sur la nature du phénomène du génie.

Nous y revenons pour pousser un peu plus loin l'examen et

l'analyse de faits déja indiqués. De plus, le phénomène du génie est, en effet, d'une importance capitale pour la solution du problème, qui nous préoccupe. Il constitue le point de passage le plus saillant entre la psychologie et la sociologie, et il est une preuve indéniable de l'identité essentielle de ces sciences. Mais, en même temps, le phénomène du génie est le plus propre à faire voir ce qu'il y a de factice et d'exagéré dans les thèses de la sociologie positive et naturaliste, qui nient précisément le pouvoir que les individus peuvent avoir sur le déterminisme social. Remarquons que l'importance théorique, de premier ordre, que présente le phénomène du génie, n'a jamais échappé aux philosophes. Kant, Hegel, Schopenhauer, Wundt s'en occupent longuement.

Mais, ce qu'il faut noter davantage, ce sont les difficultés particulières qu'on rencontre lorsqu'on essaie de définir une idée à la fois si vague, si fuyante et si mystérieuse. Ces difficultés ont toujours anéanti les efforts de ceux qui ont voulu scruter la nature et les conditions réelles du génie ; mais elles peuvent céder, à la fin, lorsqu'on s'avise d'appliquer dans cet ordre de recherches la méthode sociologique objective (extérieure, puisqu'elle est sociale) proposée par M. Durkheim pour les recherches des faits sociaux en général. Certes, pour recourir à cette méthode, il faut considérer le génie d'un point de vue exclusivement social. La question de méthode implique déjà, comme il est très naturel, le mode d'interprétation du phénomène. Le point de vue social qui nous a facilité infiniment l'interprétation des phénomènes psychiques, ne sera pas infructueux dans une recherche sur le génie, qui est un phénomène psychique après tout, parce qu'il est individuel. De fait, nous allons vérifier maintenant, par une autre voie, l'idée qui résulte du livre précédent, à savoir que les phénomènes psychiques sont d'origine sociale et non pas biologique.

Convaincus de l'excellence de cette méthode objective, en tant que méthode seulement, nous devons nous conformer à ses prescriptions, formulées et fructueusement appliquées par M. Durkheim. Or cette méthode consiste « à ne jamais prendre pour objet de recherches qu'un groupe de phénomènes préalablement définis par certains caractères extérieurs, qui leur sont communs, et comprendre, dans la même recherche, tous ceux qui répondent à cette définition » (1). Et maintenant, si le talent et le génie sont, non pas des produits d'un accident biologique d'une hérédité heureuse, par exemple, mais des phénomènes sociaux, et dont les conditions sont extérieures, puisqu'elles sont sociales, ils doivent manifester cette tendance des faits sociaux à s'extérioriser en s'exprimant dans quelque chose d'objectif. « Les habitudes collectives, dit également M. Durkheim, en dehors des actes qu'elles suscitent, s'expriment sous des formes définies, règles juridiques, morales, dictons populaires, faits de structure morales » (2).

Par suite, si le génie présente ce caractère extérieur, mais intégrant à sa nature, qui ne peut manquer aux produits effectifs de la vie collective, nous devons le définir par ce caractère. Pour délimiter le concept du génie, nous devons faire de ce signe extérieur le caractère nécessaire de tous les phénomènes qui doivent rentrer dans ce concept, et nous n'attribuerons le qualificatif du génie qu'aux seuls individus qui présentent ce trait d'extériorisation, d'objectivation.

Pour le génie, quel est ce caractère objectif extérieur et d'une nature telle qu'il fasse partie intégrante au génie ? Pour une règle juridique, c'est un article de code, un dicton moral, une combinaison de mots. D'une manière générale et même un peu brutale et naïve, on pourrait dire que la forme extérieure du génie ce sont les monuments de toutes sortes, les panthéons, les

(1) *Règles de la méthode soc.*, p. 45.
(2) *Ibidem*, p. 56.

statues à la mémoire des grands hommes. Tout au moins ces signes, très extérieurs de l'objectivation du génie, peuvent-ils nous mettre sur les traces du vrai caractère objectif de celui-ci. Les monuments sont, sans doute, la marque de l'admiration de ceux qui ont connu les grands hommes, leurs œuvres, en ont subi l'influence et le prestige. Par conséquent, le prestige, la gloire, l'admiration, sortes de courants sociaux puissants, extérieurs à la personne du grand homme, sont les vrais caractères objectifs du phénomène du génie. C'est par eux que nous devons définir le concept du génie.

On ne doit appliquer ce concept qu'aux individus qui ont été l'objet d'une admiration générale, d'une gloire proprement dite, à ceux qui ont été enveloppés d'un prestige bien marqué. D'autre part, tous les individus qui ont été, d'une façon ou d'une autre, l'objet d'une gloire, d'une renommée, à quelque degré ou à quelque titre que ce fût, tous ceux qui jouissent d'un prestige quelconque aux yeux de leurs semblables, tous, sans distinction, doivent être compris sous le concept du génie. La réputation, la haute considération dont on est assuré, sont non seulement un élément extérieur au génie, mais aussi une partie intégrante de ce phénomène. Bien plus, le prestige, la gloire est un facteur essentiel, sinon l'essentiel du génie ; car, ces qualités et l'autorité qui s'y attache sont pour beaucoup dans les actions, qui, accomplies par un homme, le consacrent homme de génie. Par suite, le caractère extérieur est un facteur tellement essentiel de ce phénomène, qu'il nous introduit au cœur même de son explication causale.

Mais observons tout de suite, qu'ainsi conçue, la notion du génie s'élargit infiniment, jusqu'à comporter des éléments que la notion vulgaire ne contient pas. M. Durkheim, étudiant le suicide et en définissant le phénomène, a fait la même découverte. Pour avoir déterminé, d'une façon plus exacte, le contenu de l'idée de suicide, on a vu que les limites du concept ont reculé sensiblement, au point de contenir de nouvelles catégories de cas (1). De même, sous le concept du génie doivent entrer un instituteur de village, au même titre qu'un Napoléon ; le maire d'une bourgade perdue au fond de l'Allemagne au même titre qu'un Gœthe ; un employé d'administration autant qu'un Beethoven. Tous ceux qui ont été marqués du signe du prestige et de l'autorité ont le même titre à être qualifiés d'hommes de génie, bien que les proportions varient. De plus, la situation d'un adulte au milieu d'un groupe d'enfants, des ainés vis-à-vis des frères moins âgés, présente quelque chose de ce prestige propre au génie.

Il se peut bien que cette extension du concept du génie provoque des objections très vives, sinon très graves ; elle présente pourtant pour l'investigation scientifique du sujet des avantages considérables. Il est vrai qu'à l'intérieur de la notion du génie, ainsi définie, on peut faire des distinctions, non seulement nécessaires en elles-mêmes, mais utiles pour la recherche projetée. On peut classer les individus de génie ou de talent sous des rubriques distinctes : celle du génie, celle du talent et celle des gens simplement distingués, à cause de leur situation sociale.

L'avantage principal de cette définition du génie est de laisser voir que les différences entre les diverses catégories ne sont pas des différences de nature mais de degré, de plus ou de moins, sans que cette différence de degré devienne jamais une différence de nature. « Entre l'honneur et la gloire, dit Lazarus, qui s'est longuement occupé de ces questions, il n'y a pas de différence » (2). L'unité réelle de nature qui relie, sans solution de continuité, les différents degrés de génie et de talent, doit être mise en évidence et prise comme point d'orientation dans la recherche du phénomène. Evidemment, les degrés inférieurs étant les moins complexes sont aussi les plus faciles à analyser. Il est donc de toute nécessité d'aborder le sujet par ce côté ; autrement, en s'arrê-

(1) *Le suicide*, Paris, Alcan, 1897, pp. 2-3.
(2) Lazarus, *Das Leben der Seele*, I, p. 196.

tant, tout d'abord, aux degrés les plus élevés du génie, comme on l'a toujours fait, on ne peut qu'échouer. Par contre, toutes les chances de réussir s'offrent en commençant par l'examen des formes inférieures du phénomène ; les conditions de ces formes inférieures une fois saisies, les résultats obtenus forment déjà toute une méthode acquise. Ensuite, les données positives obtenues constituent comme une sorte d'hypothèse qui facilite l'étude des côtés les plus complexes du sujet.

Considérons, tout d'abord, et d'un coup d'œil très sommaire, en quoi consiste, effectivement, l'unité de nature entre les divers degrés du génie. Commençons par le degré le plus humble du phénomène. Qu'y a-t-il, par exemple, dans le prestige de l'autorité qui rehausse, aux yeux des enfants, leurs aînés et leurs parents ? N'est-ce pas la conscience que ces derniers peuvent agir librement sur eux, sans qu'ils puissent leur rendre la pareille ? N'est-ce pas l'idée, à demi-claire, que leurs parents et aînés ont infiniment plus d'expérience et de connaissances qu'eux ? Il est, en tous cas, évident que le prestige des premiers aux yeux des derniers, tient au pouvoir que ceux-là ont et exercent sur ceux-ci, pour les éduquer et les instruire. En est-il autrement de l'employé d'administration qui a un grand ascendant sur les simples citoyens qui dépendent de lui ? N'est-ce pas précisément en vertu d'un pouvoir analogue que le fonctionnaire exercera sur les gens, qui ont nécessairement affaire à lui ? Par rapport à celui-ci, les simples citoyens se présentent dans des occasions nombreuses en une situation passive ; leurs affaires sont décidées d'après l'arrêt pris par ce fonctionnaire.

Il en est absolument de même du prestige qui enveloppe aux yeux du public le maire, le député, le ministre, l'homme exceptionnellement riche : la foule les respecte et les craint. Ceux qui constituent la foule ont, en effet, la conscience plus ou moins claire du pouvoir que ces personnages exercent sur leur sort. Selon leur plus ou moins d'autorité et de pouvoir, ils peuvent changer du jour au lendemain la situation sociale, le rang, le sort de n'importe quel individu, pris dans la foule. Aussi, la foule les acclamera-t-elle selon le degré de leur pouvoir.

Un député influent produira une toute autre impression sur la foule qu'un député obscur. Un ministre sera beaucoup plus vivement acclamé qu'un député influent : et un roi évoque et répand toujours sur son passage les sentiments de majesté et de prestige, caractéristiques des têtes couronnées. Sa présence seule au milieu d'un peuple constitue, pour celui-ci, une occasion de fête ; et cela d'autant plus, semble-t-il, que le souverain a plus de prérogative. Ainsi, le tzar produira une toute autre impression au milieu de la foule d'une ville russe, que le roi de la Belgique dans une ville belge.

L'impression que le génie scientifique et artistique produit sur le public ne laisse pas d'être la même et tout à fait de même nature. Un grand musicien, un peintre, un poète, un romancier, un savant ou un philosophe jouissent d'une renommée exceptionnelle, justement en vertu des sentiments qu'ils provoquent dans l'âme ou dans l'esprit de ce public, et en proportion même de ces sentiments. La conscience nette qu'on a du pouvoir des grands artistes ou des littérateurs sur l'âme humaine, bien que d'un autre genre que celui du monarque, fait que ceux-là provoquent, dans le public, le même sentiment de gloire et de majesté que les rois ; et cela, d'autant que la foule connait davantage, ou éprouve plus vivement, la puissance du génie artistique ou scientifique de ces personnages. Pour le public, qui ne les connait pas, qui n'a jamais goûté ou apprécié leurs œuvres, les grands artistes et les penseurs sont des souverains travestis. Ils n'ont le prestige qu'ils méritent qu'aux yeux des initiés.

Une symphonie de Beethoven est-elle jouée dans une salle de concert, le musicien y est comme un roi dans la splendeur de sa tenue et de sa majesté royales. L'impression ressentie est comparable à celle que produirait un roi travesti qui se découvrirait au milieu d'une foule. Le prestige, la gloire, l'autorité, quelle qu'en soit la nature, qui enveloppent aux yeux du public un homme de génie, c'est la conscience qu'a ce public du pouvoir effectif, irrésistible exercé par ce dernier sur sa destinée et sur son esprit. « Ce qu'il y a au fond de l'âme de l'homme honoré, dit Lazarus, doit réagir dans l'âme des autres ; l'œuvre de celui-là doit agir en eux » (1). La preuve en a été faite et elle s'opère chaque jour, sous nos yeux : le roi détrôné a perdu aussi sa majesté ; un ancien ministre n'a plus le prestige d'un ministre ; le député influent n'a plus aucun prestige, lorsqu'il ne l'est plus : et le grand capitaliste, si jamais il fait faillite, risque de voir le prestige, dont il jouissait aux yeux de la foule, tourner en un sentiment tout contraire. En un mot, le secret du génie, à tout degré, paraît être le pouvoir, exercé par celui-ci, sur ses admirateurs.

Quant à la source de ce pouvoir lui-même, elle est assez manifeste, puisqu'il est méthodiquement acquis dans les cas les plus simples. Ainsi, le pouvoir que le député influent ou le ministre exercent sur leurs admirateurs, ils le détiennent au moyen d'un mécanisme bien connu de ces mêmes admirateurs. C'est, en effet, le vote des citoyens qui a investi le député et le ministre de leur puissance et par suite de leur prestige. Il n'y a pas jusqu'au degré de pouvoir qui ne provienne du même mécanisme ; car le nombre des votes réunis, directement ou indirectement, mesure les limites du pouvoir dont disposeront les personnages respectifs, et par suite l'étendue même de leur prestige, la profondeur de leur génie. Mais, au plus juste, qu'est-ce que le vote peut signifier ? Ne veut-il pas dire que la personne, en faveur de laquelle on vote, condense et incarne en soi les aspirations et les particularités de tous ceux qui ont voté pour elle ? Il se rapporte donc à eux comme un concept aux représentations dont il se trouve abs-

(1) *Op. cit.* p. 194.

trait, comme une loi aux faits qu'elle régit. Pas plus que la loi ne diffère, en droit au moins, des faits qu'elle régit, le génie ne doit différer de ses contemporains. Seulement, il est plus semblable à tous qu'ils ne sont semblables entre eux. « Etre grand, c'est être soi-même, mais être aussi tous les autres : c'est avoir une personnalité et porter cependant en soi-même quelque chose, où tout le monde se reconnait, c'est concevoir une pensée propre, qui est en même temps la pensée commune » (1).

Ainsi la formule du génie, certainement obscure et cachée, dans les cas les plus complexes, devient claire et manifeste dans les cas les plus simples, à supposer, ce qui est très naturel, qu'elle soit la même dans tous les cas : cette formule peut donc être exprimée, au moins provisoirement, de cette manière-ci : *Le génie est le pouvoir dont dispose un individu humain sur ses semblables, pour les former et les transformer ; il tire de ces derniers, dans la mesure même où il anticipe et incarne leurs aspirations, réalisant en soi explicitement une des formes que doit prendre la vie psychique de ses semblables et qui existe en eux sous forme implicite.*

Il est évident que si les diverses catégories de génie et de talent, quels qu'en soient la complexité et le degré, sont de même nature, cette formule, tirée de l'examen provisoire de formes inférieures, doit nécessairement s'appliquer aux formes supérieures du phénomène. Il est également évident que, simple et manifeste dans les formes inférieures, elle se complique et s'obscurcit dans les formes supérieures, où la complexité la cache. Cependant, cette hypothèse provisoire doit être essayée aux formes plus compliquées du génie. Mais, auparavent, nous devons préciser encore davantage le mécanisme de cette formule, même dans les formes simples.

(1) FOUILLÉE. *L'Idée du droit moderne*, p. 156.

CHAPITRE II

Le génie synthèse de la vie collective

§ I. — LE GÉNIE POLITIQUE

Cette catégorie de génie comprend également le génie militaire, puisque dans le passé, surtout, ces deux attributs : valeur militaire et valeur politique se trouvent presque indissolublement liées.

1° L'homme de grande valeur militaire a toujours été le général consacré personnage historique, parce que, d'une part, il a décimé plusieurs armées et rejeté dans l'oubli leurs généraux, et que, d'autre part, il a condensé, dans sa personne, la renommée, le mérite réel d'une foule immense de subordonnés. Ces derniers, dépouillés, à son profit, des exploits qu'ils ont accomplis sur le champ de bataille, sont également tombés dans la nuit de l'anonymat, si bien que l'histoire projette tout leur éclat et leur mérite sur le personnage, mis par le hasard, à la tête de l'armée victorieuse. Le grand général reçoit, en effet, de ses subalternes et condense dans son esprit toutes les informations sur l'état des armées, à tous les points de vue. Il ne peut contrôler, par lui-même, ni s'informer que d'une partie infime de l'armée.

Et on comprend bien alors que l'exactitude des rapports qu'on lui donne, la pénétration des esprits qui recueillent les observations sur le terrain, sur l'armée ennemie autant que sur son armée, l'œuvre des autres, en un mot, soit ce qui décide de l'excellence des dispositions prises. La perspicacité et l'habileté du général sont fonctions directes de celles de ses subordonnés. De même, l'enthousiasme, la force morale des troupes sont, comme on le sait, des facteurs décisifs pour l'issue des combats. Or, ces facteurs décisifs ne dépendent guère des qualités personnelles du général.

Ils ont des causes profondes et même lointaines, dans l'état d'âme des peuples respectifs, dans les conditions du pays. Cela n'empêche pas que le général, qui commande l'armée forte moralement et pleine d'enthousiasme, profite de cette force et de cet enthousiasme, en recueille toute la gloire, de la même façon qu'un capitaliste fortuné exploite les rencontres de circonstances et l'habileté de ses employés. Presque toujours la force et la valeur militaires du général peuvent se réduire à l'usurpation de cette valeur morale et de l'enthousiasme de l'armée (1).

Il est évident que le génie militaire est la synthèse des mérites de ses subalternes, et qu'il a toujours pris ses décisions d'après les idées qu'on lui transmet ou qu'on lui suggère. La preuve, péremptoire à nos yeux, en est l'organisation moderne des conseils de la guerre, qui fait du général en chef un simple président du conseil, dont le devoir est de tenir compte de tous les projets et de ne rien décider que dans le sens de l'opinion de la majorité. Le mécanisme devenu explicite, de nos jours, a été nécessairement le même dans l'esprit des grands généraux d'autrefois, alors que l'appareil extérieur de ce conseil de la guerre n'existait pas. Au fond, ce conseil, avec ses délibérations et son principe de la majorité, n'est que l'extériorisation du travail intérieur, travail de délibération de choix et de condensation, qui a dû se faire dans l'esprit des grands généraux d'autrefois ? Le mécanisme intime, d'après lequel ceux-ci prenaient leurs dispositions, ne diffère en rien du mécanisme. d'après lequel le prési-

(1) On pourrait lire à ce sujet, des pages très suggestives de TOLSTOI, dans son roman : *Paix et Guerre*.

dent du conseil de la guerre adopte aujourd'hui les projets de la majorité.

En un mot, c'est dans le mérite des subalternes de l'armée en général que se puise, la plupart du temps, presque toute la valeur militaire des grands généraux. Combien de fois leur mérite n'a-t-il pas été tout négatif ? Koutouzof, en 1812, acquit la gloire par le simple fait de sa passivité. On ne se tromperait pas beaucoup en disant que les noms des grands généraux n'ont pas un titre plus légitime à l'attention de l'histoire que celui des localités, où ils ont gagné leurs victoires. Il y a beaucoup de vraisemblance à ce qu'Austerlitz doive sa renommée historique au même hasard que Napoléon Ier doit la sienne, au point qu'on pourrait dire que la valeur de l'acte militaire accompli, en 1805, à Austerlitz, se réduit aussi peu au mérite personnel de ce grand général qu'aux avantages de l'endroit. C'est peut-être là l'explication du fatalisme mystique de Napoléon, qui attribuait ses succès à une étoile heureuse : « le soleil d'Austerlitz ».

Cousin s'expliquait très bien pourquoi les grands hommes ont été fatalistes ; c'est « une erreur de forme » disait-il. « Le génie est au service d'une puissance, qui n'est pas la sienne, car la toute puissance individuelle est misérable et nul homme ne se rend à un autre » (1).

2° Il en va de même du génie politique. Nous savons quel mécanisme crée de nos jours les personnalités politiques. Pour les temps passés, le régime représentatif n'existait pas. A bien examiner l'histoire, on verra qu'un grand roi a toujours eu de grands ministres, ou, tout au moins, un entourage composé d'hommes de valeur, qui lui ont fait connaître l'état précis des choses du pays. Dans la mesure seulement où il a été exactement informé,

(1) Fouillée. *Op. cit.*, p. 157.

sur l'état de son peuple, sur les nécessités du temps, sur les aspirations du pays, le roi a pu réaliser de grandes réformes qui l'ont consacré génie politique. Par conséquent, il apparaît évident que le mécanisme d'après lequel un roi est consacré, est parfaitement le même que la formule que nous venons de donner du phénomène du génie.

L'apparition du génie s'est effectuée, dans ces cas, si conformément à notre hypothèse, que nous assistons aujourd'hui à un processus d'évolution, au moyen duquel ce mécanisme est rendu externe. En effet, pour être mieux et plus méthodiquement renseigné sur l'état de la société, le roi devient monarque constitutionnel, et, à la limite, président de la République. Dans ce même but, et pour plus d'impartialité, il est réduit à l'acte le plus objectif il ne fait que signer des projets de lois tout faits, que d'autres ont fait et que d'autres exécuteront en son nom. A ce propos, il semble que le régime représentatif n'a eu d'autres raisons que de remplacer les conseillers du roi, les courtisans, les flatteurs, etc., hommes de valeur sans doute quelquefois, mais le plus souvent de simples intrigants égoïstes. Le travail d'information, de renseignements sur les aspirations du peuple se fait aujourd'hui au moyen du régime représentatif, d'une façon directe, hypothétiquement complète et objective. Les discussions, les délibérations, dans les séances législatives, remplacent, en le reproduisant à la lettre, le travail de délibérations et de réflexions, qui, autrefois, se passait dans l'esprit du roi.

Le mécanisme du vote dans deux urnes, avec le mécanisme des voix exprimées *pour* ou *contre*, et de là décision appartenant à la majorité, est simplement le substitut du travail qui devait se passer dans la tête du roi. Celui-ci, s'il était scrupuleux et souhaitait la prospérité de son peuple, tâchait de prendre des décisions conformes aux faits en pesant le *pour* et le *contre* parmi les motifs, les considérations, les renseignements. M. Raoul de la Grasserie a fait cette observation analogue : « Lorsqu'on se pose la question de faire ou de ne pas faire tel acte, il est certain qu'une délibération commence dans notre esprit, comme elle aurait lieu dans un tribunal, composé de plusieurs juges, où chacun donne son avis et s'efforce de le faire prévaloir. C'est comme si plusieurs personnes tout à fait distinctes délibéraient en nous » (1).

A notre avis, il n'y a pas seulement simple analogie entre les deux faits, mais bien une liaison causale. La délibération, les déchirements intérieurs ne sont que l'écho des disputes externes entre plusieurs individus effectivement différents. Ainsi, l'acte délibératif, qui s'opère dans l'esprit du monarque, lorsqu'il prend une décision, est bien l'écho des suggestions et des insistances de toutes sortes, venues des conseillers ou de ses courtisans. Et de la sorte est trouvé le mot de l'énigme qu'était le génie politique, l'énigme s'est découverte elle-même. Il est dès lors très clair et explicite que le génie politique est et a toujours été une synthèse de la vie sociale et politique (2).

§ II. — LE GÉNIE ÉCONOMIQUE

On peut distinguer trois sortes de génies économiques : le capitaliste, l'entrepreneur, l'inventeur.

Le Capitaliste. — L'homme qui possède une fortune exceptionnelle jouit, en effet, d'un ascendant social considérable, à peu près aussi étendue que son avoir. La question est de savoir comment il est entré en possession de cet avoir, qui lui vaut tout naturellement tant d'ascendance et de prestige? Comment ce

(1) Du déterminisme et de la responsabilité sociologique. *Revue internat. de soc.*, 1901. p. 21.

(2) Voir GUMPLOWICZ. *Aperçu soc.* 1900. Paris, Masson et Storck, p. 131-132. *Précis de soc.* Paris, Chailley, 1896, p. 271-278.

pouvoir économique s'est-il accumulé entre les mains du capitaliste ? Est-ce par le même mécanisme que le pouvoir politique du député, ministre, etc... ?

Toute une direction de la science économique contemporaine répondrait énergiquement qu'en effet c'est au moyen d'un vrai pillage, auquel doivent se résigner un certain nombre d'individus, que le capitaliste s'enrichit, en leur prélevant le surplus de leur travail. L'économie politique, de nuance marxiste, a fait fortune en développant une thèse, qui va parfaitement dans ce sens. C'est bien la thèse que Proudhon propagea avec fracas, « la propriété c'est le vol » et que lui-même avait empruntée à des prédécesseurs moins connus. Cette thèse tend à dépasser les limites de l'économie politique socialiste; des économistes indépendants commencent à l'admettre. Ce qu'on appelle, en Allemagne, *Kateder-Sozialismus*, les professeurs MM. Wagner et Schmoller, admettent à peu près, sur ce point, la théorie de la plus-value. Des économistes comme MM. Bücher et Sombart fournissent une explication historico-sociale de cette thèse. « Le prolétariat, dit M. Sombart, suit la production capitaliste comme son ombre » (1). M. Bücher explique la situation privilégiée du capitaliste par les nécessités de la transformation économique, qui inaugurent l'époque de l'économie sociale. A une époque de transition « le capital s'affranchit du travail, pour le subjuguer à son tour » (2). Et le même auteur ajoute ensuite : « entre ses mains (du capitaliste) s'accumule aussi la part du travail dans l'objet produit, comme une partie du revenu des fonds » (3).

Le commerçant. — La situation de l'entrepreneur qui centralise tout le commerce d'un genre de produits, dans toute l'étendue d'une société, est pareille à celle du grand industriel. Il établit,

(1) *Soziale Bewegung unb Sozialismus* : Jena, 1901, p. 5.
(2) *Op. cit.*, p. 113.
(3) *Ibidem*, p. 114.

en effet, une sorte de monopole commercial, comme on réalise aussi des monopoles de production, et toutes les entreprises, moyennes et petites, deviennent incapables de lui tenir tête. Aussi, tôt ou tard, ces dernières sont-elles toujours mises hors de la lutte. Le fait est si commun, et surtout si notoire, que même les économistes orthodoxes l'ont relevé.

M. Paul Leroy-Beaulieu remarque, dans ce même sens, que « les grands magasins ont déjà rendu à la société le service inappréciable pour certaines branches du commerce, de supprimer la quantité trop considérable de débitants à l'existence oisive, qui encombraient le mécanisme commercial (1).

Il est évident que le monopole commercial, comme le monopole industriel, mettent les entrepreneurs respectifs dans la situation exceptionnellement favorable de fixer, à leur gré, les prix des marchandises, autant que ceux de la main-d'œuvre. Par cela même, ils peuvent prélever sur le travail et sur les consommateurs à peu près ce qu'ils veulent. L'accumulation du capital, cela s'entend, suit une progression géométrique, selon l'étendue du marché et selon le nombre des ouvriers. Le prestige, dont est entouré l'important personnage ainsi enrichi, a donc sa source dans l'exploitation économique de ceux-là mêmes aux yeux desquels il doit avoir du prestige et de l'ascendant. En d'autres termes, le prestige, dont jouit le capitaliste, aux yeux des non possédants, est l'effet du pouvoir économique qu'il accumule en exploitant ces non possédants, tout comme le député influent jouit d'un prestige, d'une autorité très considérables, aux yeux mêmes de ceux qui l'ont investi du pouvoir politique. Dans les deux cas, le mérite, qui fait le fond du prestige, a sa source dans la vie collective que quelques individus ont pu synthétiser en la dérivant sur eux.

Nous ne nous arrêterons pas sur le génie de l'inventeur, car

(1) *Le collectivisme* IVᵉ édition, p. 415. — MARSCHAL (Albert). *Principles of Economics*, p. 14-15.

nous nous en sommes occupés dans le livre précédent. Le mécanisme de l'apparition de ce phénomène est de tous points comparable à celui que nous venons de trouver à la base des deux autres sortes de génie économique.

§ III. — LE GÉNIE SCIENTIFIQUE ET ARTISTIQUE

Nous arrivons maintenant au point le plus difficile, parce que ces formes du génie sont les plus compliquées, étant aussi les plus élevées.

1° Le génie scientifique est-il, en effet, une synthèse d'un aspect de la vie sociale, comme le génie économique et politique, que nous venons d'examiner ? Remarquons tout de suite, qu'avec l'extension de la société, tout le domaine de la nature, dans les limites de la planète que nous habitons, est devenue accessible à l'investigation. Du temps d'Aristote, le monde de la science naturelle était réduit à des limites très étroites. C'est à peine si l'extension des conquêtes d'Alexandre permettait aux philosophes grecs d'élargir le champ de leurs recherches sur la nature.

L'intégration sociale progressive facilite aujourd'hui, d'une autre manière encore, la possibilité et la centralisation des observations scientifiques. La circulation libre et facile des idées et des hommes fait que les différentes sociétés sont presque unifiées de ce point de vue. Il n'y a pas de douane pour entraver le libre commerce des idées ; tout au plus la différence de langue impose-t-elle encore une sorte de douane : les frais de la traduction. Dans ces conditions, et comme le travail intellectuel de détail abonde dans presque toutes les sociétés, la centralisation, et par suite, la synthèse scientifique de toutes les recherches, est de plus en plus complète, considérable et facile. Ainsi, un travail de second et de troisième ordre élabore les matériaux venus de tous les côtés, et, au moyen d'un processus d'abstraction, de second ou troisième ordre, ces matériaux sont synthétisés dans des formules de plus en plus simples, qui unissent toutes les expériences réalisées.

En quoi le savant, qui accomplit ce travail de synthèse, qui élabore les travaux de premier degré de toute une foule d'investigateurs, en quoi cet homme de laboratoire, qui accumule les observations, se distinguera-t-il du capitaliste et de l'entrepreneur, qui accumulent des richesses, grâce au monopole, qui leur permet de dépouiller un nombre d'autant plus grand de leurs concitoyens, qu'ils deviennent plus riches ? Pour le savant, plus les investigateurs de premier degré ont été nombreux et leurs recherches exactes, plus exact et efficace sera le travail scientifique, qui élabore le travail des autres. Dans la même mesure, les formules obtenues après ce travail de synthèse, seront compréhensives, d'une portée supérieure. Mais l'exactitude, le degré de compréhension et la haute portée des résultats scientifiques sont bien les qualités d'un travail intellectuel supérieur; celles mêmes qui consacrent le génie.

Il est caractéristique que ces recherches secondaires ou tertiaires sont faites *inductivement*, au moyen d'un simple travail de statistique, qui est appliqué également dans les recherches sur le vif de la nature. Plus le savant fera usage de cette méthode *inductive* et *statistique*, c'est-à-dire plus il se sera limité aux simples données des premiers investigateurs, en coordonnant mécaniquement et fidèlement leurs résultats, plus aussi son travail sera d'une qualité vraiment supérieure. Ces deux modalités de l'induction ne sont d'ailleurs que l'activité synthétique de l'esprit, l'acte d'abstraire rendu tout à fait méthodique. Le savant, qui emploie ces deux moyens d'absiraction, ne fait que synthétiser le côté intellectuel, scientifique de la vie sociale. Et de fait, l'abstraction, œuvre et matière de la science, qu'est-ce sinon cette activité, qui synthétise les phénomènes concrets analysés préalablement ? Par conséquent, la fonction essentielle du savant est précisément de synthétiser les manifestations intellectuelles de la vie en société : l'œuvre de toute une foule d'investigateurs.

Le secret de ces généralisations ne sera rien de plus que l'accord objectif des résultats obtenus par ceux là. Tout au plus, pourrait-on lui accorder le mérite personnel d'un effort d'attention exceptionnel, prolongé et concentré sur le même sujet, afin de ramasser et centraliser tout ce qui s'y rapporte.

Il ne serait pas difficile de se rendre compte que tel est le procédé intime, d'après lequel se sont accomplies les grandes synthèses intellectuelles de Platon, d'Aristote, de Descartes, de Kant, d'Auguste Comte. Chacun de ces grands esprits à synthétisé, en les harmonisant, les données intellectuelles, scientifiques et philosophiques, qui étaient en circulation de son temps. « La pensée dit Gœthe est, en général, un don du monde et de la société ; elle n'est pas le partage privé de quelques hommes raffinés et cultivés » (1). « Platon absorba la science de son temps, de Philolaüs, Timée, Héraclite, Parménide et le reste puis de son maître Socrate. Il se rendit en Italie pour s'enrichir de ce que Pythagore lui réservait, puis en Egypte et peut-être plus loin en Orient... » (2). Zeller a en effet confirmé cette opinion d'Emerson, en indiquant, d'une façon plus précise encore, les éléments de la synthèse philosophique de Platon (3).

On peut en dire autant et faire la preuve des systèmes philosophiques de Kant et de Descartes surtout. Montesquieu qui fut peut-être, après Kant, le plus grand penseur du XVIIIe siècle, a réalisé le type le plus conscient de ce génie scientifique. On a fait à son propos une observation très profonde : « esprit incroyablement propre à se transformer pour comprendre, à se faire tour à

(1) *Dicytung und Œahrtkeit* 2e *Teil, B.* 10.
(2) Emerson. *Les Sorhumains*. (Trad. Noulet. p. 39.
(3) Zeller. *La Philosophie des Grecs*, trad. franc., par E. Boutroux (Hachette).

tour ancien, moderne, étranger... à entrer dans une âme éloignée de lui... à la pénétrer, à s'y mêler et à vivre d'elle » (1). Des penseurs comme Kant, Montesquieu, etc., après avoir édifié leur œuvre de la synthèse des sciences de leur temps, en dépouillant leurs devanciers et leurs contemporains de leur mieux, ont eu, et auront toujours une grande autorité et un grand prestige aux yeux de leurs contemporains mêmes, et surtout aux yeux des investigateurs de détails de l'avenir. Et cela, parce qu'ils ont été les exploiteurs tout simplement de cette espèce d'investigateurs mêmes et autant qu'ils l'ont été.

2° L'opération pratiquée par les savants ou les philosophes sur la partie purement intellectuelle de la vie sociale, les artistes et les poëtes la pratiquent sur la partie émotionnelle. On a souvent répété depuis Taine et on avait soutenu, avant lui, que le poëte doit accumuler, dans son œuvre, les émotions puissantes et profondes des hommes de son temps. Il doit, en effet, devenir le foyer actif, où se réfléchit la vie sentimentale la plus profonde de l'époque, et s'approprier et revivre toute cette socialité, afin de la condenser et de l'exprimer dans des formules esthétiques.

Or, les définitions qu'on a données, jusqu'à présent, de la beauté artistique, des formes expressives et esthétiques ne diffèrent pas essentiellement, de la définition du travail scientifique. Tout le monde est d'accord que le beau est l'*unité dans la variété*. Mais l'abstrait, le scientifique n'est-ce pas cette même unité dans la variété?... L'artiste doit accumuler les sentiments profonds de l'époque, pour découvrir leur beau côté. Il doit, comme le savant, qui découvre le côté vrai, entreprendre un travail de choix, d'abstraction formelle sur ces matériaux. Comme le sa-

(1) Emile FAGUET, cité par E. OLLIVIER : Réponse au discours de réception de M. Faguet.

vant donc, il accumule et synthétise l'émotivité de la vie sociale, seulement il approfondit beaucoup plus que le savant, car il doit avoir ses racines dans la généralité des membres de la société, tandis que le savant n'a de rapports qu'avec une seule classe de spécialistes.

Le poëte et l'artiste sont grands seulement dans la mesure où ils ont accumulé les manifestations de la vie sensible d'un plus grand nombre, et aussi dans la mesure où un plus grand nombre de contemporains, ou de générations à venir trouvent un élément esthétique dans leur œuvre, — l'aliment de leur éducation et de leur formation morale et intellectuelle. Il est vrai que l'affinité du public, l'influence que l'artiste a sur les hommes est en raison même des emprunts qu'il leur a faits, mais en leur prenant ce qu'ils ont de plus profond. L'influence de l'artiste sur son public ne serait donc que la conséquence de l'influence inverse du public sur l'artiste. Et, comme la supériorité et le prestige de l'artiste se mesurent uniquement par l'impression qu'il fait sur l'âme des hommes, le génie poétique et artistique serait donc une force psychique, puisée dans ceux-là mêmes aux yeux desquels l'artiste est supérieur et jouit d'un grand prestige.

Les artistes, les poëtes, etc., seront donc eux-mêmes une sorte de capitalistes, qui accumulent, dans leur âme, la sensibilité de leur époque, et, pour l'avoir accumulée et exprimée ensuite, ont influencé ce public et ont acquis la renommée, la gloire. Cela est si vrai, qu'on a pu voir, dans le nombre des admirateurs et dans la continuité du sentiment d'admiration, enfin dans la propagation de l'œuvre au plus profond du peuple, le signe même de la véritable supériorité artistique. Goëthe, par exemple, a dit que les poëtes ne sont grands que dans la mesure seulement où ils sont descendus dans le peuple (1).

De même, on a pu dire également que les chefs-d'œuvre, de

(1) *Gespräche mit Goethe*, de Eckermann.

premier ordre, comportent des sujets plusieurs fois maniés, enrichis, par des prédécesseurs, ou, ce qui revient au même, des *leit-motifs* populaires. Et en effet, beaucoup d'œuvres littéraires de premier ordre, elles-mêmes peut-être, satisferaient à cette exigence. « Le poëte a besoin d'une base de tradition populaire, dit Emerson, sur laquelle il puisse travailler, et qui, à son tour, puisse contenir son art, dans les limites d'une juste tempérance ». « S'il perd de quelque façon l'honneur du dessein, il augmente ses ressources » (1).

C'est à cette prescription d'Emerson, pourrait-on croire, qu'ont obéi les poëtes comme Shakespeare, Dante, Rabelais, Cervantès, Molière, La Fontaine, Gœthe. Aussi, leurs œuvres sont-elles les œuvres les plus élevées ; et dans toute la littérature moderne, il serait difficile de citer des noms plus célèbres. En effet, la tragédie de Faust de Gœthe, les tragédies de Shakespeare, les fables de La Fontaine, les meilleures comédies de Molière sont des sujets traités et même plusieurs fois et enrichis par des artistes de l'antiquité ou du Moyen Age. Faust était l'un des sujets les plus répandus sur les théâtres de foire en Allemagne, quand Gœthe l'a recueilli. Et les tragédies de Shakespeare, raconte-t-on, sont l'œuvre de toute une série d'acteurs, qui se sont succédés sur la scène des théâtres de Londres, et auxquelles le grand tragique n'aurait fait que donner une forme dernière, plus parfaite. Il suffit de remarquer de même que les Pantagruel et les Gargantua, les Don Quichotte étaient des héros légendaires, dont les figures et les exploits étaient profondément répandus dans le peuple du temps de Rabelais et de Cervantès. De même, le plan et les matériaux de la *Divina Comédia*, qu'est-ce, sinon la légende chrétienne reprise et travestie ?

Ici encore, ce que l'on peut accorder de mérite personnel aux grands artistes, qui sont l'objet de notre admiration, c'est l'effort,

(1) *Op. cit.*, p. 188.

c'est la patience à reprendre les œuvres très riches, déjà à moitié préparées, et, au moyen d'un travail réfléchi d'épuration, à en dégager le contenu le plus pur, et à l'enrichir, sans doute, eux aussi, de leur mieux. Gœthe, comme on le sait, a porté dans son âme la tragédie de *Faust*, tout le long d'une vie, presque pendant 60 ans. On connaît la concentration de La Fontaine et la manière dont Dante a élaboré son œuvre.

Mais, ce qui est encore plus remarquable, à notre point de vue, ce sont les versions qui courent sur l'œuvre de Shakespeare, et la façon dont on envisage la genèse des poèmes homériques. Pour Shakespeare, on assure, tantôt qu'il n'est pas l'auteur des œuvres qu'on lui attribue, tantôt qu'il est seulement l'un des artistes qui les ont jouées, qu'il les aurait laissées telles qu'il les a trouvées, et qu'on ne les *lui a attribuées* que parce qu'il aurait été parmi les derniers de ces artistes. On en a dit autant d'Homère. L'aède grec ne serait que l'un des derniers aèdes qui aurait chanté les poèmes, tels qu'il les aurait recueillis de ses prédécesseurs. Shakespeare et Homère nous offriraient donc l'image la plus caractéristique de ce que doit être le génie en lui-même [illegible] n homme qui accumule, sous son nom, les qualités de son époque. Le mécanisme du génie artistique est ainsi devenu presque manifeste. Le prestige d'Homère a sa source dans les mérites et le travail de tout un peuple d'aèdes, dont le nom a été perdu, pour que l'histoire projette tout leur éclat et tous leurs efforts sur la personne d'un seul fortuné.

CHAPITRE III

L'interprétation des faits

§ I. — INSUFFISANCE DE L'EXPLICATION COURANTE

Notre analyse des faits semble bien indiquer que le génie est une variation individuelle acquise, une qualité personnelle, dont toutes les conditions sont données par les conditions de la vie sociale. En effet, si le génie est une synthèse de la vie collective, sous une de ses formes, nous savons, d'autre part, que la vie collective est dominée, lorsqu'on la considère en elle-même, par une loi d'intégration, d'unification. Et par suite, le génie ne serait que l'effet pur et simple de cette loi sociale. De même que le capitalisme est une forme que prend nécessairement, en vertu de cette loi sociale générale d'intégration, la vie économique, à un moment donné, de même, le génie politique, artistique, scientifique, pourrait être expliqué par les effets nécessaires de cette même loi sociale.

Cette idée se concilie mal avec la façon dont le vulgaire et même l'*élite* conçoivent le phénomène du génie. On y voit un mystère insondable, ou tout au moins l'effet de quelque qualité psychologique innée, miraculeuse, produit d'une accumulation d'hérédités favorables.

Réduire le génie à n'être simplement qu'une synthèse des qualités communes de la masse, cela ne risque-t-il pas de sembler sacrilège à beaucoup de braves gens ? La plupart du temps on ne voit même pas ce qu'il peut bien y avoir de commun entre le génie et la foule, ou la « masse », ou « le milieu », dont nous prétendons qu'il est le résultat. Contre cette thèse, on conclut immédiatement et très simplement que le génie est, par définition même, essentiellement différent, original, nouveau, supérieur à la masse, et qu'ainsi il ne peut ni être comparé à rien de commun, ni se réduire à cela. On peut expliquer le semblable par le semblable ; on peut réduire le semblable ; mais réduire au commun l'original, l'irréductible, n'est-ce pas la pire et la plus grossière des contradictions ? Et puisque ces contradictions semblent insolubles à ceux qui les relèvent, il reste, pour eux, que l'homme de génie doit être le possesseur d'une qualité cérébrale supérieure, ou de telle ou telle autre différence de sensibilité congénitale, instinctive. En un mot, le génie, pour l'opinion courante, est affaire d'*instinct*. Pour être homme de génie il faut avoir l'instinct du génie.

Ceux qui croient cela, croient en même temps que la marche de l'histoire, qui dépend de l'apparition de ces créateurs, suit une marche régulière, un progrès continuel. Ils ne se soucient pas que, si le génie, qui déterminerait cette marche et ce progrès de l'histoire, est capricieux, arbitraire, comme il est irrégulier et irréductible, ce progrès ne peut guère être régulier et continu. Comment ces qualités innées, prédéterminées par des conditions d'un tout autre ordre que l'ordre social et historique, peuvent-elles apparaître précisément au temps propice à l'évolution sociale ? Faut-il croire, pour l'occasion, à une harmonie préétablie ? Et alors ne signifie-t-elle pas, au fond, que les lois de l'histoire et de la société s'accordent avec les lois de l'hérédité physiologique ? Voilà quelques-unes des contradictions que soulève la thèse vulgaire du génie inné et instinctif. Comme aussi cette théorie est contradictoire, elle doit être fausse.

Cette manière de voir, pour être fausse, n'en a pas moins suscité beaucoup de recherches curieuses ; d'abord on a mesuré les crânes et d'autres parties de la tête ; la phrénologie et la chiromancie sont des applications immédiates de la thèse. Certaines observations, plus méthodiques, ont encore été présentées avec un air de rigueur imposante : on a recherché les lignées d'ancêtres plus ou moins collatéraux ; on a tenté d'établir l'hérédité, aussi lointaine que possible, des grands hommes ; cette hérédité fournirait le trésor caché, le *quid proprium* du génie.

Evidemment, cette méthode correspond à la conception de la sociologie, d'après laquelle cette science ne serait qu'un simple prolongement de la biologie. Conséquemment, les lois sociales, étant des lois biologiques, ou une dérivation immédiate de celles-ci, l'évolution sociale serait prédéterminée nécessairement dans l'évolution biologique des individus. Cette thèse contredit de front ce que Baldwin a bien montré en disant que : « la vérité sociale s'oppose essentiellement au fait biologique ; elle élude les limites de l'hérédité physique » (1).

Dans un de ses livres remarquables, M. Durkheim (2) aussi a fait justice de ces vaines confusions entre la biologie et la sociologie. Il a établi incontestablement que l'évolution sociale tient à des conditions exclusivement sociales, absolument indépendantes de la nature biologique des individus. M. Karl Bücher nous a prouvé également, d'une façon péremptoire, que l'évolution économique, la division du travail et l'échange, sont des catégories historiques et non pas des phénomènes *a priori*, innés (3). Pour notre part, l'explication biologique du génie, et par suite, de l'histoire et de la société, peut bien avoir eu une base réelle, dans les faits mêmes, cependant cette base a été détruite par l'évolution de la société. Il se peut bien que les qualités physiques, la vigueur corporelle, aient été le facteur décisif dans l'évolution, au milieu d'une société purement biologique, et où triomphait la lutte, la suppression des moins bien doués physi-

(1) *L'Interprét. soc. et morale*, p. 450.
(2) *Division du Travail soc.* Livre II. ch. I, II, III.
(3) KARL BÜCHER. *Op. cit.*, p. 139.

quement ; mais ces qualités physiques sont devenues inutiles dans nos sociétés. Et il en est ainsi parce que la société elle-même, d'abord naturelle et biologique, s'est dénaturée ensuite. Les luttes physiques, brutales commencent à diminuer de violence et à être remplacées par la lutte intellectuelle. La réflexion tâche ainsi de se substituer à la vigueur physique, et de prescrire des lois à la société. La réflexion, la raison seraient-elles instinctives pour que le génie le soit aussi ?

§ II. — LE GÉNIE EST LA CONTRADICTION DE L'INSTINCT

Tout le monde est d'accord que, s'il y a un rapport quelconque entre la raison et l'instinct, ce ne peut être qu'un rapport de négation réciproque, encore que la raison ne soit qu'un développement dernier du même principe que l'instinct lui-même.

L'évolution et les transformations que les individus subissent parallèlement aux transformations des sociétés où ils vivent, tendent à les affranchir progressivement du joug de l'hérédité physiologique. Ils deviennent plastiques, souples, indifférenciés et dans la même mesure objets d'un déterminisme nouveau, le déterminisme niveleur de l'éducation, qui est une sorte *d'hérédité sociale*. L'école de la démocratie égalitaire a pour fonction de combattre précisément la fixation, et, par suite, la transmission de ces qualités acquises, qui différencient les individus rigides. Les hommes, rendus souples, indifférenciés, et, par suite, suggestibles, sont devenus par cela même, considérablement complexes, réfléchis, rationnels.

Et, si le génie est, comme on le pense, le type de l'homme rationnel et réfléchi, si la raison est la fine fleur d'un complexus de qualités instables et subtiles — ce qui en fait l'antipode même de l'instinct, de l'innéité — le génie n'est-il pas, dès lors, la contradiction même de l'instinct et de l'innéité ? Parler encore de génie inné, hérité, n'est-ce pas manquer du sens logique le plus élémentaire ? L'exemplaire humain ne sera susceptible de devenir supérieur, génial que dans la mesure même où il est d'une mobilité nerveuse, d'une indifférenciation physiologique exceptionnelles ; c'est-à-dire, en raison même du manque de qualités innées ou héritées. Plus il sera donc à l'état de *tabula-rasa,* en venant au monde, plus aussi il apportera une organisation souple, indifférenciée, capable de se mettre en parfaite harmonie avec le milieu social où il doit vivre. Aucune prédisposition organique ne l'empêchera plus de rester ouvert à toutes les impulsions, et de recueillir toutes les influences que le milieu pourrait faire sur lui. Dans la même mesure, il recueillera et synthétisera, en lui, les traits de l'âme de ses contemporains, leurs émotions ou leurs opinions. Or, c'est bien là le vrai mystère qui fonde l'activité des grands hommes. Les hommes supérieurs, étant au plus haut point impressionnables, doivent être au plus haut point indifférenciés.

Une condition essentielle du génie scientifique, n'est-ce pas d'être objectif ? Les qualités personnelles du savant, ses idées préconçues nuiraient à l'objectivité de son travail. Moins il en aurait, mieux il pourrait remplir sa fonction. Le savant, qui a ses qualités et défauts marqués, fait abstraction de soi, de ses idées personnelles et laisse parler les faits, pour que son travail soit efficace. Plus il est objectif, moins il a de mérite positif dans un certain sens, et plus il est génial. Le génie du savant s'est réduit au travail d'induction par la statistique, et, par suite, à l'effort, à la patience ; il établit le compte des faits et les enregistre. Or, ces qualités de l'homme de génie autant que la raison sont la contradiction même des instincts et des innéités.

Reste cependant toujours la question : Qu'est-ce qui fait que, dans les circonstances sociales données, propres à déterminer l'apparition du grand homme, c'est tel individu déterminé plutôt qu'un autre qui en profite, à l'exclusion de tous les autres ? N'y a-t-il pas là une preuve, à n'en plus douter, que cet individu est venu au monde doué d'une prédisposition organique, adéquate aux nécessités sociales ? Remarquons de suite, qu'avoir une aptitude adéquate à un état de choses données, équivaut à n'en avoir aucune. Autant vaut, pour saisir et synthétiser un fort courant d'émotions et d'opinions, une élasticité organique, une souplesse cérébrale, idéale et qui, par suite, exclut toute aptitude marquée. Le propre des hommes supérieurs est, selon M. Baldwin, une variation dans le sens d'un accroissement de la *suggestibilité* de l'espèce la plus délicate et la plus singulière (1).

Pour répondre à la question qui se pose de savoir qui peut décider de l'individu, qui synthétisera les courants de la vie sociale, nous devons examiner de plus près les conditions de fait, dans lesquelles s'opère le triage, d'où sortent les grands hommes.

§ III. — LES CONDITIONS SOCIALES ET HISTORIQUES DU GÉNIE

Gœthe a caractérisé cette étape de la question de cette façon ; « Pour faire époque dans l'histoire, il faut deux choses : qu'on ait une bonne tête et qu'on fasse un héritage historique » (2). Cela revient à dire qu'il faut distinguer, dans la formation du génie, deux phases : 1° la formation de l'esprit au moyen de l'éducation ; 2° les conditions historico-sociales, dans lesquelles le génie opère. Ce sont là deux phases et deux genres de conditions presque entièrement indépendantes les unes des autres. Elles éliminent chacune, pour sa part, l'énorme majorité des individus, pour ne réserver la gloire qu'à un seul ou à quelques-uns.

(1) *Interpretat. soc.*
(2) ECKERMANN. *Gespräche mit Goethe.*

Voyons si cette élimination se fait suivant les qualités innées des individus.

A. — Sans doute, les qualités innées ne peuvent être que celles qui se manifestent à l'école primaire et même dès l'entrée. Le cas du génie inné, le plus cité, est celui de Mozart, qui s'est révélé, à l'âge de trois ou quatre ans, doué d'aptitudes et de facilités exceptionnelles pour l'art où il excella. Les enfants qui se montrent les plus éveillés, à l'école primaire, dans les premières années même, devaient être aussi les mieux doués. D'après les théories de l'innéité, ils devraient être les grands hommes de demain. Or, rien n'a été plus démenti, par l'expérience courante, que cette présomption. Car ces élèves précoces, loin de tenir leur rang, jusqu'à la fin, arrivent souvent à être parmi les derniers.

A quoi on pourrait bien répliquer, que des circonstances défavorables ont pu corrompre les qualités innées, tout comme des circonstances, exceptionnellement favorables, ont pu favoriser le perfectionnement et le développement des moins bien doués. Et, au contraire, des élèves qui ont pu paraître lourds d'esprit, inattentifs, etc., la même expérience ordinaire a montré qu'ils peuvent changer, se réveiller avec le temps, acquérir la souplesse de l'esprit, la faculté de l'attention concentrée et s'élever aux premiers rangs dans l'école et dans la société. L'ordre naturel initial des choses peut être complètement renversé. Cela prouve au moins que les qualités innées sont trop peu de chose en face des circonstances externes ; leur poids ne compte presque pas en comparaison du poids de celles-ci. La réalité des qualités innées aurait quelque valeur seulement, si une harmonie préétablie mettait toujours les mieux doués dans des conditions favorables. Mais s'il leur arrive souvent de tomber dans des conditions favorables, personne ne croit plus aujourd'hui à l'harmonie préétablie.

Et, en effet, certains efforts d'attention, à certains moments décisifs, lorsqu'on explique devant la classe tel ou tel théorème fondamental de la géométrie ou de la grammaire latine, dont dépendra l'intelligence des leçons ultérieures, font infiniment plus qu'une intelligence naturelle distraite juste à ce moment. La seconde leçon sera beaucoup plus facile pour celui qui aura été attentif à la première et en aura bien saisi le sens, que pour celui qui, bien que plus intelligent, n'aura pas été attentif. Même, ce dernier pourrait ne rien comprendre à cette leçon et aux suivantes, et, à cause de cela, ne rien comprendre à l'objet de cette étude, tandis que, au contraire, l'élève attentif aura compris, de mieux en mieux, jusqu'à acquérir un goût spécial et des aptitudes réelles pour cette science. Et des théoriciens, pédagogues ou non, de nous démontrer que l'un des élèves a eu l'aptitude innée des mathématiques, qu'il a été doué par la nature de l'intelligence innée des sciences respectives, tandis que pou l'autre, la nature a été ingrate. Il est venu au monde avec une infirmité congénitale à l'égard de ces sciences. C'est plus vite fait d'émettre cette hypothèse que de faire des distinctions, subtiles et oiseuses, sur le degré d'attention des élèves ou leurs moments de distraction, lorsqu'on leur a expliqué les théorèmes.

Mais, s'il n'était question que d'attention, on pourrait bien demander : qu'est-ce qui a fait que l'un des élèves a été attentif et non pas l'autre ? N'est-ce pas là la preuve que l'un avait le don des mathématiques. Et, aussitôt, on vous recherche la liste longue de tous les parents de l'enfant, de ses ancêtres, plus ou moins collatéraux, pour vous prouver que l'un des arrière-grands-pères ou oncle de l'enfant a été un linguiste, ou un peintre remarquable, et que c'est bien là le motif pour lequel c'est cet enfant qui a été plus attentif à la leçon de mathématique. D'autres vous mesureraient les dimensions du crâne, la distance entre le menton et le nez et le degré de couleur des cheveux et des yeux, en vous prouvant que le don des mathématiques est en étroite corrélation avec ces dimensions et ces couleurs. D'autres encore soumettront la main ou l'oreille de l'enfant attentif à un examen minutieux et voudront vous prouver que l'enfant, qui présente certaines lignes tracées, d'une certaine manière, ou certaines sinuosités, ne peut pas ne pas avoir le don des mathématiques.

Laissons que ces mensurations se sont montrées absolument infructueuses pour dire quoi que ce soit sur les aptitudes des hommes (1), mais, en l'espèce, les choses sont heureusement beaucoup plus simples. L'un des élèves, quoique plus éveillé, a été inattentif, tout simplement, parce qu'il a pu être distrait, par son voisin, mauvais sujet, ou par la réminiscence d'une scène, à laquelle il a assisté hier soir, puisqu'il se la rappelle, étant doué d'une bonne mémoire. Excluez ces circonstances, ajoutez au contraire cette condition spéciale : une très bonne disposition physique et psychique, et mettez dans ces conditions, au même moment, l'enfant, qui s'est montré lourd d'esprit, et médiocre d'ordinaire. N'est-ce pas lui, malgré sa médiocrité, qui aurait été beaucoup plus attentif que l'autre, mieux doué par la nature ?

On pourrait remarquer que les élèves, qui semblent apporter des dons innés, des aptitudes naturelles, se distinguent surtout dans les matières, dont les leçons s'enchaînent, dans un ordre logique plus serré. C'est le cas des sciences, des langues et des mathématiques. Aussi, les élèves bien doués se distinguent-ils, surtout, dans ces matières. Il y a toujours des bons mathématiciens et des « forts en thèmes ». Il n'en est pas ainsi de l'histoire, des sciences descriptives, en général. Si l'on insistait sur ces faits, on comprendrait mieux le mystère de ces dons naturels, de ces aptitudes innées. Un moment heureux d'attention, qui porte des conséquences infimes les premiers jours, peut devenir, dans la suite, la source d'une différence énorme. L'angle de cette différence s'élargit à l'infini, dans la suite, tout insignifiant ou minime, qu'il soit au commencement.

(1) Voir BINET. *L'année psychologique*. Paris Schleicher, 1899 pp. 250, 375 et 403

C'est ainsi que se forment peut-être les plis différentiels des esprits, à l'époque de leur développement. Ces plis peuvent conduire, avec le temps, à des différences énormes entre les gens, que les qualités innées, à supposer qu'il y en eût réellement, n'auraient laissé entrevoir d'aucune façon. C'est ce qui fait que les enfants précoces, comme on le sait, tombent vite, avec l'âge, au niveau des autres ; souvent, la précocité est un signe certain de médiocrité et de platitude, l'âge mur venu. Par contre, les élèves, médiocres au début, peuvent acquérir, avec le temps, des aptitudes distinguées, qui les rendront alors supérieurs au commun. C'est aussi le résultat d'une enquête que M. Emile Duché eut l'idée heureuse d'entreprendre tout récemment et dont nous avons vu quelques fragments (1) très caractéristiques.

On peut voir, presque toujours, que dans la biographie des grands hommes se trouvent des figures de personnages, plus ou moins distingués, qui ont inspiré à ceux-là l'amour profond des objets, qui feront plus tard leur gloire. Tel a été, dans l'antiquité, le cas d'Alexandre, d'Annibal, de Périclès, d'Auguste, et dans les temps modernes de Frédéric II, de Beethoven, de Mozart, etc. Il est vrai que les cas où des éducateurs excellents n'ont rien tiré de leurs élèves sont beaucoup plus nombreux. Cependant, il faut considérer que le fait d'inspirer à l'enfant le goût, l'amour profond d'une chose, dépend d'une complexité tellement grande de circonstances fortuites, de dispositions momentanées, alors qu'on aborde l'objet qui est destiné à faire plus tard la préoccupation spéciale de l'enfant ! Un état d'esprit exceptionnel, un rythme heureux d'énergie nerveuse, une disposition fonctionnelle psychique et physique très favorable, peuvent faire, pour inspirer le goût pour l'objet qu'on aborde, dans cet état là, beaucoup plus que le meilleur éducateur et

(1) *La Revue* (Anc. *Rev. des Revues*), 1er et 15 mars 1904.

que toutes les dispositions innées, si la disposition momentanée était mauvaise.

Il est, par cela même, évident que les conditions de la formation de l'esprit éliminent *au hasard des circonstances* et au mépris des qualités innées ; avoir des éducateurs très forts ou très perspicaces, ou les rencontrer juste quand on se trouve dans un état d'esprit, de plasticité, d'énergie nerveuse exceptionnellement heureux, c'est tout ce qu'il y a de plus fortuit. C'est donc ce hasard qui élimine l'énorme majorité de gens, et crée une petite minorité d'esprits, à peu près également distingués. Mais, ceux-là ne sont pas encore les grands hommes. Loin de là. Seulement, c'est au milieu de cette petite minorité que le hasard va choisir encore une fois, pour favoriser un seul au détriment et à l'exclusion de tous les autres.

B). L'école, ou la première éducation qu'elle symbolise, ne nous donne pas le *quid proprium* du génie : elle nous donne cependant des indications. L'explication de ce phénomène doit être cherchée, en dernière instance, dans les conditions sociales et historiques où il apparaît.

L'histoire montre que rarement, on rencontre l'apparition d'un seul grand homme isolé. Il est également impossible qu'on en trouve au milieu d'une société petite, hermétiquement close, insignifiante par rapport aux sociétés voisines. Au contraire, le grand homme n'apparaît que dans les grandes sociétés, et là encore seulement à des époques de prospérité politique et économique exceptionnelles, de mouvement social remarquable, de vie sociale intense.

Pour corroborer cette affirmation, il faudrait citer, ici, toute l'histoire de l'humanité. Il suffit cependant de rappeler le cas d'Athènes, qui fut le berceau d'une pléïade de génies de toutes sortes, juste aussi longtemps que se maintint sa prospérité politique et sociale. Les républiques italiennes du Moyen Age,

Florence, Venise furent non seulement des centres de prospérité économique, mais surtout la terre classique des grands hommes de la fin du Moyen Age. De même, l'Espagne de Charles V, de Philippe II fut également celle de Calderon, Cervantès, etc., et la décadence de l'Espagne, se manifeste à la fois en politique, dans les arts et dans les lettres. L'Angleterre d'Elisabeth, de Cromwell fut également celle de Shakespeare, de Bacon, de Hobbes, de Locke. On ne peut pas oublier qu'aux Pays-Bas les arts et les sciences ont été contemporains de la prospérité nationale. Enfin, la France de Henri IV, de Richelieu, de Louis XIV, est également celle des plus grands hommes de l'âge moderne. Est-ce un pur hasard que Kant, Gœthe, Schiller, Herder, Lessing, etc., se formèrent en même temps que le grand Frédéric remuait l'Allemagne, d'un bout à l'autre et en relevait le prestige et la prospérité? Ces faits approfondis témoignent en faveur de la thèse que : *Le génie peut être exprimé en fonction de la prépondérance politico-sociale de la société, où il apparait.*

Mais, cette prépondérance politico-sociale que veut-elle dire, en dernière analyse ? N'est-elle pas l'expression immédiate de ce processus d'intégration sociale, qui veut que les sociétés se réunissent et s'unifient par la conquête militaire ou pacifique, c'est-à-dire économique et intellectuelle ? La prépondérance politique d'Athènes, était une hégémonie effective. L'état florissant de Venise et de Florence, au Moyen Age, était en réalité le pouvoir d'assujettir, ou bien d'exploiter économiquement, ce qui n'est qu'une des formes du processus d'intégration sociale, et spécialement sa forme économique. De même, la prospérité politique de l'Espagne, au temps de Charles V et de Cervantès, consistait en ce que le soleil ne se couchait jamais sur son territoire. Le grand homme est donc le produit nécessaire de ce processus fondamental de l'intégration des sociétés : il en est l'agent et l'expression la plus immédiate et la plus pure.

En effet, au milieu des sociétés prospères, dans les moments de succès, la vie psychique prend une intensité fébrile, les activités de toutes sortes s'exaltent. Les sentiments s'intensifient. Or, ces courants de la vie sociale, forts, exaltés, vertigineux, se condensent ou se centralisent en un petit nombre d'hommes de l'époque. Ce sont les hommes qui deviennent le vrai centre des différents cercles d'activité, des groupes où se manifestent ces activités. Les hommes de ces groupes ou de ces cercles sont, en même temps, une sorte d'élite. Ils accumulent et condensent en eux-mêmes les courants sociaux dont ils vivent. Le grand homme est de ce petit nombre, et il en est effectivement l'expression la plus achevée et la plus complète. Son rôle est d'accumuler, par une sorte d'élaboration de second degré, ce que ce petit nombre avait déjà accumulé de la vie intense du milieu. Par chacun des membres de ce petit groupe, comme par une antenne investigatrice, le grand homme atteint au plus profond de la vie des milieux ; c'est ainsi qu'il s'alimente indirectement : il concentre en lui la vie émanée des courants sociaux. C'est de la substance de cette vie condensée, qu'est faite l'essence du génie.

Les cercles sociaux restreints sont donc un facteur intégrant du processus causal, qui produit les grands hommes et par suite une condition *sine quâ non* de ceux-ci. Si loin que nous remontions dans le cours de l'histoire nous ne trouvons aucun grand homme isolément. Tous vivent à côté d'autres, aussi grands qu'eux, dans d'autres genres. Ils apparaissent toujours au milieu d'un cercle de talents de même ordre. Un grand roi est inconcevable sans de grands ministres. Un grand peintre est toujours le produit et le créateur d'une école : les musées de peinture le montrent assez. De même un grand poète, un grand romancier, etc. La substance de la vie psychique d'un temps, assimilée et distillée, dégrossie en quelque sorte, par les membres du cercle, est encore reprise par le grand homme, remaniée, épurée, au second degré. C'est cette essence qui fait la moelle des chefs-d'œuvre. Voilà donc comme une seconde loi de l'apparition du génie, aussi essentielle que la première. *Le génie est toujours le produit d'un cercle, d'une école, d'un groupe composé d'hommes, qui ont beaucoup d'affinités avec lui.*

Il lui suffit, sans doute, que ces deux conditions soient données.

Mais à la considérer de plus près qu'est-ce que la première de ces conditions ? L'état de prépondérance de la société, au moment où le génie appparait, sur les autres sociétés, cet « héritage historique », dont nous parle Gœthe, c'est lui qui constitue le vrai *quid proprium* du génie. Le caractère exceptionnel du génie est, en fait, l'appropriation de ce caractère exceptionnel de l'état social. Le grand homme représente, dans sa supériorité, la supériorité sociale, la prépondérance politique, la prospérité économique de son pays. Il est le produit de ce *surplus économique* de richesse que donne la prépondérance politique. Spencer, Grant, Allen, Schiller, Schopenhauer ont émis une théorie analogue sur l'origine des sentiments artistiques en les faisant dériver du surplus de l'énergie individuelle ; c'est la théorie du jeu. Cette théorie n'est pas complètement dénuée de fondement : mais ce n'est pas dans l'individu, c'est dans la société qu'il y a le surplus d'énergie. Le jeu n'est pas individuel, mais social.

Imagine-t-on l'art un amusement de désœuvrés ? Les artistes de métier, seuls vrais artistes, dépensent-ils, dans leurs œuvres, le surplus de leur vie, ou bien leur vie même ? Aux dilettantes seuls la théorie du jeu pourrait bien convenir, mais le dilettante n'est pas l'artiste. Si l'art est en effet un surplus, un jeu, il est un surplus, un jeu social en même temps. C'est la vie des artistes qui est le surplus, le jeu de la vie sociale ; aussi bien n'est-elle d'aucune utilité proprement dite. Elle n'enrichit pas l'avoir économique de la société. La vie de l'artiste est, comme l'art luimême, le fruit de l'inutilité, du surplus, du luxe social, mais non pas individuel. Par ce fait, donc que le génie proprement dit est le produit de la prépondérance politique et économique de son pays sur les pays voisins, il devient l'exploiteur, l'accumulateur de la vie sociale, non seulement de son peuple, mais, par lui, du monde entier.

Le vrai grand homme, la forme supérieure du génie qui passe par delà les frontières est donc d'origine et d'essence intra-sociale et internationale : sa renommée est universelle. La formule que nous avons donnée au mécanisme du génie se vérifie, se maintient dans toute sa rigueur. Car nous avions dit que la force dont dispose le génie sur le public se mesure, à peu près arithmétiquement, par le nombre plus ou moins grand de ceux qui, directement ou indirectement, ont été, en quelque sorte, exploités par le grand homme. Ainsi, seule, la richesse de la Venise ou de la Florence du temps de la Renaissance, a rendu possible les grands peintres italiens Titien, Paul Véronèse, Michel Ange, Raphaël, Léonard de Vinci. Or cette richesse était tirée un peu de partout.

Rien donc de plus naturel que les hommes de tous les pays apprécient les œuvres de ces artistes. C'est parce qu'ils retrouvent aujourd'hui même, dans la force émouvante de ces œuvres, quelque chose de l'énergie, de la vie de leurs ancêtres, qui ont participé, de loin ou de près, à ces œuvres. Le commerce de Venise, au Moyen Age, accumulant des richesses venues de la Russie, de la Hongrie, de la Roumanie de ce temps, de l'Allemagne, de partout, a rendu possibles ces chefs-d'œuvre, qui font aujourd'hui notre admiration. Cette richesse était universelle, comme l'est et comme le sera toujours la gloire des grands peintres italiens.

En un mot, l'essence des vrais grands hommes est d'origine universelle parce qu'ils accumulent et font germer et fleurir la vie de leur société, qui, elle-même, suçait la vie des autres sociétés, dont l'infériorité rendait possible sa prépondance. Au contraire, les simples talents ou les grands hommes de second ou de troisième ordre, ceux dont la renommée ne dépasse pas la frontière, sont le produit de la vie interne seulement, chétifs rejetons de terroir auprès des pousses vigoureuses qu'ont vivifiées les courants fécondants du grand air. Ceux-là n'ont pas de racines dans l'univers : leur renommée et leur parfum ne s'universalisent pas. Bien plus, si l'on pouvait supprimer la prépondérance des sociétés les unes sur les autres, par cela même le génie deviendrait impossible. Il y a des terres meilleures, et des végétations plus fortes y lèvent. Unifiez et égalisez les sociétés et les terrains : les conditions de l'apparition des supériorités disparaissent. Le progrès de l'intégration sociale une fois achevé, le génie est désormais impossible.

On peut demander, encore une fois, ce qui explique que l'héritage historique soit échu en partage à un Dante ou à un Léonard de Vinci, ou encore à tels autres et non pas à tels ou tels hommes parmi leurs contemporains oubliés. On peut même insister : le génie s'accommode de la prospérité sociale, des courants sociaux intenses, mais aussi n'est-ce pas plutôt lui qui les provoque ? N'est-ce pas le génie d'un Richelieu qui a fait la prospérité de la France ? Nous pouvons l'accorder ; qu'on nous accorde au moins — car c'est évident dans l'histoire — que cette prospérité a été la cause de l'épanouissement supérieur des arts français sous Richelieu et Louis XIV. Cela suffit pour que le génie soit un phénomène qui s'explique assez par l'histoire, pour que la physiologie et l'hérédité soient superflues. Alors, reprenant nos concessions, nous rappellerons que Richelieu a pu faire la prospérité de son pays à cause seulement de la décadence des grandes puissances voisines : l'Espagne et l'Allemagne.

Par suite le génie de Richelieu lui-même pourrait être expliqué comme un fruit de l'histoire tout simplement. Son génie, c'est-à-dire ses succès politiques à l'intérieur et à l'extérieur du pays, était l'aboutissement de cette tendance sociale fondamentale, qui fait que les sociétés veulent se conquérir entre elles et profitent pour cela des moments de faiblesse des autres. Toujours les grands généraux et les grands politiques, qui ont fait la prospérité de leurs pays, n'ont fait que tendre le bras pour cueillir ou recevoir le fruit mûri. Or, si eux-mêmes s'expliquent par la société et l'histoire, *à fortiori* le génie artistique, scientifique, qui est l'expression de la prospérité sociale. Comment, dans l'hypothèse de l'innéité, expliquer l'apparition de toute une pleïade de grands hommes aux époques de prospérité? Pourquoi ce principe de l'innéité se manifeste-t-il spécialement dans ces époques? Quelle liaison, quelle affinité y a-t-il entre l'innéité du génie militaire et celle du génie poétique, pour que le poète apparaisse en même temps que le héros? Pourquoi ces génies innés ne naissent-ils pas également, et également nombreux, dans les sociétés insignifiantes et dans les époques d'infériorité politico-économique?

On répond que les génies naissent à toutes les époques et dans toutes les sociétés, mais les circonstances nécessaires à leur développement et à leur manifestation font défaut. Qu'est-ce à dire? N'est-ce pas reconnaître explicitement que ces circonstances sociales nécessaires forment le *quid proprium* du génie, puisque sans elles le génie reste sans.... génie. Ce génie épiphénomène n'aurait pas plus de valeur en comparaison des circonstances sociales, que les aptitudes innées n'en ont parmi les conditions de l'éducation.

Il reste cependant toujours à voir comment le hasard choisit parmi le petit nombre d'esprits, que l'école forme et développe d'une façon à peu près égale? Qu'est-ce qui fait que du petit cercle des élus, c'est tel ou tel personnage qui seul fait l'héritage historique à l'exclusion des autres? Il nous reste, en d'autres termes, à faire la preuve, encore une fois, que le hasard ne choisit pas toujours des personnages de qualité, que leur mérite soit acquis ou leur supériorité innée.

CHAPITRE IV

Le génie se démocratise

La manière dont les circonstances choisissent, dans le petit nombre des élus, celui qui sera le seul favorisé, évolue, comme on va le voir, mais elle reste essentiellement la même. Montrer comment se fait ce choix, ce serait montrer, une fois de plus, que le génie ne dépend, en aucun cas, des qualités intrinsèques de la personne, et que, parmi le petit nombre d'individus, presque également bien préparés à satisfaire à une situation, à remplir un rôle social, les circonstances ne choisissent ni toujours, ni exactement, les mieux préparés.

1° La formule d'après laquelle se crée le personnage public est devenue pour nous très explicite et manifeste. C'est la même formule selon laquelle se crée un concept, une loi scientifique ; la méthode de la statistique est ici le suffrage universel. Ici, comme dans les recherches expérimentales, on fait abstraction des minorités, des contradictions, si elles sont en minorités, au moins jusqu'à ce qu'on ait admis la représentation des minorités. Supposons le personnage en question un député, qui, d'après le même mécanisme, parvient dans l'Assemblée législative au banc des ministres. Que ce soit, par exemple, précisément au temps où — prenons le cas d'un ministre des Finances — les conditions générales du pays ont nécessité une réforme radicale des impôts ; réforme d'ailleurs étudiée et préparée de longue date. Le personnage s'y appliquera avec zèle il est vrai, et, par un dernier effort, terminera la réforme qui restera liée à son nom, consacrera sa gloire, le rangera parmi les grands réformateurs, selon la portée de l'acte et lui vaudra tout le prestige possible aux yeux du monde.

Or cette gloire, inhérente ou acquise, peut-elle être attribuée aux qualités du personnage ? Pas le moins du monde. Il y avait certainement plusieurs contemporains capables, ou presque aussi capables que lui, d'accomplir la réforme. Ce qui a décidé précisément en sa faveur ce sont de petits incidents dans les élections ou dans le mouvement des partis politiques. Au juste ces accidents influencent en ce que, dans les élections, le député, devenu ensuite ministre, a eu une voix de plus que son adversaire : il est allé à la Chambre, où un accident pareil a pu le désigner pour le Ministère.

La véritable explication du fait n'est-elle pas dans certains textes de la loi ou de la constitution, qui consacrent le principe des majorités et déclarent élu le candidat, qui a eu une voix de plus, et fait échouer celui qui a eu une voix de moins. Mais, comme nous sommes loin ainsi de ces qualités inhérentes, de ces aptitudes innées de la personne. Tout au plus ce qu'on peut accorder à cet homme politique comme qualités personnelles, c'est une force de volonté et d'ambition, un effort soutenu, prolongé et opiniâtre, de la persévérance. Ce n'est pas là une aptitude spéciale innée, comme pourrait être la finesse de l'ouïe ou l'acuité du regard, dont l'emploi n'eût pas été de circonstance. Même une grande force de raisonnement n'est pas toujours compétente en cette occasion : avant le succès des chemins de fer, Arago ne démontrait-il pas que la roue de la locomotive patinerait sur place ! Or, la persévérance, l'effort, l'ambition sont des qualités acquises, ce sont des considérations toutes spéciales de famille, de situation, etc., qui nous les imposent ou nous en dissuadent.

Quelle preuve plus manifeste en notre faveur que la détention du pouvoir suprême en vertu du simple hasard de la naissance, quelles que soient les qualités de l'héritier royal. Plus de secret génie politique : c'est un texte de loi qui consacre la transmission du pouvoir.

2° *A fortiori* pour le génie économique. Si l'homme riche détient son avoir de ses parents, c'est en vertu d'un chapitre déterminé du Code civil, qui règle les successions. Si, au contraire, il a gagné sa fortune par lui-même, il la détient également en vertu d'une loi sociale, également positive, quoique moins bien étiquetée dans un chapitre du Code civil, mais décidée dans les traités d'économie politique. Cette loi économique prescrit que dans une société de régime capitaliste et de libre concurrence, la fortune s'accumule nécessairement entre les mains d'un favori du sort, indépendamment même de ses qualités, sans lui, et quelquefois même malgré lui. « La plus-value, a dit M. P. Leroy-Beaulieu lui-même, est rarement le fait du capitaliste. Le propriétaire de terrains fait une rapide fortune, quand le *sort* le favorise (1) ». Dans ces conditions, la pénétration de l'esprit, le tact, la prévisibilité, l'ingéniosité sont aussi peu opportunes que l'épargne ou le travail. Les qualités personnelles conduisent tout au plus à la médiocrité de fortune, sinon à la ruine, à la faillite. Plus on tâche de prévoir, de conjecturer par son seul effort, si grand qu'il soit, plus on est sûr d'échouer. Pour un qui réussit, des milliers échouent. « Il y a, dit M. Leroy-Beaulieu, plus d'hommes que les spéculations de terrain ont ruinés qu'il ne s'en trouve qu'elles ont enrichis » (2). « Et cela, parce que, dans presque toutes les fortunes, en plus du travail, de l'épargne, du talent, il y a le *bonheur* » (3). Ici on pourrait accorder également que s'il y a un facteur personnel, de quelque poids devant les circonstances, c'est bien la persévérance, l'effort, la volonté opiniâtre.

(1) P. Leroy-Beaulieu. *Op. cit.*, p. 62-63.
(2) *Ibidem*, p. 63.
(3) *Ibidem*. p. 67.

Ajoutez le bonheur, la chance, à cette volonté opiniâtre, et, au bonheur donné, comme condition, un régime social dit capitaliste et de libre concurrence et vous aurez un petit nombre d'hommes riches, d'autant plus riches, puissants et de haut prestige, qu'ils sont moins nombreux. Et le génie est ici si peu dépendant des qualités personnelles des hommes qui possèdent la richesse, que souvent, loin de pouvoir l'acquérir par eux-mêmes, ils n'arrivent pas même à la pouvoir conserver. Aussi la perdent-ils et d'autant plus facilement, paraît-il, que leurs qualités personnelles sont plus originales.

3e Maintenant la question est de savoir s'il n'en serait pas de même du génie scientifique et artistique, formes supérieures du génie. C'est surtout au génie scientifique que songeait Gœthe, lorsqu'il parlait de l'héritage historique. Et, en effet, dans le progrès des sciences, comme dans celui des sociétés, il y a des époques d'empirisme et des époques de généralisation. De plus, la marche logique du progrès scientifique et artistique présente quelquefois de telles conditions que toutes les prémisses d'une conclusion remarquable à tirer sont données. Ces conditions suffisent, en effet, pour déterminer l'apparition d'un grand homme de science ou d'un artiste et, à côté de ces conditions, les qualités personnelles innées, acquises, perdent presque toute leur importance.

Certes, il serait difficile de soutenir qu'une théorie remarquable, formulée à un moment donné par un savant, et qui fait sa gloire, n'aurait pu être formulée par un autre. Il serait de même difficile de soutenir que celui qui a formulé cette théorie a été le plus savant et le plus capable de ses contemporains ; car, d'abord, qu'en peut-on savoir ? Ne serait-ce pas une affirmation gratuite ? Nous avons vu que les mérites du savant doivent être plutôt négatifs. L'objectivisme de la science exige que le savant s'efface devant les faits, à la façon d'un véritable appareil mécanique enregistreur.

Et puis ne savons-nous pas que le plus souvent la théorie, qui fait la renommée d'un esprit illustre, n'est ni découverte, ni formulée par lui ? Taine ne nous dit-il pas qu'il a trouvé toute faite la théorie du milieu, et qu'il n'a fait que de la « ramasser par terre », concentrer son attention sur les détails et insister sur son importance ? C'est ce qu'on observe également pour la maxime : « Que les révolutions politiques aient à la base des différences de pouvoir entre les classes, dit M. Sombart, c'était connu même avant Marx, mais personne n'avait exprimé ce fait d'une manière si frappante » (1).

Nous avons déjà vu qu'il en est de même du génie artistique et surtout littéraire. Il nous a semblé qu'une œuvre littéraire, vraiment grande, doit s'appuyer sur une vieille et profonde tradition, œuvre de centaines de générations. Tout artiste « rend au public », comme dit La Bruyère, et si c'est un génie, le rendement est un bon apport et d'un bon rapport à la société. Voilà tout. Evidemment, l'homme, qui doit donner son nom à une théorie scientifique ou à un chef-d'œuvre, est choisi par les circonstances, au mépris des qualités innées ou acquises, tout comme est choisi le grand capitaliste ou l'homme politique. Schiller, Victor Hugo, Darwin, sont devenus ce qu'ils furent, de la même façon que Richelieu fut grand politique.

Or, la façon dont on devenait grand politique, du temps de Richelieu, est, au fond, la même que celle dont on le devient aujourd'hui ; tout au plus est-elle plus explicite de nos jours. Par conséquent, on devient Schiller, Victor Hugo et Darwin de la même façon que l'on devient un grand homme politique, un grand président de République de nos jours. S'il en était ainsi, on devrait s'attendre à ce que la formule, d'après laquelle on devient grand homme dans les arts, dans les sciences et dans les finances, tendît à évoluer dans le même sens que celle du génie

(1) *Sozialismus und sociale Bewegung*, p. 57.

politique. Mais c'est précisément ce qu'on commence à observer déjà.

Ainsi, le capitaliste n'est-il pas sérieusement menacé d'un mouvement social, qui veut démocratiser et collectiviser le capital et les moyens de production ? Le capitaliste serait remplacé, en ce cas, par un directeur d'entreprise, un gérant d'association nommé, selon le principe démocratique, par élection au suffrage des employés et des intéressés. Par une autre voie encore, la tendance des choses conduit au même résultat : on nous démontre ainsi que les entreprises privées industrielles ont une tendance marquée à se transformer en des entreprises collectives. Les sociétés par actions tendent à remplacer le capitaliste proprement dit dans l'industrie et le commerce. En même temps, on nous prouve que le capital lui-même montre une tendance à se morceler. En ce cas, forcément le directeur de l'entreprise, élu aux voix, prendra la place du capitaliste. Une simple réforme des impôts, dans le sens de l'impôt progressif, accélérerait ce mouvement ; car l'impôt progressif, nous assure-t-on, équivaut à une confiscation (1), il peut constituer une foule de petites républiques industrielles, où le patron ne sera que le président, chef du pouvoir exécutif dépourvu du pouvoir effectif. Il est donc si vrai que la supériorité économique dépend uniquement de la forme dans lesquelles les sociétés sont organisées, qu'en modifiant cette forme, la base même de cette sorte de supériorité, comme de toute autre sorte de supériorité, est modifiée d'autant, si même elle ne s'écroule alors d'elle-même.

La science suit la même voie évolutive. Qu'est-ce que les congrès où l'on soumet à la discussion générale des thèses, des théories ou des hypothèses différentes, où les urnes et le mécanisme du vote tendent à s'introduire et à remplir aujourd'hui le rôle, qui jadis échut à des aristocrates de la pensée comme Kant,

(1) Paul Leroy-Beaulieu. *Ouvr. cité*. p. 502.

Spinoza, etc. ? Sans doute, le mécanisme du vote sur la thèse proposée remplirait, d'une manière idéalement objective, le rôle que ceux-ci jouaient dans l'évolution de l'esprit ; il fonctionnerait même d'une façon plus objective encore que l'esprit d'un Spinoza, *more geometrico*, étant remplacé par un procédé mathématique.

D'autre part, la vulgarisation des sciences, par les efforts des démocrates à réaliser un enseignement intégral, est un fait imminent. Or, ce simple fait ne nous laisse-t-il pas entrevoir le moment, où les hypothèses scientifiques sur la société et même sur les phénomènes de la nature se transformeront en lois sociales ou naturelles, au moyen seulement du suffrage universel dans d'immenses congrès du peuple ?

Il n'est pas jusqu'aux arts qui ne soient touchés par ce mouvement : le jury des expositions artistiques est un symptôme. En toutes espèces, l'institution, restreinte actuellement, du jury restreint lui-même, devra être élargie, et on n'aperçoit d'autre limite que le suffrage à l'unanimité. Il n'est pas impossible de concevoir les contours, la composition et les lignes principales d'une grande toile, consacrée, célèbre, débattues en assemblée et décidées par consultation de chacun et de tous. Cette application du mécanisme du vote suppose seulement que tous les citoyens aient une culture artistique suffisante. Mais serait-ce si difficile de le supposer du moment qu'au point de vue politique tous les citoyens sont déjà censés posséder les mêmes aptitudes ?

Enfin, dans les finances, aussi bien que dans les arts et dans les sciences, le mécanisme de la formule du génie doit évoluer dans le même sens, et, des faits que nous venons d'indiquer brièvement, ne s'en suit-il pas que nous nous acheminons déjà dans les voies de cette évolution ?

Il est vrai cependant que ce fait est en contradiction flagrante avec certaines thèses sociologiques, notamment avec celles de

MM. Gustave Le Bon et Sighele. Ces auteurs ont cru pouvoir démontrer qu'en effet la masse est essentiellement incapable d'accomplir quelque chose qui vaille. Ils ont tant insisté sur ce point, que de bons esprits ont fini par les croire prophètes. M. Bouglé, entre autres, s'y est laissé prendre. Il a démontré, à la suite de MM. Sighele, Le Bon et Simmel que « l'hétérogénéité des individus explique déjà leur infériorité, pensant en masse, ils sont inférieurs à eux-mêmes pris isolément ; les forces des hommes s'élident, ne se somment pas. La condition essentielle, ajoute-t-il, dans la composition d'une collectivité sociale est la disparition de toute supériorité. En effet, les plus intelligents ont pu s'abaisser, mais non les moins intelligents s'élever. Qui peut le plus, peut le moins, la réciproque n'est pas vraie » (1). Or, voilà autant d'affirmations absolument gratuites.

Observons d'abord que si la vie collective a, comme nous le croyons également, pour effet de faire disparaître la supériorité, elle peut y arriver aussi bien en élevant les inférieurs qu'en abaissant les supérieurs. Et puis, est-il vrai que celui qui peut le moins ne peut pas le plus ? En disant cela, on ne fait que contester gratuitement la possibilité du développement de l'évolution. Ailleurs, M. Bouglé est d'accord avec M. Tarde pour dire que les courants d'imitation descendent de haut en bas, ce qui est d'ailleurs très naturel et évident. Mais n'est-ce pas dire que ceux qui peuvent le moins peuvent le plus ?

La théorie qui soutient la médiocrité de la foule repose, il est vrai, sur quelques observations réelles et fondées, mais dont on a tiré des conclusions vraiment fantaisistes. En effet, la foule est toujours emportée et les questions qui exigent du calcul froid, abstrait et objectif ne seront jamais résolues par elle. De là, on conclut que la foule doit être laissée de côté, qu'elle ne doit pas être consultée sur ses propres nécessités ou aspirations ni en masse,

(1) *Sociologie et démocratie* (*Revue de Métaph. et Morale*, 1896, p. 120).

puisqu'elle sera entraînée et ne pourra pas dire à quoi elle aspire, ni même isolément. Ce serait aux savants de deviner, dans leur cabinet de travail, spéculativement et objectivement, ce qu'il faut à la foule. Autant dire que les savants eux-mêmes sont incapables de décider sur des questions difficiles parce qu'à certains moments de leur vie, on les a vu se laisser entraîner. Du fait que la foule s'emporte souvent il ne s'ensuit pas qu'elle doit être négligée. D'abord, parce qu'on peut l'organiser de telle sorte qu'elle ne s'emporte plus. Les assemblées législatives ne sont-elles pas, en effet, des foules qui procèdent au moins aussi méthodiquement qu'un savant, dans son cabinet isolé, qui conçoit que les masses doivent être laissées hors de compte dans l'évolution sociale? « La médiocrité et l'intelligence des décisions de la foule, dit M. Ch. Andler, ne sont pas inhérentes à celles-ci, comme elles ne le sont pas aux individus; dans un cas comme dans l'autre, elles peuvent être évitées (1). »

Ensuite, s'il est difficile de consulter le peuple en foule, ne doit-on pas le consulter individuellement, après qu'il s'est dispersé, sur les questions les plus abstraites même, qui regardent ses intérêts? Nous dirons bien plus : le savant le plus objectif ne fera rien de bon, dans les questions sociales, qu'autant qu'il aura recueilli, de la façon la plus complète et la plus exacte, les aspirations de la foule en se plongeant au plus profond des masses. Il devra prendre part aux emportements, aux expansions des foules, et isolé ensuite il en gardera précieusement les impressions. Il est vrai qu'il ne pourra employer les matériaux ainsi obtenus, tant qu'il restera au milieu de la foule; mais il ne le pourrait non plus lorsque seul, dans son cabinet, il serait emporté par une émotion forte ou une passion paralysante. De même qu'il attend le retour du calme pour reprendre le travail, de même, en quittant la foule, il peut se mettre au travail objec-

(1) *Revue de Méaph. et de Morale*, 1896, pp. 246-248.

tif des matériaux. « Il faut se séparer pour penser de la foule et s'y confondre pour agir », dit le poète qui fut aussi un homme public, Lamartine.

Une forte passion passe pour l'élément indispensable de toute grande action. La vie dans la foule peut donner précisément ces passions, ces élans susceptibles de servir de base à des œuvres remarquables. La foule offre donc la passion créatrice à ceux qui savent en profiter, elle est le souffle qui anime ceux qu'elle inspire ; ils reçoivent l'air et respirent. Plonger dans la foule emportée, recueillir des sentiments fort complexes et les élaborer isolément, c'est faire comme celui qui profite de la force d'une passion profonde, pour en tirer, au moment de calme, des œuvres impérissables. Bien plus, la foule est directement ou indirectement la source de toute émotion ou passion forte, elle est même la source des passions et des émotions que nous ressentons lorsque nous sommes seuls, avec nous-mêmes, puisqu'elles ont une liaison invisible, tant elle est profonde, avec la foule, avec la masse, avec la société.

Ajoutons à cela que cette *hétérogénéité*, où M. Bouglé voit un motif de faiblesse pour la foule, est, au contraire, comme M. Andler l'a bien fait voir, une des sources de la plus grande force sociale. « Une somme d'informations plus grande que celle d'aucun individu donnera nécessairement un savoir plus complet, dit M. Andler,... plus d'interprétations mises en présence que n'en inventerait aucun homme isolé donnent naissance, par leur rapprochement, à une vue plus juste » (1).

Et maintenant, quand on se demande comment on pourrait réaliser, en matière d'art ou de science, les vœux émis, les décisions prises par la consultation de la foule, il devient aisé de répondre. Ce sera, en effet, un groupe d'individus ou même un seul individu qui travaillera selon les vœux des masses, mais à l'écart

(1) *Loc. cit.*

de celles-ci, dans le calme de l'isolement même le plus complet. Reste cependant cette autre question : Comment va-t-on choisir celui qui doit recueillir et synthétiser le goût et les décisions de la collectivité, pour en faire le technicien et pour attacher plus particulièrement son nom à cette œuvre ? Cette question, bien qu'elle puisse être difficile et même pénible, nous conduit cependant au dernier terme de notre problème. Mais autant vaut se demander qui décide aujourd'hui du personnage politique qui attachera son nom à une réforme exigée par les citoyens ? Théoriquement c'est le vote, la volonté des citoyens.

N'en sera-t-il pas de même, dans les questions économiques, artistiques ? Il est probable que l'évolution de ce mécanisme de choix va se diriger vers cette étape finale, où la majorité, parce qu'on ne s'en satisfait plus, doit être remplacée par l'unanimité. Il se pourrait bien que la formule du génie scientifique et artistique y arrive également : la masse donc devra être consultée sur l'homme, sur l'ouvrier qui doit accomplir le travail technique du chef-d'œuvre. Elle en décidera soit par l'unanimité, soit par la représentation des minorités. Dans ce dernier cas, qui pourrait être comme l'étape pénultième, on aura réalisé ce petit cercle d'hommes assez bien préparés pour la tâche. Mais, qui choisira encore parmi ces derniers ? Certainement le hasard. Et pour arrivée au bout avec la méthode explicite, on pourrait méthodiser jusqu'au hasard même : on tirerait au sort.

Tirer au sort n'est-ce pas, au reste, la confirmation du dogme chrétien de la *grâce* ? Ce dogme pourrait avoir quelque fonde-

(1) Nous ne sommes donc pas loin de la thèse que soutient M. Espinas. Aux yeux de ce sociologue le progrès social, technique et intellectuel est l'œuvre d'un tâtonnement qui va au hasard, et dans lequel la raison est inutile et impuissante, ne venant qu'à la suite de la découverte. Aussi, à notre avis, la découverte en général œuvre de hasard, indépendante des qualités personnelles de celui qui l'a faite, n'en est pas moins propre à qualifier celui-ci, à le rendre supérieur à ses contemporains, par le simple fait d'avoir été conduit par le hasard à sa découverte. Le génie donc, comme la raison, vient à la suite de l'œuvre, au point qu'on pourrait dire que c'est l'œuvre qui est la cause du génie, et non pas que le génie est la cause de l'œuvre.

ment dans l'expérience politique. Le tirage au sort, qui existe maintenant, pourra être généralisé, après avoir été méthodisé et on aura ainsi la vérification, par l'expérience, de la grâce. Le génie, la supériorité, pourrait donc être une part de la grâce, non pas divine mais simplement sociale.

C'est dire par là que la vieille conception populaire, qui voyait dans le génie un don d'en haut, ou le signe divin, grâce exceptionnelle aux yeux de la divinité, est une intuition beaucoup plus profonde et véridique, quoique symbolique, implicite, que ces théories, œuvres fausses de demi-savants, qui cherchent la cause du génie dans l'hérédité la plus éloignée, directe ou collatérale. Si la divinité n'était que le produit de l'intuition confuse que le peuple a eue de la réalité sociale, qui ne voit *que* la thèse populaire, sur les grands génies, était merveilleusement dans le vrai ? En effet, dans les grands hommes il y a de la divinité, un génie caché, car la société est en eux puisqu'ils s'y sont assimilés, à un plus haut degré que d'autres. On voit combien nous sommes loin par là de la théorie d'Helvétius, de d'Holbach qui soutenaient que le génie est l'œuvre de l'éducation et qu'on en pourrait créer à volonté.

En effet, la nomination même de grand homme, à l'unanimité des voix, logiquement ne serait pas impossible, car il est à espérer que l'éducation, l'instruction intégrale pourra préparer une uniformité relative parmi les membres d'une société. Dans ce cas, et comme le socialisme le postule et le souhaite, chaque homme en vaudra bien un autre. On pourra alors décider qui sera le directeur d'une grande industrie, le grand homme politique, le grand poète ou artiste, au moyen précisément de ce hasard méthodisé par le sort, tout simplement. Ou bien on arrivera au même résultat en faisant le grand homme à tour de rôle : la fonction de directeur de l'industrie pourrait être remplie par chaque employé, à son tour, dans l'hypothèse que chaque homme en vaut bien un autre. C'est ainsi que le tableau célèbre, qui a obtenu l'adhésion à l'unanimité, pourrait être reproduit par chacun avec les détails caractéristiques à sa personne : chose possible dans ce monde où chacun pourrait être intégralement éduqué dans toutes les directions. Le temps n'y manquera pas, car la technique mécanique ne nous promet-elle pas de décharger l'homme du travail brutal, qui l'accable et l'abrutit encore aujourd'hui.

Ce ne serait alors rien de moins que l'avènement d'une époque correspondante à cet état, vers lequel la logique des sciences tend dès à présent même : celle où le fait connu serait élevé au même rang que sa loi, ou bien où la loi serait comme venue au fait. Cette époque, malgré l'apparence du contraire, n'est pas si utopique qu'on pourrait le croire. Qu'on pense seulement qu'au temps de Sophocle, de Socrate et de Périclès, les stratèges étaient tirés au sort (1). N'est-ce pas là déjà une preuve effective de la direction démocratique que va prendre l'évolution du génie, en dépit des différences qui existent entre la démocratie antique et moderne ?

En effet, après que la souveraineté et la majesté des rois seront descendues à leur source, — le peuple d'où elles étaient primitivement dérivées, — pourquoi l'éclat et la souveraineté du génie de toutes les catégories n'en feront-ils pas autant ? L'idée en est difficile à concevoir. Et cependant, il n'y aurait rien à y perdre, car les prestiges énormes et l'admiration effrénée, qui s'attachent aux personnes des souverains et des grands hommes (2) se répandront dans la masse, se distribueront entre toutes les personnes. Dans ce même sens, M. Baldwin pense que « la discipline du développement social est principalement dirigée vers le nivellement des originalités personnelles, vers la suppression des excentricités » (3). « L'humanité retourne, dit M. Xénopol, par une

(1) Curtius *Histoire grecque*, t. 2. pp. 502, 503.

(2) Voir Tarde. *Les lois de l'Imitation*, pp. 94-97, et la *Logique sociale*, ch. II, *passim*.

(3) Baldwin. *Intérprétation sociale*, p. 161.

autre voie, à l'homogénéité primitive dont elle est sortie » (1). Remarquons seulement que cette homogénéité initiale était purement biologique. Il en résultera, ainsi, ce respect de la personne humaine, si longuement mais si vainement attendu, cherché mais non réalisé, dans le régime de génies et de souverains. Ce respect de la personne humaine, capitalisé maintenant par quelques-uns, seule la démocratie réalisée entièrement pourrait nous le rendre à tous.

De leur côté, les arts et les sciences n'auront rien à craindre ; ils auront, au contraire, tout à gagner. Combien la science ne gagnera-t-elle pas à mesure que l'application des méthodes expérimentales deviendra sérieuse. Et les arts, combien ne gagneront-ils pas de prestige dans un public, où tout le monde aura une culture artistique accomplie, dans un public composé seulement d'artistes et libéré de tout travail mécanique, avilissant ?

En définitive, la *démocratisation* du génie ne vise pas à sa destruction ou à son abaissement. Tout au contraire, on tâche de répandre le talent et le prestige dans la masse, d'*aristocratiser* la masse. Il s'agit vraiment d'aristocratiser la plèbe. On ne veut pas détruire la souveraineté, mais la multiplier, l'étendre à toutes les créatures humaines, ce qui, l'histoire en porte témoignage, n'est pas si chimérique qu'il pourrait paraître. A Athènes, au temple de Périclès, le peuple libre, nous dit-on, était le vrai souverain. Quoi de plus caractéristique du souverain que de décider de tout et d'avoir en échange sa liste civile? Eh bien, le peuple athénien décidait de tout et avait sa liste civile (2). Il était entretenu, comme on le sait, sur le compte de l'Etat, comme aujourd'hui les souverains. N'est-ce pas là un vrai symptôme, si éphémère soit-il, de ce que pourrait nous apporter l'avenir de la démocratie ?

(1) A. D. Xénopol. *Principes fondamentaux de l'Histoire.*
(2) Curtius. *Op. cit.*, t. 2, p. 488.

Le but final de l'évolution du mouvement démocratique sera donc le triomphe définitif de l'aristocratie, l'écrasement de la plèbe par cela qu'elle sera ennoblie, élevée à la place de l'aristocratie de nos jours et même à une plus haute place, peut-être.

CHAPITRE V

Du rôle du génie dans la société

Mais, en attendant le terme final du mouvement démocratique, les transformations qu'une nécessité, purement logique, laisse présumer, voyons comment on y arrivera? Quel est, en dernière analyse, le rôle qui échoue aux grands hommes dans cette évolution? Ou bien, qu'est-ce que le génie lui-même, le pouvoir dont ils dispose sur les hommes, et de quelle nature est l'influence qu'il exerce? Prenons, par exemple, l'enthousiasme guerrier, que certaines idées sociales libertaires et égalitaires, menacées et comprimées par une « coalition de tyrans », ont provoqué dans une société donnée. Ajoutons que, dans un cercle de citoyens, des circonstances absolument indépendantes de leurs qualités personnelles, auraient pu accentuer, d'une manière plus particulière, cet enthousiasme, et que l'un d'eux, plus spécialement, aurait été choisi par le hasard pour en être le noyau. Qu'on imagine, pour concrétiser cette situation, le cas de l'armée française vers 1792-1796 et plus spécialement le corps des officiers. Rien de plus naturel et intelligible si le personnage, qui occupait ainsi le point de concentration et de convergence du sentiment public, devient le lieu d'une vraie avalanche gigantesque, qui détruira tous les obstacles, excitera, augmentera toutes les volontés. Il en résultera cette foison de grands généraux et cette époque d'une intensité de vie unique : les époques d'un Alexandre de Macédoine ou d'un Napoléon Ier.

L'homme, que le hasard aurait jeté au milieu de mouvements sociaux pareils, accapare et condense en lui, par la force des choses, le sentiment général de l'époque. Il s'identifie avec l'époque, avec ce qu'elle a de plus profond et de plus puissant. C'est en vertu même de cette identification avec la société de cette époque, qu'il acquiert cette force psychique exaltante, ce pouvoir de suggestion et de fascination irrésistibles, qui le transfigurent aux yeux du monde et même à ses propres yeux. Si, comme il est très évident, le pur hasard, qui a fait de lui le centre de convergence sociale, ne l'a pas favorisé de préférence à un autre, en vertu de quelque qualité inhérente, personnelle, supérieure, il acquiert cette qualité dans l'occurence, par le seul fait qu'il se trouve là.

Le savant, que seul le hasard a conduit à la découverte de l'hypothèse d'une théorie remarquable, acquiert une supériorité véritable sur ceux qui lui étaient égaux, sinon supérieurs auparavant. Aussi, l'expérience des guerres prolongées et des victoires acquises, peut, comme toute pratique, donner lieu à une supériorité militaire exceptionnelle qu'on appelle le génie. De même, le simple fait d'exercer la souveraineté imprime aux rois quelque chose de majestueux, qui les distingue du reste des mortels, lesquels n'ont jamais eu la possibilité de cet exercice. Si l'homme de génie ne diffère pas des autres hommes, avant l'accomplissement de son rôle social, il en diffère ensuite infiniment, par le simple fait qu'il a accompli ce rôle.

C'est ainsi que les instants d'un Napoléon, dans une époque de surexcitation patriotique, forte, deviennent des instants de toute puissance et d'exaltation, entretenues et nourries par la masse. Il se surmonte, il devient effectivement le *surhumain* dont parlent Nistzeche et Emerson. Fort de cette puissance psychique intense, fixée et condensée en lui, il est fort aussi par sa situation centrale et il est fort encore par la parfaite analogie qu'il y a entre ses propres sentiments et ceux de la masse sur laquelle il réagit. En effet, la masse agit non seulement sous l'impulsion du grand homme, mais sous l'impulsion de ses propres sentiments, qui sont les mêmes que ceux du grand homme. Lorsqu'elle se laisse dominer par celui-ci, elle le fait parce qu'au fond elle se domine elle-même ou, autrement dit, parce que ce sont ses propres sentiments qui la dominent.

Le secret des grands hommes est donc de saisir les sentiments profonds et forts des peuples et de dominer ceux-ci par l'intermédiaire de leurs sentiments. Le Français du temps de Napoléon Ier avait beau se laisser dominer par le « grand tyran », il avait le sentiment de sa liberté dans l'acte même de soumission. « Jamais peuple, dit M. Espinas, n'a été plus complètement esclave en se considérant plus complètement libre ». Et il y a lieu de se demander, qui se trompe, du théoricien, qui trouve que le peuple était esclave, ou du peuple qui se trouvait libre ? Force nous est de ne pas rendre justice au peuple. Le peuple français, sous Napoléon, était l'esclave de ses sentiments forts, auxquels le tyran, lui-même, était asservi. Il est vrai que chaque acte de volonté du tyran devenait irrésistible, tout puissant, sa volonté était vraiment tyranique, détruisant toutes les résistances ; mais n'était-ce pas parce que chaque acte de sa volonté était celui qui convenait le mieux au plus profond du peuple, à la généralité des membres de la société ? La libre volonté du tyran coïncidait peut-être avec celle des masses. Où est alors la tyranie ? Autant dire qu'on peut être le tyran de soi-même. « Le peuple sert qui le sert, disait Cousin ; le grand homme n'est que l'instrument de ceux-là mêmes qu'il a l'air d'opprimer » (1).

La preuve en a été faite le jour où les masses exténuées, d'ailleurs comme le tyran lui-même, ont perdu la force des sentiments et l'enthousiasme. La tyrannie est tombée, mais c'était bien la tyrannie intérieure des sentiments forts qui était tombée en réalité. La catastrophe de Waterloo était préparée par une catastrophe préalable dans la sentimentalité du peuple. Le tyran déchu était parfaitement le même, quant à ses qualités intrinsèques, personnelles ; mais c'était la force des courants sociaux qu'elle représentaient qui était déchue.

Si, en effet, la société française, dans sa constitution, a pris les traits de ce personnage, comme Taine nous l'affirme, c'est parce que ce personnage avait présenté des traits que la société cherchait à se donner. De longs siècles de centralisation avaient préparé cette évolution tyrannique de la société, comme également Taine l'a démontré. Le pouvoir législatif, le pouvoir de régler et de codifier les actes de la société, la soumission du peuple aux lois nombreuses qu'on lui prépare, tout cela est facilité, nous le savons bien, par ce processus de plasticisation des individus, qui les rend souples, suggestibles et impropres à se révolter contre les injonctions sociales, contre les suggestions de tout ordre. Bien plus, ce pouvoir de détermination extérieure devient même indispensable, étant donné que l'hérédité, que les instincts régressent et laissent place à l'éducation, à la détermination extérieure, à l'hérédité sociale, au déterminisme social efin.n

C'est dans cette plasticisation des hommes, qui rend non seulement possibles, mais encore nécessaires, les tyrans et les grands hommes, que l'on doit chercher les agents mêmes de ce déterminisme social.

(1) Cité par M. Fouillée dans l'*Idée du droit moderne*, p. 157.

Bref, *le tyran, le grand homme, devient ainsi pour la société parfaitement ce qu'est un morceau de cristal tombé dans une solution chimique, dont la composition est pareille à celle du cristal.* De même que la solution chimique se solidifie et prend les traits cristallins du cristal qui y est présent, par la seule présence de celui-ci, et parce que sa composition à elle est identique à la composition du cristal, de même la présence du grand homme, au milieu de la société, imprime à celle-ci des traits que, d'elle-même, elle chercherait à prendre. Il n'y a point là de contrainte ou s'il y en a une, elle est de la même espèce que la contrainte qu'on se fait souvent à soi-même. La contrainte qu'exerce le génie, c'est un effort pour lui et un effort qui n'est pas toujours agréable, de même que c'est également un effort qu'on fait sur soi-même et qui n'est pas agréable non plus, lorsqu'on se contraint soi-même.

Or, cet effort et cette contrainte, remarquons-le, sont la substance dont se créent les codes, les lois sociales éphémères, provisoires ou permanentes. Le grand homme, qu'il soit savant ou politique, est la vraie source des lois du déterminisme social. Le phénomène du génie devient ainsi très intelligible et son mécanisme très explicable. Cette manière de l'entendre résout, paraît-il, toutes les contradictions et toutes les controverses qu'il soulève.

Si le génie a du pouvoir sur la masse, c'est seulement en tant qu'il s'identifie avec elle. Nous avons vu que ce pouvoir il le tire de la masse elle-même, et nous avons vu aussi comment il le tire. Or, le pouvoir du génie n'est que la récompense, la contrepartie des efforts longs et toujours pénibles qu'il fait pour s'identifier à la masse, en distinguer l'essentiel, le profond, le synthétiser et le concentrer en soi. L'étendue de son pouvoir de transformer la société se mesure par la quantité des efforts qu'il y met. Dans ce même sens, M. Paulsen nous dit que « la loi juridique a son origine dans la volonté des hommes, mais, en même temps, elle a son fondement dans la nature des choses et leurs conséquences » (1).

Mais, on a dit qu'il n'y a rien de commun entre la masse et le génie, étant donné que le génie est le supérieur. l'irréductible, de par sa définition même. Cette objection n'est pas seulement des plus prétentieuses, mais aussi des plus faciles, vaines et superficielles. En effet, le génie est l'original, l'irréductible, précisément parce qu'il est la *synthèse* du commun, du vulgaire, de la masse. On accorde toujours que la synthèse H^2O est quelque chose d'irréductible et qu'elle se réduit cependant à la combinaison de H et d'O. De même on accorde que la cellule vivante est un produit irréductible et, cependant, elle se compose d'atomes matériels. Pourquoi ne nous accordera-t-on pas que le génie, quoiqu'irréductible, est le produit de la masse? Toute synthèse, on ne le sait que trop, est un acte de création originale, irréductible, mais qui s'explique par ses composants. Or, le génie, synthèse comme une autre, est original, créateur, mais ne peut s'expliquer que par ses facteurs : la vie sociale commune de la masse. Mais, s'il s'explique par la masse, on ne peut pas l'y réduire ; il est profondément identique à la masse, mais il ne lui ressemble pas.

Si le génie est identique à la masse, c'est parce qu'il en est la synthèse, et s'il en diffère aussi profondément, c'est justement parce qu'il est cette synthèse. Aussi, quant à la force, dont il dispose sur les peuples, elle est d'origine profondément sociale, car le grand homme « c'est une marionnette dans l'intérieur de laquelle le milieu social, où il vit, a incorporé le mécanisme moteur du fonctionnement, dont dépendent ses faits et gestes » (2). Cependant, quelle qu'en soit l'origine, ce pouvoir ne lui est pas moins propre et il est à sa disposition personnelle. Tel l'héri-

(1) Die Erik. I., pp. 14-15.
(2) Gumplowicz. *Aperçus Sociologiques*, Paris 1900, p. 84.

tage d'une fortune immense, qui, pour ne pas être acquise par des mérites personnels, n'en donne pas moins un pouvoir considérable sur les hommes. N'est-ce pas de l'erreur ou de la naïveté de croire avoir réduit à rien l'*illusion* du pouvoir du génie en l'expliquant ? Expliquer n'est-ce pas confirmer plutôt que détruire ? Notre explication contient donc liés nécessairement entre eux les deux facteurs essentiels du génie : son originalité irréductible et son identité profonde avec le commun de la masse. Ces deux facteurs ont toujours été vus en antinomie entre eux (1), et les théories du génie ont souligné tantôt l'un, tantôt l'autre de ces facteurs, pour méconnaître et contester l'autre. De là, les longues controverses que l'on sait, et cette antinomie entre le génie et la masse, qui se résout dans une identité des deux termes.

D'ailleurs, remarquons de suite que, si l'identité entre la masse et le génie, est cachée, lorsqu'on a en vue la masse, qui précède et prépare le grand homme, elle se découvre et apparaît lorsqu'on regarde la masse contemporaine et surtout celle des générations à venir sur lesquelles il réagit. En effet, les contemporains et les générations prochaines subissent, en grande partie, l'influence du grand homme. Ses traits s'impriment ineffaçablement dans ses contemporains et dans les générations suivantes. La France contemporaine, dit Taine, tient beaucoup de la personne de Napoléon Ier. Celui-ci a imprimé à la société française des traits ineffaçables de sa personnalité absorbante, autoritaire.

C'est ce qui explique effectivement les transformations et l'évolution des sociétés, dont les étapes successives ne se ressemblent pas. Sans doute, elles sont le miroir des différents

(1) Le compte rendu du congrès des historiens allemands, par BLONDEL. *Revue Hist.* 1897, nov. et déc. — ALTAMIRA. *Revue Intern. de soc.* 1898. — XÉNOPOL. *Les Principes fondam. de l'Histoire*, pp. 153-156. — TARDE. *La logique sociale.* pp. 151-227.

grands hommes, qui ont transformé les sociétés en ces moments-là. Mais, comme les grands hommes sont originaux, irréductibles, les phases sociales seront également originales, irréductibles. Or, cela fait que la science positive des sociétés, de nos jours, est la tentative la plus vaine qu'on aurait pu imaginer. Tant que les grands hommes sont possibles et même nécessaires, ils impriment à leur société et à leurs époques des caractères originaux, irréductibles, que la science ou rien au monde ne pourrait effacer, ni réduire, pour mettre à leur place la similitude, la seule matière capable des lois sociales positives. Ceci confirme et vérifie, en quelque sorte, les conclusions du premier livre, d'où il résultait que, en tant que la société est en progrès, en évolution, en tant qu'elle existe provisoirement et qu'elle n'existe pas entièrement, définitivement, la science sociale faite à la manière des sciences naturelles, est impossible. De fait, le problème du livre présent n'est qu'un aspect différent du même problème, dont nous nous occupons dans le premier livre.

D'autre part, remarquons aussi que l'enchaînement irréductible et imprévisible des grands hommes, qui viennent, l'un après l'autre, révolutionner les sociétés, les reprendre sous une forme donnée, les transformer et les laisser toujours sous d'autres formes, constitue, à l'intérieur des sociétés, et surtout à l'intérieur des hommes, qui les composent, une source inépuisable de contingences, d'anarchie, de déséquilibre, d'équilibre toujours troublé, de cohésion psychique toujours mal assurée. La cohérence sociale et psychique est rendue impossible à cause de l'apparition du génie. Car, avec chaque grand homme une connexion d'idées se brise, une institution sociale croule, une discordance prend la place d'une autre discordance, quoique très souvent les grands hommes réalisent quelques associations d'idées à jamais indissolubles. Cependant, ils se dispersent, ils jettent le désarroi dans le reste. Dans ces conditions, la psychologie scientifique, à cause des catastrophes psychiques que les grands hommes ne manquent pas de provoquer, est rendue également impossible. « Les lois psychologiques les plus générales sont, dit M. Boutroux, relatives à une phase de l'humanité. » En effet, psychologiquement et sociologiquement, on ne peut rien prévoir, à la manière dont on fait des prévisions astronomiques, physiques, chimiques, etc.

A travers les étapes sociales, originales et irréductibles dans leur enchaînement, comme les génies, qui les ont dominées et modelées, la prévision est exclue parce que la similitude et la répétition de ces étapes sont exclues. Les grands hommes apparaissent au crépuscule d'une époque, dont ils assimilent et synthétisent les aspirations profondes, et de cette substance psychosociale créent une mentalité nouvelle, forment la figure originale de l'époque qui s'étend devant et après eux. Chaque apparition d'un grand homme est la destruction, en grande partie, de l'œuvre de son prédécesseur et une reconstitution toujours nouvelle. Elle a les mêmes conséquences qu'une intégration sociale.

De fait, les génies apparaissent seulement dans les moments d'intégration sociale. Ils en sont les produits et les agents. C'est ce qui fait qu'une époque historique ne se répétera jamais. Mais, si la série de ces grands hommes est elle-même irréductible à une loi, elle n'en donne pas moins lieu à des lois. Un grand homme est irréductible à des lois, puisqu'il est lui-même la source d'une loi. Mais, si l'œuvre des grands hommes est faite et défaite, avec chaque grand homme, sorte de toile de Pénélope, il y a des éléments qui restent définitivement de chacun d'eux. Une destruction et une reconstitution ultérieure de la vie sociale respecteront certaines formules, qui s'accumulent progressivement et constituent autant de cohésions psychiques et de cercles de similitude sociale perpétuelle. Au fond, le rôle du grand homme est la création d'une loi scientifique et sociale.

qui sera toujours, en même temps, une association logique indissoluble de représentations.

Tant qu'il y aura des sociétés à intégrer, des lois à créer et à découvrir, il y aura des grands hommes. Avec le dernier grand homme apparaîtra la dernière loi psychique ou sociale, et de ce moment seulement une science psychologique et sociale positive sera possible. L'harmonie sociale, autant que la cohérence psychique définitive seront alors définitivement acquises. Le grand homme n'aurait plus de raison d'être. Mais ce moment-là correspond aussi à la fin de l'intégration sociale. La société serait alors devenue complètement intégrée et aussi fixe que les espèces d'aujourd'hui, et par conséquent le génie est pour la société ce qu'en biologie sont les variations individuelles, qui se propagent, se fixent et donnent naissance à des espèces permanentes. Les génies sont ces variations sociales qui se propagent, se généralisent, se fixent et donnent naissance à des lois ou à des formes sociales permanentes. Le génie, phénomène d'origine purement et exclusivement sociale, est donc le créateur initial d'une loi ou d'une forme sociale. Et, inversement, toute forme ou loi sociale est l'invention ou la création d'un grand homme. Le génie est « l'individu devenu à lui seul tout le genre auquel s'applique la loi et qui en est maître » (1).

CONCLUSION DU TROISIÈME LIVRE

1° *Les hommes de génie sont les hommes que créent le déterminisme social.* — Ils reproduisent exactement dans leur formation le processus de l'intégration sociale. L'ignorance où l'on est du déterminisme social a fait qu'on n'est pas encore arrivé à l'expli-

(1) Boutroux, *Op. cit.* p. 130.

cation du génie, ni même à rapprocher ce phénomène du déterminisme social. Conséquemment, on a considéré le génie avec cette attitude mystique de l'esprit qu'on tient devant le mystère : or, le mystère étant l'attitude subjective qu'on prend devant une catégorie de faits inconnus, est par conséquent le symptôme sûr que cette catégorie reste toujours par delà les prises de la science. Il semble donc qu'à rapprocher le génie du phénomène important du déterminisme social, le mystérieux du génie devienne matière de science.

Puisqu'on a conçu jusqu'ici le déterminisme social comme étant un simple appendice du déterminisme biologique, on a mis en circulation, dans l'opinion vulgaire, la conception du génie inné produit par l'hérédité, etc...

2° Non seulement le génie est un phénomène social, mais tout ce qui existe, comme phénomène ou loi sociale, dérive d'une action originale de quelque grand homme. Les lois sociales sont les inventions généralisées du génie, les « manières de faire », inventions individuelles tout d'abord, généralisées ensuite.

3° La généralisation du génie s'accomplit selon un processus d'après lequel l'essence des actions des grands hommes est descendue dans la masse. Ce processus consiste dans la transformation que la masse subit de la part des grands hommes qui en sont les éducateurs. La masse éduquée s'ennoblit à mesure même qu'elle subit l'influence des grands hommes et en assimile la substance. D'ailleurs, le sens dernier du génie n'est-ce pas sa généralisation ?

Avec l'accomplissement terminal du processus social la masse aura assimilé intégralement la substance du génie : la société, les lois sociales seront descendues définitivement dans les individus. En élevant la masse à leur niveau, les grands hommes auront complètement nivelé la masse. Dans ce sens, on peut dire que *les génies aussi bien que les démocraties et les despotes sont un processus de nivellement social.*

Maintenant, nous pouvons préciser mieux les rapports des individus avec la société et avec le déterminisme social.

a). Les individus de génie ont sur le déterminisme social, un pouvoir réel, illimité, ou limité seulement par l'étendue de leur génie et leur identification avec la société. Par suite, *il y a des individus qui disposent d'une force réelle sur le déterminisme social.* Cette force peut s'exprimer en fonction de deux facteurs : 1° l'effort pour s'identifier avec la société, pour en saisir la situation extrêmement compliquée, l'attention concentrée pour en saisir le sens caché. 2° La nécessité effective des circonstances sociales. Ces deux facteurs sont en fonction l'un de l'autre ; la nécessité sociale (1) se mesure par l'effort fait pour réaliser cette nécessité. *b*). Les individus raisonnables, cultivés (qui le sont en tant qu'ils se sont assimilé la substance des hommes de génie) portent en eux-mêmes la société et la fatalité du déterminisme social. Leur volonté raisonnée coïncide avec le déterminisme social, et c'est bien là le fondement de l'idée de liberté. La nécessité subjective de leurs actes correspond à la nécessité sociale de ces actes, comme M. Boutroux l'a excellemment dit. Dans ces conditions « il (l'individu) serait ainsi l'égal de la loi et posséderait en lui-même tous les éléments de son action ». *c*). Seule, une catégorie d'individus reste au dessous et en dehors de la société ; ce sont les incultes, les fous, les criminels et surtout les jeunes générations qui n'ont pas reçu le déterminisme social. Aussi leur volonté est-elle inexistante ou en voie de formation.

(1) C'est bien là le sens profond du fatalisme qui domine la pensée des grands hommes presque dans tous les cas. Ils ont en cela le sentiment du déterminisme social qui opère en eux et par eux.

CONCLUSION ET CONSÉQUENCES

On a admis assez couramment jusqu'ici que les phénomènes naturels obéissent à des lois mécaniques rigoureuses. Les observateurs de phénomènes sociaux furent tentés de postuler que l'objet de leur science pourrait comporter aussi bien des lois de cette nature, et il y eut une école naturaliste d'économistes, de sociologues qui nia le rôle de l'initiative individuelle dans la détermination du monde moral. Il ne fallait pas moins, selon eux, pour qu'une science positive, soit de la morale, soit de la société, pût s'établir.

On a soutenu avec éclat qu'il y aurait des plans de société fixes et rigides, que celle-ci soit humaine ou animale, un ordre social non à créer, mais à montrer. Duclaux, qui ne croyait pas cette opinion juste, parce qu' « elle fait abstraction de la liberté, qui doit être le pivot de toute société humaine », la jugeait impartialement pourtant. Il disait : « quoi que nous fassions, nous ne pouvons pas nous évader du domaine des lois naturelles. S'il est vrai qu'il y a ou qu'il peut y avoir en nous une volonté directrice, elle est en dépendance étroite avec son corps qu'elle ne peut diriger qu'à la condition d'obéir à des lois, elle est à la fois sujette et souveraine. Ce qui est vrai pour chacun de nous est vrai pour le corps social dont nous faisons partie. Il y a en nous des animalités et des consciences, pourquoi les étudier les unes sans les autres ? » (1).

On a justement dit que la raison est fille de la cité. La société,

(1) DUCLAUX. *Sociologie et Biologie. Union pour l'Action morale*, 8e année, p. 99.

pour enfanter quelque chose de viable, doit, comme l'organisme matériel, être saine, forte, prospère. Ce sont ces conditions que recherchent les sociologues comme MM. Espinas, Durkheim, en France. Mais aussi la raison, une fois née de la société, grandit dans la société, élève et élargit son regard jusqu'à embrasser tout le système de l'univers pour y pénétrer, y dominer, y aimer ou y haïr. Et encore, arrivée à une certaine *majorité*, la conscience peut s'affranchir tout à fait de la société qui lui a donné naissance, la remplacer même et hériter des attributions et des devoirs de celle-ci.

Sans nier, ni même montrer tous les mérites des méthodes exclusives, que nous n'acceptons pas, nous avons voulu chercher si les lacunes et les insuffisances relevées ne pourraient pas disparaître, pour un observateur des faits moins soucieux d'une thèse unilatérale que d'une méthode complexe, s'assouplissant davantage aux variétés des phénomènes en transformation incessante auxquels elle s'applique.

Les masses, entrées en scène, manifestent-elles l'avènement d'une multitude d'initiatives individuelles, ou, au contraire, l'impérieuse force de la nature écrasant de son nombre la personnalité qui ne s'en peut plus dégager ? Les lois s'imposent-elles naturellement à la démocratie sociale, ou bien sont-elles créées par la volonté générale des citoyens, selon le système du contrat social de Rousseau ? — En tout cas notre méthode plus ouverte risque aussi d'être plus féconde ; elle ne rejette pas une partie des faits, comme s'ils n'étaient pas positifs. Ce n'est plus seulement un point de vue légitime ; c'est aussi un point central d'où l'horizon est plus large ; c'est comme un lieu de convergence et d'union. Il est aussi positif d'étudier l'autonomie et la subjectivité des individus que les phénomènes objectifs. C'est un fait acquis que l'homme en société n'est pas un poids mort entraîné, jouet des forces fatales irrésistibles. Il a un rôle effectif dans le développement social, encore qu'il ne nie pas, mais serve le mouvement social. C'est justement parce qu'il reflèchit la société qu'il en peut fléchir aussi le déterminisme et, parfois, infléchir son mouvement selon sa volonté à lui, fonctionnant efficacement, utilement dans le milieu social où elle s'insère comme facteur.

En effet, la conscience humaine et la personnalité sont des phénomènes individuels, dont nous avons trouvé les conditions d'apparition et d'existence données dans celle des sociétés où ils apparaissent et se continuent. Nécessairement, le processus de l'évolution de la conscience et celui de l'évolution sociale, d'où il résulte, suivent une marche parallèle et identique. Nous avons vu les phases du développement social se réfléchir dans celles du développement de la personnalité, parce que les unes sont bien le produit direct et immédiat des autres.

Or, le développement social consiste, en bref, dans la formation de sociétés de plus en plus larges, différenciées, et manifestant la tendance à s'unifier en s'homogénéisant. L'intégration sociale, qui produit d'abord un mouvement de différenciation, de dilatation des éléments contingents et anarchiques, s'équilibre avec le temps, par un processus de contraction, et une harmonie intérieure s'établit par les lois et les institutions sociales.

Le développement de la conscience ne fait, lui aussi, que reproduire ce rythme vital à deux moments : l'un tout de différenciation incohérente, anarchique, l'autre de contraction qui, au moyen du processus de l'abstraction, unifie les différences et crée la cohésion des états psychiques, l'unité synthétique de la conscience, l'association des idées, la mémoire, etc. De même que le développement de la société tend à donner à celle-ci une forme, une charpente déterminée, fixe, par des déplacements d'équilibre, de même la phénoménalité psychique tend à former un organisme logique, déterminé, précis et stable, comparable, dans sa fixité et sa cohérence, à l'organisme physiologique lui-même.

Les formes logiques de la pensée paraissent être, en effet, les traits les plus nettement définis et les plus persistants de cette réalité supérieure, qu'est la conscience ou la personnalité humaine. Ainsi, les formes morales de la vie sociale paraissent représenter ce qu'il y a de plus stable, de précis et de définitivement acquis dans la réalité sociale ; du moins, avec l'intégration de la société dans les propres limites de l'humanité, les formes de la vie sociale deviennent nécessairement morales.

L'organisme psychique et logique, défini, général, ainsi obtenu, sera commun à tous les hommes, comme l'organisme matériel est déjà, depuis longtemps, commun à tous les individus humains. Et, de même qu'entre les individus biologiques normaux, il n'y a pas de divergence matérielle notable, de même les différences logiques notables entre les esprits seront devenues impossibles.

Mais le processus de formation parallèle de la société et de la conscience prend, en se réalisant, une tournure dialectique. Cette dialectique sociale distingue et sépare, dans le développement social, deux moments : la phase préparatoire, au point de départ, et la phase effectuée, au point d'arrivée ; et deux éléments : *le but ou l'idéal visé*, et *les moyens indispensables pour y arriver*. Après les avoir ainsi distingués, la dialectique sociale les dissocie et oppose les uns aux autres ces deux éléments et ces deux phases. Voilà l'origine des antinomies entre l'individu et la société, entre le génie et la masse, entre la volonté individuelle et la nécessité sociale.

Les résultats de nos analyses permettent d'éclairer les solutions proposées dans l'Introduction.

I

L'antinomie entre l'individu et la société, l'opposition des deux doctrines sociales de l'individualisme et du socialisme, a fait l'objet de la seconde partie de notre étude, qui démêle et précise le côté théorique de cette antithèse dans les rapports de la psychologie et de la sociologie.

Cette opposition qu'aggrave certaine conception positive, naturaliste, et, par suite, dogmatique de la sociologie, se dissout pourtant à l'analyse des faits, et la conclusion qu'ils indiquent est une conciliation des deux sciences, qui va jusqu'à leur parfaite identité. L'opposition établie entre les deux sciences n'est que l'effet d'un malentendu, provoqué, en partie, par leur état arriéré, et, en partie, par le fait que chacune des deux sciences a, à sa base, deux aspects de la même réalité : la conscience individuelle, et qu'elles suivent, en conséquence, deux méthodes différentes.

Le simple fait de la conciliation, entrevue entre la sociologie et la psychologie, indiquerait déjà qu'il n'y a pas d'antinomie entre les deux thèses sociales, ou, tout au moins, pas d'antinomie définitive. Pourquoi la dialectique sociale d'où découle, sans doute, l'antinomie des thèses individualiste et socialiste, a-t-elle dissocié les deux éléments du processus psycho-social : la fin et les moyens ?

C'est sans doute l'intérêt même des questions sociales, de distinguer ainsi la fin et les moyens, de prendre à part ces deux éléments, et, pour pousser davantage l'analyse, d'ériger chacun en facteur unique. Mais, cette nécessité de l'analyse et de l'abstraction, qui néglige l'autre élément, entraîne aussi l'exclusivisme des thèses en opposition. Il en fut ainsi du fait social capital qu'est la *réalisation de la justice et de la personnalité humaine*, postulat dernier, et du socialisme et de l'individualisme. Pour le considérer en lui-même, et dans ses conditions de réalisation, on a distingué le but et les moyens. De là, deux thèses : la thèse individualiste libérale qui posa comme fin la personnalité humaine, en elle-même ; la thèse socialiste, autoritaire, dont l'effort porta, au contraire, sur les moyens de la réaliser.

Si les thèses autoritaires affectent de méconnaître la valeur de l'individualité humaine et de la négliger, les individualistes postulent la personne humaine comme définitivement et généralement formée, c'est leur point de départ.

M. Henry Michel, par exemple, a, tout au long de son remarquable ouvrage sur l'*Idée de l'Etat*, développé le contraste entre les deux thèses, qu'il précise ainsi : « le citoyen dans l'Etat, tel que nous le concevons, trouve auprès de ses concitoyens un appui qui l'aide à conquérir sa personnalité ; mais il n'en est pas moins tenu de la conquérir par son effort propre. On ne fabrique pas un citoyen du dehors, comme un meuble. C'est par le dedans que se façonne et que s'achève une âme. » M. Michel ne croit pas à l'efficacité de l'intervention étatiste pour la formation de la personnalité.

A leur tour, les partisans du socialisme élèvent au rang d'une fin sociale les moyens qu'ils proposent pour la réalisation de la personne humaine ; en d'autres termes, ils projettent le point de départ à la place du point d'arrivée.

On a bien le sentiment de ce qu'il y a de logique et de nécessaire au fond de cette antinomie. Non seulement elle pousse à bout l'analyse de chacun des termes, mais encore c'est cet exclusivisme de chaque thèse qui seul peut mettre le terme correspondant en pleine lumière, et en relever l'importance capitale.

Mais nous ne comprenons pas — une fois qu'on s'est rendu

(1) L'*Idée de l'Etat*, p. 651.

compte des raisons de cette antinomie et de son caractère éphémère — pourquoi on continue à s'y tenir. Pourquoi opposer toujours les deux termes si bien faits pour se concilier et se compléter l'un l'autre?

On n'a pas tardé d'observer que les contestations que se font les deux thèses sont illusoires et inefficaces. L'économiste allemand, M. Dietzel, a bien fait voir qu'elles n'aboutissent et n'aboutiront jamais à ruiner l'une des deux thèses, puisqu'elles sont toutes deux également bien fondées, dans la raison et dans la nature des choses. De plus, il fait remarquer que les époques historiques sont elles-mêmes, selon leur nature, animées, les unes plutôt de tendances autoritaires, les autres de tendances individualistes.

On pourrait même généraliser davantage la remarque de M. Dietzel et dire que, d'une façon générale, le passé a été l'époque plutôt du socialisme vraiment tyrannique, d'autant plus tyrannique qu'il recule dans le passé : tels l'esclavage, le servage, le despotisme. Le présent, et surtout la perspective de l'avenir nous ouvrent l'espoir de l'individualisme : le socialisme, « cet esclavage de l'avenir » selon Spencer, qui devrait triompher, est, au contraire, la réduction de l'esclavage et de l'absolutisme à son minimum. On est allé même jusqu'à dire que le socialisme, c'est de l'individualisme exagéré. Si, en effet, le socialisme, avec ses restrictions, gêne l'individualisme contemporain, c'est parce que son autorité se systématise et se rationnalise. Au fond, le socialisme, en tant que rationnel, ne peut avoir aucune conséquence gênante pour les hommes de raison. Ils s'y trouveront comme dans l'atmosphère la plus adéquate à leur nature rationnelle. Au plus juste, ce mouvement ne pourrait gêner que l'égoïsme et les hommes qui manquent absolument de raison. Son but est précisément de généraliser le déterminisme social, c'est-à-dire l'éducation et l'instruction, et d'en faire partager le bienfait aux plus basses classes de la société.

Il importe aussi de remarquer que les époques d'absolutisme, de déterminisme social, excluant l'individualisme, correspondent aux époques de réalisation de l'intégration sociale ; et celles où l'individualisme règne, correspondent à des sociétés intégrées, déjà équilibrées. Ainsi, la phase d'intégration sociale que traversa la France de Louis XI jusqu'à Louis XV ne pouvait être une époque d'individualisme, puisque l'absolutisme était toute la marque de cette époque. L'individualisme fut alors réduit à son minimum. S'il se relève sous la Révolution française, elle est aussi le point de départ d'une nouvelle phase de déterminisme législatif, régulateur, animé par des tendances absolutistes et aspirant à une intégration sociale plus large. Aussi, ce n'est pas un fait sans signification que le socialisme autoritaire, révolutionnaire, inscrit l'internationalisme sur son programme, parmi les points essentiels. Le socialisme international paraît donc ne faire que reprendre et, sans s'en apercevoir, conduire plus loin l'œuvre de Louis XI, de Richelieu et de Colbert. Aussi n'a-t-on pas manqué d'observer que le socialisme, et surtout le socialisme d'Etat, est un simple retour au despotisme éclairé (1).

Et il se pourrait même que les socialistes se méprennent sur la manière de s'y prendre, et qu'ils intervertissent l'ordre des choses. En effet, dans l'histoire, l'intégration et l'unification inter-sociales ont précédé le mouvement législatif, l'unification intra-sociale. Or, les socialistes prennent la voie contraire : ils veulent, par une réglementation légale de tout le travail, faire la loi et dire le droit parmi des sociétés, dont l'intégration *inter-sociale* paraît être encore très loin de se réaliser. Ces derniers temps, leurs efforts, au moins en Allemagne (2) et en Italie, se sont dirigés plutôt vers l'éducation des masses. Leurs tentatives

(1) Henry Michel. *Op. cit.*, pp. 578-579.
(2) Voir Milhaud. *La Démocratie socialiste allemande*, Paris, Alcan, 1903, *passim*.

seront-elles là plus fructueuses ? Arriveront-ils aux transformations sociales qu'ils préconisent par la voie de l'éducation des masses ?

Il serait permis d'en douter. Et, sur ce point, les critiques des individualistes nous semblent moins dénuées de fondement. Car la personnalité humaine n'est pas une matière facile à produire ou à façonner. Peut-être, pour que ce soit possible, faudrait-il connaître préalablement l'art et les règles pédagogiques et psychologiques. Or, comme on l'a montré dans la seconde partie de notre étude, les lois psycho-pédagogiques découlent des lois sociales, elles en sont la conséquence parce qu'elles sont leur reproduction fidèle dans les individus. Et ces lois ou fonctions sociales apparaissent seulement au cours de l'intégration sociale elle même. Il est évident que la régularité sociale intérieure, les lois psychiques et pédagogiques, qui en dérivent immédiatement, ne seront données que lorsque le processus d'intégration sociale cesse ou arrive à son terme ; nous en avons cité des exemples.

Comme la régularité psychique, qui constitue le fond fixe de la personnalité humaine, est faite précisément de cette régularité sociale, il est par suite impossible de fabriquer la personnalité dans des conditions où l'intégration sociale n'est pas réalisée et où, conséquemment, la régularité sociale intérieure manquerait. La formation de la personnalité humaine ne précède pas, mais suit la formation de la société.

Par conséquent, les socialistes n'auront appris l'art de construire la personnalité humaine de l'extérieur, qu'après avoir réalisé la société internationale, l'intégration sociale définitive qui seule rend possible l'apparition des lois psycho-pédagogiques. Ils ont bien dirigé, au temps de l'*Internationale*, leurs efforts de ce côté ; mais c'était si malaisé que la tentative a échoué, et depuis ils se sont reportés du côté qui leur paraît plus abordable ; ils visent à l'éducation des masses.

Or, cette tentative-là aussi nous semble inefficace pour d'autres motifs encore : d'abord, l'éducation des masses, dans les conditions actuelles, est chose matériellement impossible. Il faut changer préalablement ces conditions pour la rendre possible. Ensuite, même réalisée, elle n'aura jamais les conséquences qu'on attend d'elle, à juste titre dans une forme sociale plus avancée que la forme actuelle. Elle aurait créé simplement des déclassés, car, former des personnalités qui n'auront pas l'aisance matérielle de la vie, — conséquence fatale de la répartition actuelle des richesses — c'est faire une œuvre contradictoire, hybride et peut-être même mauvaise.

Le mieux, semble-t-il, est d'attaquer de front tous les côtés de la question.

Il est sûr que plus les sociétés se rapprocheront et établiront entre elles des relations étroites et amicales de tout ordre — ce qui constituerait toujours une manière de réaliser l'intégration sociale — plus la forme sociale actuelle, encore militariste, se modifiera. Le budget de la guerre diminuera et rendra possible l'augmentation du budget de l'instruction publique et par suite du personnel enseignant. Par là, les conditions matérielles de l'éducation sociale seront données, ou facilitées tout au moins. Car d'abord la régularité sociale, qui en ressortira nécessairement, excluant un peu la chance et le hasard, permettra une plus juste répartition des biens, et de la sorte la condition matérielle de la personnalité sera donnée aussi. Ensuite, le progrès de la régularité psychique, l'art de l'éducation lui-même, rendra plus facile l'effort pour former la personnalité et les critiques individualistes tomberont tout à fait.

Et, en effet, dès aujourd'hui, ces critiques semblent bien méconnaître quelques faits : la personnalité, la conscience, ne se forment-elles pas exclusivement de l'extérieur, par la société? Croire le contraire, croire que l'esprit et la personnalité sont donnés dans la constitution physique du corps, c'est tomber dans l'erreur du matérialisme grossier, qui explique les fonctions de l'esprit par les propriétés de la matière. Or, on a montré plus haut que la personnalité, l'unité de la conscience, l'origine et la cohésion des idées sont de provenance sociale, et possibles seulement par le fait de la vie sociale.

Les partisans de l'individualisme, lorsqu'ils critiquent les ambitions du socialisme autoritaire, dirigées vers l'éducation des masses, ne font que rééditer des critiques et des révoltes de collégien contre l'autorité d'un professeur sévère. Dire que l'Etat socialiste, qui se propose de former les consciences, la pensée et l'initiative individuelle, n'aboutit, au contraire, qu'à les détruire, ce serait dire, à peu près, que le pédagogue contrarie l'indépendance et l'initiative de l'enfance, non pas pour former celles des hommes, mais pour les détruire, tout simplement. Et pourtant, c'est cette autorité et cette sévérité du professeur qui créent, à l'intérieur de l'élève, ce pouvoir interne de se dominer lui-même et de se conduire, qui, plus tard, remplacera, avec avantage, l'autorité extérieure. Pourquoi n'en serait-il pas de même du socialisme autoritaire ? Ne voyons-nous pas dans l'histoire, prise dans son ensemble, la liberté sortir de l'esclavage, l'autonomie du despotisme ?

Il y a, sans doute, dans l'individu, une antinomie qui reproduit exactement l'antithèse de l'individualité et de la société, prise en général. Cette antinomie consiste précisément dans l'opposition qu'il y a entre l'initiative de l'individu, dans sa phase de formation, et l'autorité de ses maîtres. Or, l'issue de cette antinomie est un fait de l'observation la plus vulgaire. Toujours elle se résout en faveur de l'individu, qui, d'ailleurs, ne peut vaincre l'autorité et la sévérité de ses éducateurs qu'en les subissant. De même, les oppositions et les tendances individualistes ne viendront à bout du mouvement socialiste autoritaire qu'en le subissant. C'est dire, par là, qu'il faut tenir compte de ce mouvement au lieu de le nier ou de le contredire.

C'est pour cette raison que les théoriciens politiques les plus remarquables du XIXe siècle sont éclectiques. Combiner, dans des proportions raisonnables, les deux principes qui représentent l'un le but et l'autre les moyens, c'est ce qui nous semble faire la force exceptionnelle des doctrines proudhoniennes. C'est également ce qui fait le plus d'honneur à l'esprit synthétique de Renouvier et de M. Fouillée, dont les doctrines, comme l'examen critique pénétrant de M. Henry Michel nous l'a bien fait voir, admettent des thèses contradictoires.

M. Michel nous a donné, dans la philosophie sociale de ces deux penseurs, l'image de la crise radicale, qu'il a distinguée dans les doctrines politiques de ce temps. Il nous a même indiqué les causes sociales et politiques de cette crise. A son avis, c'est l'état social critique du XIXe siècle, où « il est né » et qui l'exaspère. De là « le mélange incohérent des éléments les plus hétéroclites dans la pensée contemporaine » pour citer les propres termes de M. Michel. De là aussi « les résultats équivoques des méthodes qui consistent à ménager, sous des formes diverses, d'incessants compromis entre ces éléments » (1).

Cependant, cette contexture contradictoire des doctrines politiques vaut beaucoup mieux que les thèses exclusivistes qui s'entre-détruisent. Ces doctrines contradictoires ne sont pas seulement les plus fidèles à la réalité, mais peut-être aussi sont-elles les seules qui puissent faciliter l'issue de l'état social.

II

Mais, à y regarder de plus près, comment se présente l'antinomie de l'individu et de la société ? Quels sont ses termes pro-

(1) *Op. cit.* p. 622.

prement dits ? En quoi consiste l'autorité sociale, la société ? La réponse à ces questions s'est indiquée d'elle-même dans le résultat des recherches plus spéciales, contenues dans la dernière partie de notre travail.

A vrai dire, l'autorité sociale et la société s'identifient avec une catégorie d'hommes qui les représentent, à des titres très différents et à des degrés très variables, et que nous avons réunis sous cette domination générale de « génie ». Ce sont, en définitive, ces hommes qui déterminent et gênent, en les contrariant, les individus, quoique, très souvent aussi, leur détermination devient une source d'états psychiques très agréables, lorsque le grand homme est un artiste, un poète.

Eux-mêmes, produits exclusifs du processus de l'intégration sociale, sont, à cause de cela, les dépositaires du déterminisme social. Ils en deviennent les agents. Et toute la grande importance de leur rôle, c'est d'exercer le déterminisme social sur les membres des sociétés correspondantes, c'est de réaliser les formes sociales adéquates, sous leurs différents aspects, à chaque moment de l'histoire. Les grands hommes sont donc les créateurs des formes originales, ces *bouts* de série, dont nous parle M. Tarde. Ils sont dans ce sens ceux qui posent les fins de la société que des procédés scientifiques ne peuvent découvrir (1). Ces derniers ne sont susceptibles de nous indiquer que les moyens pour réaliser ces fins. Dans le *génie* se concilient donc les deux éléments : le but et ses moyens ; car, non seulement ils créent et posent d'eux-mêmes les buts sociaux, mais encore ils les propagent, ils les réalisent en les généralisant.

Or, s'il en est ainsi, nous ne pouvons plus comprendre ces thèses, qui érigent l'idée abstraite de la société en une réalité effective et lui attribuent le pouvoir de détermination et de con-

(1) Henry Michel. *Op. cit.*, pp. 570-631.

trainte sur les individus, que les individus, eux-mêmes, n'auront pas. On hésite à admettre que la société puisse être autre chose qu'*une réalité supérieure à ses membres*, pour le seul motif « qu'il serait contradictoire d'admettre que l'individu soit lui-même l'auteur d'une machine, qui a pour rôle essentiel de le dominer et de le contraindre » (1). M. Durkheim a cru pouvoir éluder cette contradiction en mettant la société à la place de l'individu. Ce serait alors que la société seule pourrait contraindre l'individu, auquel il serait impossible de se dominer de lui-même.

Laissons la contradiction encore plus grande de concevoir une société qui domine réellement les individus, sans aucune intervention de la part de ses membres. Disons, avec Wundt, que cette société est une chimère et observons que la conciliation, par l'intermédiaire de cette société, qu'on propose aux autonomies de la vie collective et individuelle, est plutôt une conciliation simplement illusoire. Elle est illusoire, parce qu'elle a pour objet de lever une contradiction qui n'en est pas une. Et, en effet, si l'individu ne peut se dominer, il peut très bien dominer les autres ; et, s'il ne peut construire une machine qui le domine, lui son créateur, il en a toujours construit pour dominer les autres.

Nous avons montré quelle est la raison d'être de cette domination et quel en est le rôle. Nous avons vu que le rôle des grands hommes, qui savent dominer, représente la nécessité du développement social, de l'intégration des sociétés, et qu'il se continuera aussi longtemps que les sociétés humaines ne se seront pas fondues, dans une société universelle, afin de former l'humanité. Une fois ce but atteint, la personnalité humaine se sera elle-même nécessairement réalisée, et le déterminisme, venant des grands hommes, sera rendu superflu. Les grands hommes devien-

(1) *Règles de la méth. sociol.*, p. 149.

dront, eux-mêmes, impossibles, comme nous l'avons remarqué.

Mais, en attendant, il est probable que les supériorités économiques, sociales, intellectuelles auront encore très longtemps leur raison d'être, aussi longtemps que durera cette crise plus ou moins aiguë de développement. Elle ne s'évanouira que le jour où l'intégration sociale sera arrivée à son terme. Et, de fait, c'est dans ce sens précis que nous avions vu se résoudre l'antinomie de la masse et du génie. L'autorité, confisquée d'abord par un seul individu ou une catégorie étroite de personnes, descend ensuite, et se répand de plus en plus dans la masse.

Elle se transforme ainsi, d'abord dans le principe des majorités et devient ou deviendra peut-être ensuite le principe de l'unanimité. Le génie sera ainsi devenu égal à la masse, à chaque exemplaire de la masse. Et c'est de cette façon que l'antinomie réelle des deux facteurs sociaux se résoudra peut-être dans la voie des faits mêmes. Le génie, une fois généralisé, démocratisé, les masses auront assimilé la substance sociale des grands hommes, de leur personnalité. Mais, par cela même, elles se seront transformées, tout comme les élèves forment leur esprit en s'assimilant le savoir de leurs éducateurs. Et, en effet, les grands hommes ne sont rien moins que les vrais éducateurs des peuples.

Or, le génie réunissant en soi les deux éléments, le but et les moyens des transformations sociales, résout l'antinomie théorique des thèses autoritaires et individualistes. De plus, si l'on tient compte de ce qui a été montré, à savoir que sa phase de formation consiste dans une identification profonde avec la masse, avec la société, l'autre aspect de l'antinomie, celui des deux moments, la formation sociale et individuelle, le principe des masses et celui des grands hommes se résoudra également.

III

A l'intérieur de l'individu, la transformation qu'entraîne l'accomplissement du processus social, consistera dans un processus d'intériorisation de l'autorité et de la nécessité extérieures. C'est au bout de ce processus que l'autorité et la nécessité se seront métamorphosées dans ce qu'on appelle l'autonomie et la liberté individuelles. C'est d'ailleurs ce qui se trouve dans la plus parfaite concordance avec le mouvement social contemporain, dont le sens profond est l'avènement des masses, d'un nombre de plus en plus grand d'hommes à ce pouvoir de donner forme de loi à leur manière de se conduire. Prescrire soi-même les lois qu'il faut observer, c'est bien là ce qu'on appelle : autonomie. Le *trop de lois* dans une société démocratique n'est pas le signe d'un esclavage, comme on s'attarde à le croire. On l'a bien remarqué, il n'est pas indifférent pour un peupie d'obéir à des lois nombreuses que des potentats lui prescrivent, ou d'obéir à des lois qu'il s'impose lui-même. Si le premier cas est l'*esclavage*, l'autorité, le dernier est l'autonomie. A l'encontre des doctrines individualistes, un mouvement législateur, même exagéré, dans une société démocratique, est l'expression d'une forme supérieure de liberté.

Par conséquent, même ici, l'antinomie réelle et théorique se résout par le simple fait de faire descendre l'autorité dans la masse, en lui attribuant le pouvoir de se prescrire à elle-même les lois qu'elle voudra, et toutes les lois qu'elle voudra. Sans doute, l'antinomie de ces deux termes découle, comme il a été souvent montré, de la dissociation des deux moments du processus de la personnalité humaine sociale. Il y a également ici un pendant individuel de l'antinomie sociale, et qui est contenu nécessairement dans le processus de la volonté. L'antinomie sociale entre l'*autorité* et l'*autonomie* se résoudra comme son pendant individuel.

De même qu'il y a pour le jeune homme un âge de graduel affranchissement, de même l'humanité, à mesure qu'elle se forme et qu'elle devient consciente, voit la forme nécessitaire de la vie se muer en forme volontaire et libertaire, elle voit aussi ses efforts et son pouvoir de détermination propre devenir toujours plus efficaces et effectifs. Elle s'affranchit donc par cela même. Les deux aspects de la nécessité et de la volonté libre tendent toujours à se pénétrer définitivement l'un l'autre. L'individu s'identifie de plus en plus avec la société, et gagne, par cela même, du pouvoir sur le déterminisme social, comme on l'a fait voir dans la seconde et la troisième partie de ce travail.

C'est pour ces raisons qu'on a pu dire qu'avec le progrès des sociétés on « quitte de plus en plus le domaine du spontané » et « l'on rentre dans le domaine de l'intentionnel », qui est tout ce qu'il y a de plus voulu dans les sociétés humaines.

Rappelons à ce sujet que la manière dont Renouvier a conçu l'antinomie de la liberté et de la nécessité, est absolument analogue à celle dont l'économiste, M. Dietzel, vient de concevoir l'antinomie de l'individualisme et du socialisme ; c'est au point même qu'on dirait que l'économiste a emprunté, jusque dans les termes, la formule du philosophe. De même que les deux doctrines ne peuvent être exclues l'une en faveur de l'autre, de même pour Renouvier le déterminisme et la liberté ne peuvent s'exclure l'une l'autre ; ils sont également bien fondés et défendus par la raison. On peut adopter et soutenir indifféremment l'un ou l'autre, mais on ne peut nier ni l'un ni l'autre. C'est ce qui prouve qu'il s'agit là de deux moments différents mais complémentaires de la formation de la volonté, et qui se retrouvent également dans le principe de la causalité. L'idée de la causalité ne se complète elle-même que de deux termes : la cause active et l'effet passif, la cause ayant été à son tour passive et (par suite) effet, et finalement, à son tour, l'effet pouvant devenir cause. De même, la volonté humaine se complète nécessairement de deux moments : l'apprentissage, l'éducation formatrice de la volonté, sa phase passive, et puis l'exercice, la manifestation de cette volonté active, libre.

Contester un terme de cette dualité, ce que font et les individualistes et les socialistes autoritaires, c'est rendre théoriquement les choses inintelligibles, et c'est les rendre pratiquement impossibles. Sans l'apprentissage de la volonté il n'y aura jamais ce que nous entendons par la volonté libre. Et d'ailleurs, pratiquement, ne voyons-nous pas tous les jours l'antinomie se résolvant d'elle-même, l'un de ses termes se convertissant toujours dans son contraire ?

Vu et admis à soutenance,
le 7 mai 1904,
par le Doyen de la Faculté des Lettres
de l'Université de Paris.
A. CROISET.

Vu et permis d'imprimer,
Le Vice-Recteur de l'Académie de Paris,
L. LIARD.

Questions proposées et agréées par la Faculté de Lettres

1) *Les rapports entre la Biologie et la Sociologie selon Auguste Comte.*
2) *La logique des sciences sociales, d'après W. Wundt.*

TABLE DES MATIÈRES

LIVRE III. — La conception sociologique du génie

Châteauroux. — Imprimerie Langlois.

www.ingramcontent.com/pod-product-compliance
Ingram Content Group UK Ltd.
Pitfield, Milton Keynes, MK11 3LW, UK
UKHW021103220726
13924UKWH00005B/2214

9 782019 9